続・民法学の展開

前田達明著

民法研究 第三巻

成文堂

はしがき

——本書の構成——

本書は三章から成っています。

一　**第一章**は**法解釈方法論**です。その基本構想は、こうです。すなわち、裁判官が裁判をするとき「憲法及び法律」に拘束されます（憲法第七六条第三項）。その意味するところは、裁判の「内容」が「憲法及び法律」に適合していなければならないということ（憲法第七六条第三項の「実体法的意義」）と共に、裁判の「手続」（進め方）自体も「憲法及び法律」に適合していなければならないということ（憲法第七六条第三項の「手続法的意義」）です。したがって、裁判官が裁判において（裁判三段論法の「大前提」において）法解釈を行う場合は、その法解釈自体も法的根拠が必要となります。

さらに、法解釈は、国文学者の古典解釈とは異なり、周知のように、「価値判断」です。したがって、その価値判断の基準を明らかにすることが求められます。次いで、その価値判断の論理に適った（反論可能性）「言語表明」が求められます（民訴法第二五三条）。このように、法解釈の「二面性」を明らかにすることも必要となります。

さて、**第一節「法解釈方法論序説」**は、星野英一先生のお考えと平井宜雄先生のお考えを要約し私見の要約を対比して三者の関連性を検討したものです。加えて、拙著『民法学の展開』（二〇一二年、成文堂）（以下、「前田・展開」にて引用）第一部「方法論」第一章「法解釈への提言」（三頁）、第二章「法の解釈について」（二一頁）、第三

章「法解釈について」（四二頁）において展開した私見に対する多くの先生方からの御高批に対する解答を書きました。したがいまして、諸先生方には、再度、反論をお願いする次第です。さらに、星野先生と平井先生には御高著を通じてのみならず、直接口頭で親しく御教示を賜わってきました。そして、単に学問上のお付き合いのみならず、星野先生とは「奥丹」の〝湯豆腐〟を御一緒したこと、平井先生とは「瓢亭」の〝朝がゆ〟を御一緒したことなど誠に楽しい思い出が数々浮んできます。ここに、両先生の御冥福を心からお祈り申し上げます。

第二節「法解釈の方法について」は、二〇一三（平成二五）年一〇月一二日に京都産業大学において開催された日本私法学会の「ワーク・ショップ」の議論を基礎として私見を更に展開したものです。その折に御出席下さった諸先生方に感謝申し上げると共に御発言いただいた諸先生方にも深く御礼を申し上げます。特に御出席御発言をお願い申し上げた五十嵐清先生、奥田昌道先生、石部雅亮先生、瀬川信久先生には、その御厚情に大いなる謝意を表する次第です。なかでも、五十嵐清先生は、私の学界デビューとなった明治大学で開催された私法学会（一九六七（昭和四二）年一〇月一二日）の学会報告において御意見をお述べ下さり、さらに、私の最後の学界報告たる今回においても御意見をお述べいただきました。その学恩を深く心に刻み、先生の御冥福を心からお祈り申し上げます。

なお、この学会報告にあたっては、髙橋眞先生が司会の労をお執り下さり、杉本好央先生が記録をお取り下さいました。その労に深く感謝いたしております。さらに、髙橋先生におかれては「前田達明『法解釈方法論序説』」大阪市立大学法学雑誌五九巻四号（二〇一三年）五六五頁（本文では「髙橋・書評」にて引用）、「前田教授の論考に寄せて」法律時報八六巻三号（二〇一四年）九一頁を御執筆下さり衷心より謝意を表する次第です。

第三節「『法解釈入門』の入門」は、宍戸常寿＝島田聡一郎＝山下純司著『法解釈入門』（二〇一三年、有斐閣）が憲法、刑法、民法の優れた先生方が力を合せて執筆された入門書であり、是非、多くの学生諸君に読んで欲しいと

考えて紹介させていただき、合わせて私見をも展開させていただいたものです。

第四節「憲法第九条の解釈について」は、近時の憲法第九条論争に触発されて、私見によれば、どのような議論になるかを考察したものです。

第五節「法の解釈」は、笹倉秀夫先生との議論にもとづいて執筆したもので、現在の私見の一応の到達点を示すものです。したがいまして、読者諸賢におかれては、本稿に対して御高批下さることをお願いすると共に、笹倉先生には心から御礼を申し上げる次第です。

最後に、第一章の〝核心〟を要約しておきます。裁判官が裁判において法解釈を行うとき、まず、価値判断（憲法第七六条第三項の「実体法的意義」）については、「立法者意思」に従うか（憲法第四一条）、「法目的」か「歴史的変化」に従うか（憲法第九九条）、「合憲性」基準（前提として憲法解釈自体が前三者に依拠）を採用するか（憲法第八一条）を「良心」に従って（憲法第七六条第三項）決断しなければなりません。次いで、それを〝論理的に適った〟言語によって表明することが求められます。（憲法第三二条は当然〝論理的に適った〟裁判を保障し、さらに憲法第八二条第一項は〝批判に耐え得る〟裁判を要求している）。それが「法文内解釈（文言解釈、宣言的解釈、拡大解釈、縮小解釈）」、「法文外解釈（反対解釈、類推解釈、勿論解釈）」、「反制定法的解釈」です（憲法第七六条第三項の「手続法的意義」。民訴法第二五三条第一項第三号）。

二　**第二章**は**「証明責任論」**です。その基本構想は、こうです。すなわち、法律は、一定の法律要件が充足されると一定の法律効果が発生すると定めてします。だから、一定の法律効果発生（例えば、民法第四一五条の定める「損害」「賠償」請求権）を求める当事者（原告）は一定の法律要件に該当する事実（要件事実。例えば、民法第四一五

条の定める「債務者がその債務の本旨に従った履行をしない」「これによって」「損害」が「生じた」という事実）の存在を主張しなければなりません。主張しないと敗訴します（憲法第一三条。自由、幸福追求権＝私的自治原則。主張責任＝主張しないと不利益を受けるという行為責任＝自己責任）。さらに、訴訟当事者は〝ウソ〟をついてはいけないので（民訴法第二条。信義則）、その主張は「真」であることを証明しなければなりません（主観的証明責任＝証明の努力をしないと不利益を受けるという行為責任。証拠提出責任）。したがって、この両責任の訴訟当事者間での分配は「法律要件分類説」に依拠します。そして、このような責任に裏付けされて証拠調べを尽したが、「真偽不明」という場合もあります。それでも、裁判官は「裁判」をしなければならないのです（憲法第三二条）。すなわち、「真」か「偽」か決断しなければならないのです。この決断によって不利益を受ける（当事者にとっては無過失でも責任を負う）結果責任（自助努力、自己責任を超えた責任）を「客観的証明責任」といいます。そして、この責任の訴訟当事者間での分配は、一言でいえば、「公平原則」です（憲法第一四条第一項。法の下の平等。民訴法第三条。公正）。

さて、**第一節「要件事実について—主張責任と証明責任を中心として—」**は、「主張責任と立証責任について」（前田・展開六六頁）を発展させて、基本構想を鮮明にしたものです。

第二節「権威への挑戦」は、司法研修所の見解（通説）という〝権威〟に私見からの挑戦を表明したものです。**第三節「続・権威への挑戦」**は、第二節の論稿に対して、恩師奥田昌道先生から御意見をいただいた（書斎の窓六三四号（二〇一四年）三〇頁）のを契機として、私見を、より明確に説いたものです。奥田昌道先生に深く感謝の意を表します。ここで、一点、本文を補充しておきます。それは、通説と異なって、前田説によれば、主観的証明責任（と分配）は、客観的証明責任（と分配）と切断されていて、要件事実をはじめ、全ての事実主張をする場合に当事者は当該事実が真実であるという立証活動を尽さなければならない（真実義務に由来する。民訴法第二条の「信

義則」）という意味です。したがって、「本証」と「反証」という概念は不要です。例えば、原告が「因果関係」がある（民法第七〇九条「によって」）と主張し被告が「因果関係」はないと主張した場合に両者は共に自己の主張する事実が真実であるという立証活動を尽さなければならず（主観的証明責任）、その結果として「真偽不明」という状態に終わったとき裁判所は「公平原則」（民訴法第二条の「公正」＝公平）によって「真」あるいは「偽」と決断するのです（客観的証明責任）。さらに間接事実などについては「主観的証明責任」は存在しますが「客観的証明責任」は存在しません。なお、近時は「主観的証明責任」を「証拠提出責任」と呼ぶのが有力であり、その方が適切な表現と考えます。

第四節「続々・権威への挑戦――法規不適用説VS証明責任規範説――」は、視点を変えて、私見（純証明責任規範説）を展開したものです。なお、本稿は中村修三先生と服部一雄先生に捧げたものです。改めて、両先生の御冥福を心からお祈り申し上げます。さて、ここで、一点、本文を補充しておきます。それは純証明責任規範説（証明負担説）によれば「真偽不明」の場合の判決文の書き方は?ということです。例えば、被告Y（医師）に過失があり、他方、原告X（患者）に後遺障害（結果）が発生したという場合に、その過失と後遺障害の間の因果関係が争われたとします。そこでは、次のように判示することになります。すなわち、〝Yの過失がなかったとすれば結果回避あるいは結果軽減の高度の蓋然性があったとまでは認められない一方、Yの過失がなかったとしても結果回避できずあるいは結果軽減しなかったという高度の蓋然性があったとまでは認められない〟と認定し、次いで〝本件においてはXが入院し退院するまでYの管理下にありYはXを施術し知見し経過を記録していたのであるからYはXに比べて証拠に近く、合わせてYは医師でありXに比べて高度の専門的知識を有するのであるから証明が容易な立場にある故に、本件因果関係の証明責任はYが負うべきであるところ、その存否が明らかでないから、Yの過失

と本件後遺障害との因果関係は認められるというべきである〟、ということになります。

第五節「要件事実・主張責任・証明責任」は、元来、前記第一章第三節「『法解釈入門』の入門」に引き続いて執筆したものですが、特に、近時出版された林道晴＝太田秀哉編『ライブ争点整理』（二〇一四年、有斐閣）の紹介をも兼ねたものです。

第六節「中国からの手紙」は、畏友の羅麗先生からの手紙に対して、「中国最高人民法院」と「中国権利侵害責任法」の関係を、私見にもとづいて、解答を記したものです。羅麗先生に深く謝意を表します。

第七節「引き続き権威への挑戦」は、伊藤眞先生が御高著『民事訴訟法　第五版』（二〇一六年、有斐閣）に私見を御引用下さり、また、某裁判官が通説擁護の私信を下さったので、その御礼のために執筆したもので、改めて、伊藤眞先生と畏友の某裁判官に深く謝意を表します。なお、本稿は、賀集唱先生に捧げたものです。改めて、先生の御冥福を心からお祈り申し上げます。ここで、一点、本文を補充しておきます。非訟事件、保全事件などで、他方当事者の言い分を聞かずに判断しなければならない場合というのは、手続の遅滞によって生じる危険を避けるべきときであり、簡易迅速に手続を進める一環として「証明」でなく「疎明」（民訴法第一八八条）とされています。したがって、「疎明の世界」は「客観的証明責任の世界」に到らないところで結着が付けられるのです。なお、「疎明」においても「主観的証明責任」は必要であり、通説は「主観的証明責任」の分配は「客観的証明責任」の分配に従うとしていますが（本書一六三頁）、「疎明の世界」では前田説を採用せざると得ないのではないでしょうか？

第八節「書評・伊藤滋夫＝山崎敏彦編著『ケースブック要件事実・事実認定』（二〇〇二年、有斐閣）」は、書評を兼ねて、私見を提示し、これが、「主張責任と立証責任について」（前田・展開六六頁）に結実しました。伊藤滋夫先生、山崎敏彦先生をはじめ共同執筆された練達の実務家諸賢に深く謝意を表します。

第九節「書評・新堂幸司監修『実務民事訴訟講座』〔第三期〕第五巻『証明責任・要件事実論』（二〇一三年、日本評論社）」は、新堂幸司先生、髙橋宏志先生、加藤新太郎先生をはじめとする優れた実務家諸賢の手になる現在望み得る最高の要件事実論が説かれているのを拝見し、紹介を兼ねて、いささか私見も加筆させていただいたものです。各執筆者の先生方に深く謝意を表するものです。

最後に、第二章の〝核心〟を要約しておきます。民事訴訟において、当事者が要件事実の主張をしないと裁判所は存在するとは認定できません（憲法第一三条。私的自治原則。主張責任）。次に当事者が事実主張をし相手方が争ったとき、当事者は自己の主張が「真」であることの立証活動を尽さなければなりません（民訴法第二条。「信義則」に基づく真実義務の一つ。したがって相手方も同様。証拠提出責任）。さらに裁判所も〝正しい〟裁判をしなければならないから（民訴法第二条。「公正」の意義の一つは「明白で正しいこと」。新村出編『広辞苑　第六版』（二〇〇八年、岩波書店）九四七頁）、「真偽」を究明する義務を負います。それでも「真偽不明（裁判官の「真」という心証度が七九％以下二一％以上）」に終ることもあります。それが要件事実であっても裁判を放棄できませんから「真」か「偽」かを決断する必要があります（憲法第三二条。〝裁判を受ける権利〟。（客観的）証明責任。しかし、「責任」という用語は誤解を招く恐れがありますから、〝証明終了後真偽不明のとき当事者の何れかに不利益を負わす〟という意味で「証明負担（Beweislast）」というのが適切と考えます）。そこで、裁判所は「公平原則」に従って（民訴法第二条。「公正」の意義の今一つは「公平で邪曲のないこと」。新村出編・前掲書九四七頁）、「真」か「偽」を決断するのです（（客観的）証明責任の分配。純証明責任規範説。この分配方法説も「純証明責任規範説」ではなく「証明負担規範説」というのが適切と考えます）。

三　**第三章**は「**ドイツ民法史論**」です。「温故知新」という言葉の示す通り、現在の問題を、未来を見据えて、解決しようとするとき、過去を顧みることが不可欠である、ということは法学においても通用します。民法も、百余年の時を経て、民法の大改正が行われているという現在、その母法たるドイツ民法史を検討することは誠に有益なことと考えます。

さて、**第一節「民法典の体系について」**は、ドイツ民法史の概観、特にドイツ民法典の成立史を考察したものです。直接の執筆動機は、北居功先生が私見を御高批下さったので（北居功「民法の体系」法学セミナー七一〇号（二〇一四年）八〇頁（八二頁））、それに対する〝反論権〟の行使を法学セミナーにお願いし執筆したものです。したがいまして、北居先生に深く謝意を表すると共に、再度、私見に対して御高批をお願いする次第です。

第二節「ドイツ損害賠償法」は、『ドイツ近代法史辞典』（東京大学出版会）のために執筆したものですが、刊行されることなく時が流れましたが、近時、その刊行が改めて企画され、この旧稿は、ここに掲載し、新たに原田剛先生との共同執筆として、『ドイツ近代法史辞典』（東京大学出版会）に寄稿することとしました。原田剛先生には誠にお手数をおかけし申し訳ありませんが、ここに深い感謝の念を表します。

なお、本稿はカント哲学者門脇卓爾先生とヘーゲル哲学者酒井修先生に捧げたものです。中学生時代、門脇先生には国語を、酒井先生には英語をお教えいただきました。しかし、両先生からは、もっと広く、人生そして社会についての教養を授けていただき、さらに、最近まで、カント哲学とヘーゲル哲学について御教示いただきました（私が如何ほど正しく理解できたかは別として）。その学思に謝するため、本稿を捧げました。ところで、門脇先生からは、洛星中学剣道部において手解きをいただきましたが、先生のお話によれば、先生は第一高等学校剣道部において「千葉周作先生」の孫にあたる方に御指導を受けられたとのこと、ということは、私の剣は「北辰一刀流」と

いうことになります(!?)。

本書が刊行できたのは誠に数多くの方々の御助力の賜物です。特に、原田剛先生と佐々木典子先生のお力添えがなければ、本書は成立しませんでした。両先生に心から御礼を申し上げます。また、本書のような販路の少ない純学術書の刊行を、採算を度外視して、御決断いただいた成文堂社長阿部成一氏に衷心より感謝の意を表します。さらに、成文堂編集部飯村晃弘氏には、誠に勝手なお願いを数々申し上げたにも拘らず、全て実現して下さり深く御礼を申し上げます。

最後に、この本を、三人の娘真美子、美恵子、美穂に、数々の想い出を籠めて、贈ります。

　　　　　　　　　　　　　　　　　　　　前　田　達　明

　　　　　　　　　　　　　　　　　　　　(勧学院法誉正覚達明居士)

　　㐂寿を迎える日に

二〇一七(平成二九)年四月八日

目　次

第一章　法解釈方法論

第一節　法解釈方法論序説

一　本稿の目的――論争への招待

(1)　近頃、日本民法学界に亡霊が現れた。[1] それは、日本民法学界が葬り去った[2]はずの「立法者意思説[3]」という亡霊である。

(2)　そして、今また、日本民法学界が葬り去ろうとしているものがある。その証拠は、次の文章にある。

「論文中に言及しているように、星野教授の主張する『利益考量論』は、学生も学ぶべき民法の解釈方法論として主張されていたため、私の批判の対象は主としてこれに集中したが、この批判に対して星野教授は真正面から反批判をされた。批判に応えるのは当然と言い得るが、真摯な研究者精神に満ち溢れた態度であり、それに敬意を払いつつ、さらにこの批判に応じたのが、『続・法律学基礎論覚書1』という副題を付した論文である。そこでは、私の主張について星野教授に誤解があるように感じたので、私の立場からそれを正そうと試み、私の抱く法律学像

をもっと明確にしようと努めた。

星野教授を別として、私は『覚書』の各論文に対して嵐のような批判が各方面から巻きおこるものと予想し、大いに期待していた。というのは『利益考量論』という言葉を使わないまでも『利益考量論』的手法は当時の――加藤一郎・米倉明教授をはじめとする――少なくとも民法学者の圧倒的支持を受けていたように感じていたし、このような手法を用いた論文が多数現れていたからである。ところが、不思議なことは――少なくとも私の了知可能な範囲では――、批判に接した記憶がない。とくに、私のいわゆる『反論可能性テーゼ』は、論文や体系書を著すときにまず直面する具体的な基準であるだけに、具体的な批判が浴びせられるものと思っていたが――個々の条文の『解釈』については意見が分かれているにもかかわらず――、何の反応もなかった。そのうちに他の論争の多く（たとえば『判例研究の方法』論争）におけると同じく、いつの間にか問題そのものが雲散霧消して消えていったように思われる。また、『覚書』が書かれてから二十数年が経ち、執筆当時に夢想だにしなかった法科大学院制度が誕生したのを契機として、養成すべきはずの法律家像がどうあるべきかについて論争が起きると思っていたけれども、何事も起こらなかった。他人がどう思おうと、私にはどうでもいいことであるが、要するに、わが国の法律学者の大部分は論争に加わることを好んでおらず、論争が起きても沈黙しつつ立ち消えになるのを待つか、または論争の落ち着き先を見定めて何事もなかったようにそれに順応する、という態度のほうを好むのであろう。それが学界での処世術なのかもしれない。こういう状況を見る度に、私は丸山眞男教授の次のような文章を思い起こす。『思想が対決と蓄積の上に構造化されないという『伝統』をもっとも端的に、むしろ戯画的にあらわしているのは日本の論争史であろう。ある時代にははなばなしく行なわれた論争が、共有財産となって次の時代に受け継がれていくということはきわめて稀である（中略）。日本の論争の多くはこれだけの問題は解明もしくは整理され、これ

から先の問題が残されているというけじめがいっこうにはっきりしないまま立ち消えになっていく』（「日本の思想」丸山眞男集第七巻〔一九九六年〕一九五頁）。個人的な思い出になるが、その丸山先生は、何かの折に私に向かって『あの論争（星野―平井論争と呼ばれることが多かった『利益考量論』を巡る論争）は一体どうなっているの』と尋ねられたことがある。その時の丸山先生は、論争の先行きがどうなるかを心から楽しみに、待っておられるように見受けられた。本当にそうであったのを知ったのは『丸山眞男回顧談（下）』の次のような先生の発言によってである（二八三頁。三谷太一郎教授のご教示による）。『最近、星野くんと平井（宜雄）くんが『ジュリスト』で〔カール・〕ポッパーまで引き合いに出して方法論争をしていますね。久しくなかった近来まれにみる大論争でぼくは注目しています。そんなのが政治学の場でありますか』。尊敬する丸山先生に注目して頂いたのは、私の深く光栄とするところである。[4]」

(3)　このような現象は、他にもある。例えば、近時、ロースクール教育の〝大津波〟を受けて民法の本や論文にも、要件事実、主張責任、立証責任（挙証責任、証明責任、Beweislast）といった文字が当然のように登場するようになった。[5] しかし、その論述は、民事訴訟法学界の通説、というより司法研修所の通説[6]（『増補民事訴訟における要件事実第一巻』〔一九八五年、法曹会〕、『民事訴訟における要件事実第二巻』〔一九九一年、法曹会〕）を祖述し、異論（例えば、前田達明「主張責任と立証責任について」（前田・展開六六頁）については一顧だにしないというのが殆どである。[7] たしかに、多忙なロースクール教育に身を置けば、少数説まで目を届かせることは不可能であろう。かつて、能見善久[8]と共に、ロースクール教育が、研究時間を奪って、日本法学の学問水準を低下させると予測し憂慮していたが、それが現実のものとなっている。

(4)　このような惨状を眼前にして、ロースクール教育から解放され、時間的余裕のできた者としては、これを見

過ごすわけにはいかず、老骨に鞭打って、法解釈方法論について挑戦状を叩き付け、日本民法学界に論争の火種を投じようというものである。何故なら、論争こそが、学問研究の発展のために、不可欠であると確信するからである。[9]というのは、学問の進歩は核融合に似ているからである。すなわち、水素が核融合してヘリウムができ、その後、次々と核融合がおこって、自然界には九〇個の元素が存在し、それが現在の宇宙を形成している。学問も、既存の多くの仮説を〝融合〟させて、新しい仮説が生み出される。そして、核融合のためには高熱を必要とするが、学問における仮説の〝融合〟のための〝高熱〟とは、正に論争であると考えるからである。

このような論争の素材として、さらに、先述の星野—平井論争に参加する意味をもこめて、星野英一、平井宜雄と前田達明の主張とそれに対する評価を論ずることとする。[10]

なお、法解釈「方法」と題したが、これについては議論のあるところである（平井・前掲書四四頁）。しかし、本稿は、星野英一、平井宜雄そして前田達明の学説を〝法解釈の土俵内〟でのみ扱うのであるから、このように題しても不当ではないであろう。また「序説」と言うのは、本稿が法解釈論争の〝序曲〟となることを願ってのことである。

二　議論の前提——三学説の概要

1　星野英一の学説の概要

星野英一の学説（以下、星野説という。）の要点は、次の如くである。（この要約が、前田達明の誤解であるとすれば、それも論争の火種の一つである）。

(1)　法解釈とは、「紛争解決の基準として法を適用する前提として法の意味を明らかにすること」（星野英一『民

法論集第一巻』〔一九七〇年、有斐閣〕五頁。以下、星野・前掲書第一巻という。）と考える。この方法をもって、まず第一に、文理解釈（その条文で使われている言葉の意味に従って解釈すること〔星野・前掲書第八巻一九四頁〕）、論理解釈（同じ言葉とか同じ表現はできるだけ同じ意味に解する。他の関係条文との関連などを考えて、法規が理論的に矛盾のない体系をなすように解釈すること）を行ない、第二に、立法者（起草者）意思による解釈を行なう。

(2)　さらに、法解釈は、現在、法律を適用して社会関係を規律し、紛争を解決する前提であるから、現在どう解釈するのが適当かを考える必要がある。それは、利益考量のプロセスを経て、結局、価値判断によって決める他はない。したがって、星野説は単なる「利益考量論」というよりも、「評価法学」、「価値法学」と呼ぶ方が適当である（星野・前掲書第八巻一九三頁）。そして、その価値判断は、客観的なもの（客観的妥当性）であるべきであり、ある程度具体的な価値について客観性を認めてよいものがあり（例えば、人間の尊厳、平等、精神的自由など）、それらは人類（したがって、日本人）の「共通財」となっている。さらに、いずれの価値が優先するかを判断するためには「価値のヒエラルヒア」（例えば、前述の価値より低次の価値として「取引安全」や「禁反言」など）の構築を目指すべきである。

なお、加藤一郎と星野英一は、共に利益考（衡）量論ではあるが、それには差異のあることは周知のところである（星野・前掲書第八巻一九〇頁、田中成明『現代法理学』〔二〇一一年、有斐閣〕四八三頁。以下、田中・前掲書という）。しかし、星野説も、法解釈が最終的には、裁判において、その〝力〟を発揮すること（有権解釈）を否定するものではないから、この差異を余りに強調することは、法解釈の本質を見落とすことになるであろう。

なお、星野説については、瀬川・前掲論文五四頁、田中教雄「わが国における概念法学批判と民法の適用における法的三段論法の役割――一つの覚書」河内宏ほか編『市民法学の歴史的・思想的展開』〔二〇〇六年、信山社。以

下、田中教雄・前掲論文という。）一一〇頁、田中・前掲書四八三頁に的確な要約と位置付けが説かれている。

2　平井宜雄の学説の概要

平井宜雄の学説（以下、平井説という。）の要点は、次の如くである（この要約が、前田達明の誤解であるとすれば、それも論争の火種の一つである）。

(1)　法解釈（論）とは、法律家一般の間に交わされる議論（argumentation）である。そこから、第一に、法律家の「共同体」に特有の制度、思考様式、言語、日常活動に適合的な形で法解釈論が議論されなければならない。第二に、法律家集団を他の社会集団とは相対的に独立したものとして扱うために、その自立性・独自性が前提とされる。したがって、他の社会の変化や、あるいは社会一般の変化に従属してそれが変化するというような関数関係を前提とする議論は、一応視野の外におかれる。「歴史の進歩」あるいは「社会科学的認識」（これらは、マルクス主義的歴史観または社会科学観といわれるものと思われるが）、また、裁判官の行動を規定する諸要因（心理学、社会学、社会心理学と関わる。）というアプローチを法解釈論のなかにもちこむ試みは、この限りで排除される（平井・前掲書五八頁）。そして、この議論、すなわち「法律論」の最も重要な核心的地位を占めるのが「法律構成」であり、正に「正当化（justification）」に熟達することが法律家の最も重要な資質である（平井・前掲書六一頁）。さらに、この議論から、次の三つの命題が帰結する。第一に、議論においては言明（statement）は言明によってのみ基礎づけられ、または正当化（justify）される。第二に、「発見のプロセス」と「正当化のプロセス」とを区別する。第三に、正当化には二つの異なったレベルがある。一つは、ある言明を論理的な（形式論理学的な、したがって演繹論理的な）推論のテストにさらすことによって正当化するというレベルで、もう一つは、右のテストの前提となる言明そのものの正当化というレベルである（平井・前掲書七〇頁）。

(2)　次に、法律論は、当然に「良い法律論」でなければならず、その基準は何かというと、第一に、反論可能性が存在することである。第二に、反論可能性のより大きな言明は反論可能性のより小さな言明よりも良い、というものである（平井・前掲書一六六頁）。さらに、その基準を詳しくしたものとして、次のように要約する。

〔基準1〕反論可能性の存在する法律論は存在しないものより「良い」法律論である。

〔基準2〕反論可能性が大きい法律論の方がそれより小さいのに比べるとそれだけ「良い」法律論である。

〔基準3〕言明それ自体は反論可能性の小さいものであっても、そこからの論理的推論ないし論理の連鎖によって反論可能性のより大きな言明を引き出せる程度が高ければ高いほど、その言明を含む法律論はそれだけ「良い」法律論である（平井・前掲書二三六頁）。

なお、平井説については、瀬川・前掲論文一七四頁、田中教雄・前掲論文一一二頁、田中・前掲書四八三、五〇一頁に的確な要約と位置付けが説かれている。

3　前田達明の学説の概要

前田達明の学説（以下、前田説という。）の要点は、次の通りである。

(1)　「法解釈」とは、「法の適用範囲の確定作業である」（石田・前掲書一五頁）。そして、このことは、裁判手続の大前提たる手続であり（法の存在の確定）、したがって「法解釈」は、裁判手続の一部であることが解かる。ところで、裁判は、実体法的にも手続法的にも憲法第七六条第三項によって、憲法と法律に従って行なわなければならないことから、当然に、法解釈も「法的根拠」を必要とする。

ところで、「法解釈」が価値判断であることは、異論のないところであり、その価値判断は裁判官の主観的なものであってはならず、客観的なものであるべきことも、異論のないところである。そこで、客観的価値判断基準の

第一として、先の憲法第七六条第三項を法的根拠として、立法者の下した価値判断すなわち「立法者意思」という価値判断基準が挙げられる。しかし、当該事件において、この「立法者意思」をそのまま適用したのでは、〝妥当〟（憲法が当該事件において最も守ろうとしている利益を守ること）な結論（法律効果）が得られないとき、その「立法者意思」を修正あるいは補充して〝妥当〟な結論を導くべき義務が、憲法第七六条第三項を通じて、同第九九条を法的根拠として、裁判官に課せられる（裁判官の憲法尊重擁護義務）[11]。ここで留意すべきは、「立法者意思」の修正補充は、とりもなおさず憲法第四一条の制限であり、国法中で最も強固な法形式である憲法を制限できるのは憲法しかなく、したがって、憲法第四一条を制限するための法的根拠は憲法中に見い出す必要があり、その解答が憲法第九九条なのである。その具体的基準としては、「法目的」、「歴史的変化」という基準である。そして、最後に、憲法第八一条に基づく「合憲性」という判断基準が待っている。このような「価値判断」基準のいずれを具体的事件において採用するかは、「憲法が当該事件において最も守ろうとしている利益への同調（Sympathy）」、すなわち「リーガル・マインド」であり、その法的根拠が憲法第七六条第三項の「良心」である。

(2)　次に、以上の如き法解釈の「実質的側面」ともいうべきものに対して、「形式的側面」、すなわち、その価値判断を判決文に表明する方法（憲法第三二条、民訴法第二五三条第一項第三号）、それを「言語的表明方法」という。それを次のように分類するのが、これまでの法解釈論争を、より容易に整理し得ると考える。

法解釈の形式的側面

(1)　法文内解釈

①　文理（文言）解釈（立法者意思通りに適用範囲を確定）

②　拡大（拡張）解釈（言葉の意味が許容する範囲内で立法者意思より広く適用範囲を確定）

③　縮小解釈（当該法文の外にある「法目的」をもって立法者意思より狭く適用範囲を確定）
④　目的論的制限解釈（当該法文に内在する「法目的」をもって立法者意思より狭く適用範囲を確定）
(2)　法文外解釈
①　反対解釈（立法者意思通りに「法の空白」部分であると確定）
②　類推解釈（類推という手法を用いて言葉の意味が許容する範囲を越えて立法者意思より広く適用範囲を確定）
(3)　反制定法的解釈（①立法者意思が違憲の場合に、②立法者の誤解の場合に、当該法文の適用を否定）

(3)　ところで、前田・前掲論文（前田・展開三五頁）においては、「縮小解釈（eingengende Auslegung）」と「目的論的制限解釈（teleologische Reduktion）」を同様としていた。しかし、ドイツにおいては、早くから、これを区別し、前者は、「言葉の意味が許容する範囲（die durch den möglichen Wortsinn gezogene Grenz）」内で縮小した解釈、後者は、それを超えて縮小した解釈と定義されている（Larenz, Methodenlehre der Rechtswissenschaft, 3. Aufl. 1975, S. 377ff.）。もっとも、両者は〝流動的（flüssig）〟で、個々の具体例においては、いずれであるか疑問の余地がある。ドイツの判例は、本来、後者であるときも、前者とすることが少なくない（〝法文に忠実〔Gesetzestreue〕〟であるという印象を与えるため）、といわれている。ドイツの判例では、ドイツ民法第一八一条（「代理人は、彼に許された場合を除き、本人の名において、自己と法律行為をなし、または第三者の代理人として法律行為をなすことはできない。但し、法律行為が単に義務の履行である場合は、この限りでない。」日本民法第一八〇条に該当する。）は、代理人が本人に「贈与」をし、それを代理人が本人に代わって同意する場合には適用されないとしている（BGHZ 59, 236. 〝本人のためにのみ法的利益をもたらす代理人の自己代理行為は、ドイツ民法第一八一条にはあたらない〟〔一九七二年九月

二七日判決〕）。日本民法においても、親権者が未成年の子に贈与し、本人に代わって承諾する（民法第五四九条）ことは、日本民法第八二六条にも同第一〇八条にも抵触しないというのが判例である（大判昭和一四・三・一八民集一八・一八三）。〝同条は、本人の利益を害することを禁止したものであって、法律行為の性質上、もっぱら本人の利益に帰して何ら不利益を伴わないものであることが明らかな特殊な場合には、当然に同条の適用範囲外である〟と述べている。この問題についての好個の論文として、田中宏治「ドイツ新債務法における目的論的縮小」千葉大学法学論集第二四巻第三＝四号（二〇一〇年）一七五頁がある。

　そこで、前田達明も、分類学一般において、明確な基準をもって別の類型であるとし得る場合に、より細かく分類することが、理解を深め議論を精緻にするから、縮小解釈と目的論的制限解釈を区別すべきである、と改説する。しかし、その基準は、「言語の意味の許容範囲」を超えるか超えないかというのは、拡大解釈（Larenz, a. a. O., S. 341ff.）の場合と違って、ここにおいては有効でないと考える。すなわち、縮小解釈の場合においても目的論的制限解釈の場合においても、全て、法文の文言に〝制限的な修飾語〟を付加することによって行なわれるのであって、差はない。例えば、民法第七一五条の場合は〝重過失のある〟「第三者」には損害賠償請求権が認められない、民法第一〇八条の場合は〝本人のためにのみ利益となる〟「同一の法律行為については、相手方の代理人とな」ることはできる、ということである。

　それでは、どのような基準で、この二つを区別するのが妥当か。それは、当該法文の外にある「法目的」により制限されるものを「縮小解釈」と呼ぶのが妥当であろう。例えば、民法第五七〇条において、「特定物ドグマ」によって特定「目的物」売買にのみ適用されるとしたかつての通説、あるいは民法第七一五条において、〝重過失〟ある「第三者」には適用されないという判例通説（民法第一条第二項の「信義則」による制限）が、これである。他

方、当該法文に内在する「法目的」によって制限する場合を、「目的論的制限解釈」と呼ぶのが妥当であろう。例えば、民法第一七七条の第三者を、〃登記の欠缺を主張するのに正当な理由を有する〃「第三者」と解すること（民法第一七七条の「対抗」という法目的からの制限）、あるいは民法第一〇八条を、本人の利益を害さない自己代理や双方代理には適用しない（民法第一〇八条の本人の利益保護という法目的からの制限）と解するのがそれである。

なお、前田・前掲論文一七頁（前田・展開三〇頁）における「宇奈月温泉事件」や「信玄公旗掛松事件」は民法第二〇六条の「法律」の解釈（民法第一条第三項）の問題であり、「天の川事件」も民法第二〇六条の類推適用として法律（民法第一条第一項）の解釈の問題であり、「京都施薬院協会事件」は、所有権にもとづく返還請求の場合については、同じく民法第二〇六条の「法律」（民法第一条第二項）の解釈の問題であり、民法第七〇四条にもとづく金銭支払請求については、民法第七〇四条において、〃信義則（民法第一条第二項）に反した〃「他人」には返還請求権は認められない、ということになる。

三　法解釈の実相――三学説に対する評価

1　三学説の位置付け

仏教説話に、次のような話がある。

昔、ある国の王が、象を知らない家臣に、目隠しをし、象を触らせて、〃象とはどのような動物か？〃と問うた。象の鼻を触った家臣は、〃象とは長い管のような動物です〃と答えた。象の耳を触った家臣は、〃象とは大きな団扇のような動物です〃と答えた。象の足を触った家臣は、〃象とは大きな柱のような動物です〃と答えた。正に二の学説は、法解釈の一面を把握する点において（瀬川・前掲論文九〇頁）、正しい。しかし、法解釈の全体像を把握し

ているかというと、疑問である。そこで、本章においては、各学説について評価を加え、法解釈の全体像の中において、それぞれを位置付けることを試みる。

2　星野説に対する評価

(1)　星野説の(1)については、前田説による主張をもって批判に代える。ただ、星野説が「立法者意思」を軽視することなく、「日本民法典に与えたフランス民法典の影響」（星野・前掲書第一巻六九頁）、「編纂過程から見た民法拾遺」（星野・前掲書第一巻一五一頁）など優れた立法史研究をもって、前田達明（『史料民法典』〔二〇〇四年、成文堂〕）をはじめ、後続の研究者（例えば、高橋眞＝玉木智文＝高橋智也編『史料債権総則』〔二〇一〇年、成文堂〕に結実した立法史料の共同研究）に多大の影響を及ぼした功績は測り知れないことを付記しておく。

(2)　星野説の(2)については、前田達明は、原則として支持すべきであると考える。それは、裁判官が裁判するにあたって、裁判官の〝恣意〟による判断ではなく、客観的なものでなければならない、という〝建前〟を貫く必要性からして（憲法第七六条第三項がそれを要請している）、価値判断の基準は、裁判官の個人的な価値の序列・順番（価値のヒエラルヒア）ではなく、客観的に〝存在〟するものであると想定せざるを得ない。これに対して、石田穣は「取引の安全と静的安全という二つの価値の序列は、具体的事案に応じて相対的に決まるものである。それゆえ、価値のヒエラルヒアを構築することの有用性は疑問の余地がある」（石田・前掲書九八頁）という。たしかに、「取引の安全」と「静的安全」という二つの利益のみを対比したとき、いずれが優先するかは困難な問題であろう。しかし、例えば、高度経済成長社会では「取引安全」が、安定経済社会では「静的安全」が優先するということがいえるであろう。それ故に「歴史的変化」という価値判断基準が存在するのである。したがって、「価値の順番」は、固定的ではなく、当該裁判時（場合によっては当該事件時）の「価値の順番」を裁判官は探究すべきである（こ

れが憲法第七六条第三項の「良心」である)。さらに、石田穣は、次のように述べる。「まず動産については、買主が善意無過失ならば、取引安全が静的安全に優位する(民法第一九二条)。しかし、不動産についても買主が悪意有過失でも静的安全が取引安全に優先するのである(民法第一七七条)。また同じく動産についても買主が善意無過失ならば静的安全が取引安全に優先するのである。このように取引安全と静的安全という二つの価値の序列は具体的事案に応じて相対的に決まるのである。それ故、価値のヒエラルヒアを構築することの有用性には疑問の余地がある」(石田・前掲書九八頁)。これは、実は、別の価値判断がなされているのである。すなわち、当該〝利益〟を当該人に〝帰属〟させるのが妥当であるかという価値判断、すなわち正義の判断(正義論)である。先の例は、立法者が、この判断を個別の法規定において規定したものであり(他にも民法第四一五条、同第七〇九条)、他にも一般規定(例えば、民法第一条、同第二条)において、規定している。したがって、これまでの価値判断、すなわち当該利益のいずれが価値高いかという判断を〝狭義〟の価値判断と呼び、この〝正義〟の判断とを合わせて、〝広義〟の価値判断とするのが適切である。

さらに、平井宜雄からは、「利益考量、価値判断」について厳しい批判がなされている。その一つの批判として、次のように述べられている。「『利益考量・価値判断』の手法が裁判官・弁護士等の法律家一般の遵守すべき民法解釈の手法だという主張――『利益考量論』に依拠する『学者中心主義』からしてありそうにもないけれども――である。しかし、こう解するなら、『利益考量論』の主張は、法律家一般にとって規範となり得ないことは明らかである。たとえば、弁護士は何よりも顧客や被告人の利益を守るという職業倫理上の要請に基づいて法律論を主張しなければならないのであり、決して『文理解釈・論理解釈を経た利益考量・価値判断』によって解釈論を導き出すわけではないからである。したがってまた、当事者のこのような主張に答えることを第一義的任務とする裁判官に

とっても、『利益考量・価値判断』の規範的意義をもち得ないこと明らかである。『利益考量論』がこのように主張していると解すべきではあるまい」（平井・前掲書一三三頁）。しかし、これは誤解である。弁護士の法律論は顧客や被告人の「利益」を守るための利益考量・価値判断であるが、法については裁判官の専権事項であり、裁判官は、それについての当事者の主張に拘束されることなく、両当事者の主張よりも妥当な利益考量があれば、それを判決文に書けばよいのである（釈明義務はあろう）。すなわち、被告や被告人の利益を守ることではなく、「法」（「利益考量・価値判断」の規範的意義）を守ることなのである。

たしかに「価値の順番」の確定作業は困難な問題である。しかし困難であることと否定することとは直結しない。現に、近時のヨーロッパ不法行為法原則（Principles of Europian Tort Law）においても「価値の順番」の構築についての努力がなされている（山本周平「不法行為法にみる法的評価の方法と構造」法学論叢第一六九巻第三号〔二〇一一年〕四〇頁）。(12)

さらに、次のようにもいえる。民法の基本原理である意思自由は自然科学の世界には存在しない、と否定されている。しかし、民法学で、これを否定する者はいないであろう。正に、これこそ、ファイヒンガー（Vaihinger）のいう「擬制（Fiktion）」である（来栖・前掲論文一頁）。すなわち、理論的見地から虚偽と認識されるが、我々に一定の効用（Dienste）をもたらすゆえに正当化され、それゆえに実践上「真」とされる表象（Vorstellungen）がある。例えば、数学上の点や線、といった概念、宗教上の「祈り」などである（前田達明『不法行為帰責論』〔一九七八年、創文社〕一九八頁）。それは、プラトンの「イデア論」にも通じる。正に、価値の「順番」もそれである。

3　平井説に対する評価

(1)　法解釈が〝議論〟であり、〝良い法律論〟が法解釈方法論において望ましいことは、異論はなく、そして、

その〝良い法律論〟として、平井宜雄が提起した基準についても異論がないであろう。ただ、注意すべきは、これは明らかに形式論であって、実質論ではない。例えば、中川善之助の身分行為における「事実の先行性」（平井・前掲書二四〇頁）と、そこから導かれる無効な婚姻の追認とか、形式的意思か実質的意思かという問題は、正に、身分関係においては、先行する事実を尊重すべきであるという価値判断が〝先行〟しているのである。さらに、平井宜雄は、詐害行為取消権について、「責任説」によれば、現物返還が可能になり（判例通説によれば、おそらく価格賠償しか認められない）、「責任説」は良い法律論（反論可能性のある法律論）であるとする（平井・前掲書一七〇頁）。しかし、ここでも、現物返還を求めようとする者がいるということは、価格賠償よりも現物返還を求める方が有利であるからであり、当然、そこには価値判断が含まれている。すなわち、この「良い法律論」の前提には、価値判断を欠くことはできないのである。なお、形成権説からも現物返還請求は可能である（前田達明『口述債権総論第三版』〔一九九三年、成文堂〕二五九頁）。

(2)　さて、平井説には、何故に「異論がない」といえるのであろうか。例えば、原告が熱湯に手を入れて火傷をしなかったら原告の勝訴、火傷をしたら原告の敗訴としては何故いけないのか。かかる荒唐無稽な疑問でなくてもよい。弁護士は何よりも被告や被告人の利益を守るという職業倫理上の要請に基づいて法律論を主張しなければならない（平井・前掲書一三三頁）、というのならば、何故に弁護士は反論可能性のある（それも、より大きな）法律論をする必要があるのだろうか。すなわち、〝反論可能性がある（それも、より大きい）〟ということは、相手方に反論し易くするということになって、相手方に〝塩を送る〟ことになるのではないだろうか、という疑問である。そして、反対する者は、これを否定することが利益ありと考えて別の「法律論」を展開する。そこで、裁判官は、「顧客の利益」とは別に、客観的にいずれの利益を価値高いものとするかの価値判断をして判決をするのである。

まさか、「良い法律論」を展開する者を勝訴させるということはないであろう。これはあくまで形式論だからである。

その解答は、次の如くである。憲法第三二条は裁判を受ける権利を保障し、その裁判とは、憲法第八二条第一項が「裁判の対審及び判決は、公開法廷でこれを行ふ」（本条項は、和歌の形式になっていることに留意）と定めている。すなわち、憲法は、裁判について、それが「対審」によって行なわれるべきことを定め、その「対審」についての立法者意思を民事訴訟法、民事訴訟規則等に実現したのである。したがって「盟神探湯」まがいのことは勿論、否定される。次に、そこで、求められている「対審」とは何か。それは、民事訴訟についていえば、原告と被告が、平等な立場で（武器平等の原則）、相互に口頭弁論をもって主張と立証を尽すことであり、それに基づいて裁判官が判決を下すのである。とすれば、相互の弁論すなわち議論が中心となって訴訟が進行することが予定されている。そして、「議論」は、相互が反論可能な意見表明を行なうことによって論理に適った進行がなされるのであるから、裁判における議論すなわち口頭弁論すなわち対審においては、〃良い法律論〃が憲法第八二条第一項によって要請されるのである。すなわち、〃裁判〃とは、当事者による議論（良い法律論）を尽す手続であり（松井茂記『日本国憲法』〔一九九九年、有斐閣〕二二九頁）、そこから、憲法の守ろうとする価値の発見が行なわれるべきである。

〃このようなことは、当然のことでいうまでもない〃という反論があるとすれば、それこそ〃コロンブスの卵〃であると再反論しておこう。

4　前田説に対する評価

前田・前掲論文に対しては、種々の批判や疑問が寄せられている。そこで、本稿において、それに答える形で、

前田説に対する評価を行なう（批判者にとって、このような形で公表されることは想定外であろうから、匿名としておく。加えて、批判者各位に心からの謝意と敬意の念を表すると共に、さらなる批判を乞い願う次第である。さらに、その批判と疑問自体について前田達明が誤解しているとすれば、それについても指摘あることを乞い願う次第である）。

〔第一疑問〕法解釈の主体には、裁判官以外の法曹、学者、さらに国民一般も含めるべきではないか。

〔解答〕社会における紛争解決の方法は種々用意されているが、法規範による解決は、最終的には裁判所における裁判によって結着を付けることが想定されている（憲法第三二条）したがって、裁判官以外の法曹、学者、国民一般の法解釈は解釈提案と位置付けられる。このことが、裁判所における解釈を「有権的解釈」と呼ぶ所以である。

〔第二疑問〕前田説は憲法の条文に法解釈方法の法的根拠を求めているが、憲法の条文や民主主義というだけでは不充分ではないか。憲法や国会の判断（条文・議決）を尊重しなければならない場合も当然少なくないと思うが、それらをさらに拘束するもの（「国民に支持されている法秩序」）があるのではないか。その意味は、「憲法」が、仮に条文化された憲法「典」であるとして、解釈の根拠を、この条文に求めた場合には、条文が書き換えられれば、それだけで判断基準が変わってしまうということになるのではないか。

〔解答〕前田説が、「憲法」というとき、当然に現行日本国憲法典を前提としており、したがって、前田説は、現行憲法体制における法解釈方法論を論じているのである。時と場所を問わない、すなわち如何なる法体制においても通用する法解釈方法論を論じようという〝大それた〟野望をもっているのではない。各国の法体制に通用する法解釈方法論を考えればよいと考えている。したがって、憲法「典」等を拘束するものは何かとか、憲法典において改正してよいものと改正してはいけないものは何かといった深遠な法哲学論争を展開する必要はない。ただ、前

田説の法的根拠たる三権分立（憲法第四一条、同第六五条、同第七六条第一項）、そして、裁判官の憲法尊重擁護義務（憲法第九九条）は、人類の叡智が生み出した自由民主主義国家の最も良い法体制であり、自由な民主国家である限り存続しなければならないと考える。したがって、その限りで、前田説は有効であると考えている。例えば、イギリスでは、明文の憲法典は存在しないが、三権分立が採用され、さらに、彼の国において裁判官は憲法を尊重擁護しなくてよいという議論は聞かない。なお、近時、日本では、首長公選制や一院制の主張がなされているが、これとても三権分立を否定するものではない。

あえていうならば、「法解釈は憲法以外のもの、あるいは憲法を超えるものに従う」という方法論は憲法第七六条第三項の「この憲法及び法律にのみ拘束される」に違反し、憲法違反であるといわざるを得ない。そして、このような方法論によって生み出されたものは法解釈論ではなく立法論（運動）、政治的運動である。

〔第三疑問〕　基本的人権を認めない憲法や侵略戦争を肯定する憲法が制定された場合、これまでの憲法を支えてきた価値観に反するものであって、国会や国民投票の手続（憲法第九六条）を経て、そのような憲法が可決されても、それは誤っている。したがって、憲法や法律の条文、それらを制定した立法者の意思、そしてそれを支える民主主義だけに正当性を求めることは、このような「誤っている」という評価を不可能にするであろう。

〔解答〕　このような「評価」は、最早、前述のように、法解釈の領域を超えて、それは立法論（運動）、政治運動の領域の問題である。

ただ、この疑問については、今一歩進んで考察する必要がある。

第一に、基本的人権を認めない憲法の制定である。この場合、真正面から〝国民に一切の基本的人権を認めない〟という憲法条文が制定される可能性はないであろう。何故ならば、そのような〝波風〟を立てることを為政者

はしないであろう。そんなことをしなくても、現行憲法下でも十分だからである。すなわち、①全ての基本的人権は「公共の福祉」によって制限し得る、②「公共の福祉」とは、「国家の利益」である、という〝解釈〟をすればよいのである。

第二に、侵略戦争を肯定する憲法の制定についても、憲法第九条を「侵略戦争を認め、そのための軍隊を保持する」と改めることはないであろう。ここにおいても、そのような〝波風〟を立てるようなことをする為政者はいないであろう。現に、現在、世界では、アメリカ、北朝鮮をはじめ、いずれの国も自国の軍隊を〝国防軍〟（自民党の憲法改正案もそうであると聞く。）と称している。これも、現行憲法第九条の〝解釈〟をもって可能だからである。すなわち①国の自衛権＝防衛権は放棄していない、②そのための軍事力＝軍隊は保持し得る、と解釈すればよいのである。実は、実質的には、「防衛省」とした、現在の〝政府見解〟はこれである（「政府見解」の変遷については、宮沢俊義＝芦部信善『全訂日本国憲法』〔一九七八年、日本評論社〕一七一頁。以下、宮沢＝芦部・前掲書という）。そこで、問題は、「防衛」とは何かという解釈論に帰着する（なお、日本の防衛費〔軍事費〕は、ストックホルム国際平和研究所の報告によれば、二〇〇八年度は、世界第七位である）。いくつかの例を挙げよう。

第一例。外国の核ミサイルが国境を越えたところで、これを破壊する（日本政府の見解?）。しかし、ここでも、その国境が問題である（例えば、北方四島、竹島、尖閣諸島）。

第二例。集団的自衛権も認められる（日本の一部の政治家の見解）。

第三例。攻撃は最大の防御であるから、外国の核ミサイル基地を、ミサイルや衛星や航空機で攻撃する（イスラエルの立場）。

第四例。同様に、核兵器保有の〝疑い〟のある外国へ軍隊を送って占領する（〝世界の警察〟を自認するアメリカ

の立場。イラク戦争）。

第五例。資源大国（アメリカ）の脅威から国を守るためには、資源豊かな〝満州〟や〝東南アジア〟は、日本の〝生命線〟であり、これを占領する（大日本帝国の立場。しかも、欧米の植民地支配から解放してやる）。

以上のように、「防衛」の解釈も、複数可能である。

今、この線引に立ち入ることは措いて、以下のような「基本的人権否定」や「侵略戦争肯定」の〝解釈〟が成立することは、これまで、日本法学界が、その法解釈基準とプロセスを明確にせず、正に〝融通無碍法学〟（「これからの民法学〔座談会〕」ジュリスト第六五五号〔一九七八年〕一二三頁〔淡路剛久発言〕）によって、法文を〝飴細工〟の如くに解釈してきたことの当然の帰結なのである。それに対して、前田説によれば、その解釈基準を明示し、第一に、立法者意思探究という作業、それを当該事件に適用したときの可否、否のとき他の基準をもって修正補充するという作業、そして、それを、明確に分類された言語的表明方法をもって判決文に表明するというプロセスを提示し、一定の〝歯止め〟を提供し、検証可能性と反論可能性を高めて〝良い法律論〟が可能となるのである。勿論、これによって、まったく、第一、第二のような解釈を防止し得るというものではない。そこまで〝思い上った〟考えを持ってはいない。それは、最終的には〝国民の総意〟が決めるところである。

なお、憲法改正というのは、一般的に、「これまでの憲法を支えてきた価値観」を変更するものである（例えば、首相公選制は議院内閣制という価値観を変更するものであり、一院制は二院制という価値観を変更するものである）。とすれば、基本的人権を否定し、あるいは侵略戦争を肯定する変更が憲法第九六条によって実現しても、それが何故〝誤っている〟のであろうか。それは〝特別〟であるというのであろうか。そして、その基準は憲法をも拘束するものであり、それは、「国民に支持されている法秩序」であり、しかも、それは「単に個々の法規範について国民

の多数が賛成しているかどうかではなく、まとまりのある法秩序が全体として支持されているかどうかである」と主張するのならば、基本的人権を認めない、あるいは侵略戦争を認めるといった変更（当然、国民の多数決で決定される。憲法改正手続法第九八条）が、具体的に何によって、「まとまりのある法秩序」全体から支持されていないと認識し得るのであろうか。(13)

さらに、一般論として、「法解釈とは、法律を主たる素材とした、具体的な紛争を解決する際の、国民に支持されていると考えられる法秩序についての、解釈者の認識である」とし、しかも、何が「国民に支持されている法秩序」かは「法源とされる法律、判例、慣習によって認識する」と主張するならば、そもそも、「法源とされる法律」の「解釈」が問題であるにも拘らず、それを認識根拠とするのは〝循環論法〟ではないか。しかも、それは、「立法者意思」よりも、より抽象的であって、解釈者の「主観」が、より容易に介入する危険性を有するのではないか。さらに、解釈の対立は「国民に支持される法秩序は何かという認識の対立」であるというのならば、その優劣は、どのような具体的基準によって決定するのか。そして最後に、このような法解釈の法的根拠は何に求めるのであろうか。

〔第四疑問〕「立法者意思説」からは、ナチスの「授権法」（一九三三年）のような場合は、どのように処するか。

〔解答〕たしかに、日本でも、かつて「国家総動員法」（一九三五年）が制定されている。現行日本国憲法の下において、仮に、かかる立法がなされたとすれば、憲法第一一条、第一二条、第九七条、第九八条第一項、第九九条をもって、これらを防止しようとしているのであって、我々法律家は違憲を主張し、裁判官は違憲判決を下すべきである（憲法第八一条）。それこそ、裁判官の「良心」（憲法第七六条第三項）である。

〔第五疑問〕憲法そのものが、具体的な法的紛争を処理する際の基準となり得るか。憲法は、法解釈に際して重

視されるべき価値（原理）を示しているとしても、それらの価値の間をどのように調整するべきかの判断は行なっていないのではないか。そのような調整は、法律、そして、それを判定する立法者の役割ではないか。この立法者が行なった調整の結果を、法秩序全体との整合性などを勘案したうえで、具体的な法的紛争において実現させるのが解釈なのではないか。

〔解答〕　まず、立法者が調整するというのは、正に、「立法者意思」が第一の解釈基準であるということである。その「結果を法秩序全体との整合性などを勘案する」というのは、正に、前田説のいう「法目的」や「歴史的変化」、さらには「合憲性」といった価値判断基準で「勘案」することなのである。

次に、憲法が価値の調整を定めていないという議論は誤っている。何故ならば、法解釈において「合憲性」基準が最重要であるからである。例えば、最大判昭和六二・四・二二民集四一・三・四〇八（「共有物分割等請求事件」）において、民法が各共有者に認めた価値と、森林法の「森林の細分化を防止することによって森林経営の安定を図り、ひいては森林の保続培養と森林の生産力の増進を図り、もって国民経済の発展に資する」という価値の調整を、憲法第二九条第二項の「財産権」と「公共の福祉」という憲法の定めた「調整」によって解決しているのである。なお、憲法と民法の関係については、注(11)の山本敬三の諸論文に明らかである。

さらに、もし立法者意思が第一の解釈基準でないというのならば、裁判官は憲法第四一条を無視してよいというのであろうか。

なお、憲法学説上、いわゆる無効力（無適用）説、直接効力（直接適用）説、間接効力（適用）説の対立がある（初宿正典『憲法2〔第3版〕』〔二〇一〇年、成文堂〕一〇四頁）。しかし、前田説は、この問題に立ち入る必要はない。何故ならば、前田説は、国家権力の一部である裁判権の行使にあたって、すなわち法解釈を行なうにあたっ

て、それが憲法的根拠を有すべきである、すなわち憲法的拘束が必要であると主張するだけだからである。

〔第六疑問〕「立法者意思」とは何か。

〔解答〕「立法者意思」とは、当該法文の立法者が、当該法文の文言をもって、受信者に伝達しようとした自己の意思である（以下に、典型例として「法律」について考察する）。その立法者意思の確定方法は、典型的な図式でいえば、次の如くである。当該法文は、憲法第四一条、同第五九条、同第五六条、同第五七条に基づき、国会の審議と採決によって確定される。そこで特に内容的に審議されなかった条文については、委員会の審議と採決によって確定する（国会法第四〇条以下。その好例は、川島武宜『注釈民法(5)〔北川善太郎〕』〔一九六七年、有斐閣〕三一四頁）。何故ならば、その委員会の意思を国会が受容したのである。さらに、そこでも特に議論がなく審議されなかった条文については、起草段階（例えば、「法制審議会」）の審議や採決によって確定する。何故ならば、委員会がそれを受容したからである。そこでも、内容について審議されなかった条文については、起草者達の意思が立法者意思といえる。何故ならば、法制審議会などがそれを受容したからである。以上のように、特に内容について審議されなかったということは、先の段階での内容に異議がないことを示しており、その審議の「意思」をもって立法者意思と確定し得るのである（先の段階での審議を当然の前提として次の審議が行なわれるべきだからである）。

〔第七疑問〕　立法者意思の探究資（史）料とその方法が不明確ではないか。

〔解答〕　たしかに、この点については、未だ、学界において共通認識がない。そこで、ここにおいて一定の提案を行ないたい。

(ア)　探究のための資（史）料は、立法が会議体を予定している（憲法第四一条、国会法第五〇条など）故に、その会議の「議事録」とその会議に提出された「立法（起草）趣旨」を明らかにした文書である。

もっとも、明治維新以来、日本では、〝下々に知らしむべからず寄らしむべからず〟という風潮があり、例えば、法典調査会民法議事速記録の学振版においてさえ、表紙に㊙のマークが付されていた。したがって、情報があっても、外部に公表することを嫌がり、そもそも記録さえ残さないという風潮が今も横行していることは周知のところである。例えば、行政権の最高の意思決定機関である「閣議」には議事録がなく、ましてや「閣僚懇談会」にも議事録がないと聞く（法案は議員立法は極少なく、圧倒的に行政権提出が多いということを我々法律家は記憶すべきである）。このような検証不可能なことで民主国家といえるのであろうか（お上のことは知らしむべからず寄らしむべからずの典型である）。したがって、我々法律家としては、立法者意思説（憲法第四一条）は採用すべきではないなどと主張して、この傾向を助長することは誠に無責任といわざるを得ない。むしろ、「立法者意思説」（憲法第四一条）を堅持して、可及的に記録を残すべきであると主張するのが我々法律家の責務である。さらに、日本法学界では、概念法学が行きわたる前に概念法学批判が行きわたって、立法者意思軽視の傾向が根強く、先の風潮を異としなかったのも反省すべきであると考える。すなわち、立法者意思を重視すべきであると主張してきたのは、浅学にして、星野英一、石田穣、五十嵐清、前田達明位しか知らない。しかし、今後は、立法者意思尊重の傾向が行きわたれば、その資（史）料の充実が求められ、しかもコンピュータ化すれば、この点の不備は解消されるであろう[14]。したがって、パソコンを操作して、必要な立法資（史）料が瞬時にして入手することができるという時代が来るであろう（まず立法者意思を確認しない議論の危険性については、池田真朗「債権者代位権擁護論」法学研究第八四巻第一二号〔二〇一一年〕三三頁）。

なお、一部の学者が私蔵・秘蔵して、他の法律家の接近を拒否するあるいは困難にしている資（史）料は、当然に排除すべきである。何故ならば、それは〝良い法律論〟の基礎となし得ないからである。

(イ)　その探求方法については、前述の資（史）料を可能な限り「客観」的に解明することである。勿論、立法者意思探究作業も、言語の意味深究であるから、探究者の「意思」が潜入する危険はある。だが、古典文学の解釈を国文学者が行なう場合（例えば、岩波書店の『古典文学大系』）と、小説家が古典文学を自己の作品として執筆する場合で、その「客観性」という点において、大いに差異があることは〝一目瞭然〟であろう。すなわち前者（いわば立法者意思探究作業）は、可能な限り解釈者の意思を排除して、客観的に作者（立法者）の意思を探究しようとするものである。なお、自己の学説にとって不利な資（史）料は無視するといった読み方は、学究者として、厳に慎むべきである。

さらに、相対立する利益共同体の両方の〝顔〟を立てるために〝玉虫色〟の法律が立法されることもあるであろう。その場合は、立法者意思を不明とすればよい。すなわち、最終的に、立法者意思が不明あるいは確定不能という場合も想定されるのである。すなわち、当該事件は当該法文の適用範囲内か否かを確定できないということである。そのとき、裁判することはできないとはいえない（憲法第三二条。証明責任の場合も同様である）。このときは、当事者の責任とすることができる「事実」とは違って、「法」の探究は裁判官の職責である。正に、法の〝空白〟であり、裁判官は「法の目的」や「歴史的変化」といった別の価値判断基準によって、この〝空白〟を補充すべき義務を憲法第九九条によって負っているのである。

他にも、立法者意思を確定できない（不明な）ことがあるであろう。しかし、それは「空白」なのであるから、立法者意思説に対する批判にはならない。すなわち、現在の立法者意思説は、立法者意思〝絶対〟でなく、それを修正補充する価値基準を用意しているのである。

〔第八疑問〕　人は、意味を言語によって伝達し理解する。法律も言語によって構成されている。立法者意思が存

在するならば、その意味・意図は、言語に先立って存在し得る、いわば前言語的存在といえるのではないか。また、言語的構成から離れて意味や意図は存在するのであろうか。法解釈者は、言語を媒介せずに「立法者の意思」をどのように発生せしめ、どのように後世の人々に伝達・キャリーする（運ぶ）のか。

〔解答〕　かつての人類は、まず意味を考えて言語に置き換えて意思を伝達したといわれている（〝アブナイ！〟）。少なくとも現代人は、言語をもって意思を形成するのであって、言語を媒介せずに意思を発生させ伝達することはないと考える。正に、言語即意味・意思であると考える。したがって、「立法者の意思」は「言語」によって伝達されると答えておく。

〔第九疑問〕　F・ローデル「禍なるかな、法律家よ！」風に言えば、裁判官も高給なサラリーマンにすぎない（つまり、誰の言うことをよく聞くかということ）。現実には、いわゆる司法官僚・司法システムといった権力構造に縛られて（表現が悪ければ、その枠や論理に中に）いる人たちである。「良心」とは本人の良心か、あるいは職業裁判官として「作られた自己」の良心か。また、法学教育を受けて、難しい試験に合格すれば、正義を語れるのかという疑問も付きまとう（正義が何かや個別に優秀な人物がいるという点は今は措く）。憲法的制約に服したリーガル・マインドといえども、やはり、ある程度フリー・ハンド状態であることは否めないのではないか。

〔解答〕　この疑問は、事実と規範を混同した議論である。すなわち、前田説は、裁判官が現実に「良心」に従った判決をしているのか、あるいはすることができるのかという「事実」を論じているのではない。正に、憲法第七六条第三項が定めている、すなわち規範が要請しているという「規範」を論じているのである。例えば、自動車運転者が制限速度時速五〇㎞を守って運転することは殆どないという「事実」から、スピード違反で検挙されたとき、他の殆どの自動車運転者が守っていないという抗弁が認められないのに等しい。

すなわち、この点については、憲法第四一条をめぐって前田・前掲論文四頁において、既に議論しているが、批判者の議論は「事実」の問題であり、前田説は、どうあるべきかという〝規範論〟であり、次元が異なり、議論が噛み合ない。ただ、前田達明の知っている裁判官達は、日夜、良心に従った、より客観的な判断を下すべく努力している姿を見聞していることを付言する。

〔第一〇疑問〕最終的にはリーガル・マインド（憲法第七六条第三項「良心」）による判断とのことであるが、これまでも、この点が、もっとも議論されてきた点であり、「良心」とは何か。

〔解答〕まず、前田説にとって重要なことは、憲法第七六条第三項の「良心」を「リーガル・マインド」と把握し、その法的根拠とするという「解釈論」なのであって、浅学にして、これまで、そのような法的根拠論は議論されたことは聞いていない。なお、この「良心」の解釈は、まず立法者意思を確定せず、いきなり「法律意思」基準をもって解釈しているという批判は甘受せざるを得ない。この点の立法者意思確定作業は、憲法学者の手に委ねる。

それは措くとして、周知の如く、「良心」（憲法第七六条第三項）については、「客観説」と「主観説」の対立がある。この客観説と主観説については、次のような例が挙げられている。「たとえば、ある裁判官が死刑に反対だからといって、それだけの理由で、下級裁判所の死刑の判決を破棄することは許されないし、ある裁判官が離婚に反対の信念を有するからといって、離婚の請求を無条件に棄却することは許されないし、さらにまた、ある裁判官が一夫多妻を正しいと信じているからといって、重婚罪を無罪とすることは許されない。」（宮沢＝芦部・前掲書六〇六頁）。「それだけの理由で」というのは、例えば、「死刑は、残虐な刑罰であり、憲法第三六条に違反し、違憲である（憲法第八一条）」というならば〝許される〟ということであろう（現に、そのような主張がなされている）。と

すれば、カトリック信者の裁判官が、民法の離婚の規定（第七六三条乃至第七七一条）は〝信教の自由〟に反し（憲法第一九条）違憲である（憲法第八一条）、あるいは、イスラム教信者の裁判官が、刑法第一八四条は、〝信教の自由〟（憲法第一九条）に反し違憲である（憲法第八一条）、と判決することは、許されるのであろうか。憲法第八一条の通説たる個別的効力説（宮沢＝芦部・前掲書六七八頁、松井茂記・前掲書一二二頁。なお、佐藤幸治・前掲書六六六頁）によれば、そして、これまでの前述の如き融通無碍法学からすれば、可能であろう。とすれば、客観説は一見明確であるが、実際の運用面では問題がある。憲法第七六条第三項の「良心」は、当該事件において憲法が最も守ろうとするもの（利益あるいは価値）への「同調」と解し、「価値のヒエラルヒア」の構築に努めるのが妥当であろう。

しかも、次の二つの判例においては、前者は、「独立してその職権を行ひ」ということと同義であり、後者は、「この憲法及び法律にのみ拘束される」と同義であり、客観説の表明といえるか疑問である。すなわち、この「良心」についての判例として揚げられている最大判昭和二三・一一・一七刑集二・一二・一五六五は、原審が被告人の主張を無視したのは憲法第七六条第三項の「良心」に従って裁判をしたということはできないという上告趣旨に対して、「憲法第七六条第三項の裁判官が良心に従うというのは、裁判官が有形無形の外部の圧迫乃至誘惑に屈しないで自己内心の良識と道徳感に従うの意味である」とし、また、最大判昭和二三・一二・一五刑集二・一三・一七八三は、有毒飲食物等取締令の規定は刑法第六六条の適用がなく、裁判官が、それを適用すべき事案であると考えても適用できないのは憲法第七六条第三項の「良心」に反するという上告趣旨に対して、「凡て裁判官は法（有効な）の範囲内において、自ら是なりと信ずる処に従って裁判をすれば、それで憲法のいう良心に従った裁判といえる」としているのである。したがって、前者の「良心」は憲法第七六条第三項の「独立して」と同義であり（加

えて、主観説の如き記述である）、後者の「良心」は憲法第七六条第三項の「この憲法及び法律にのみ拘束される」と同義であり、「良心」についての積極的根拠を提供しているとはいい難い。

〔第一一疑問〕　裁判官が〃良心〃をもって「これが立法者の意思である」と宣言的に言ったものが、本当に立法者の意思なのか、それを語る者の「意思」（＝価値判断）なのか検証しにくい。ならば、立法者意思の解読は、やはり解読者の社会的コンテクスト（それはまたは際限なく多様）に依存するのではないか。

〔解答〕　これは「立法者意思」に対する誤解である。「立法者意思」の探究は、前述の如く、可能な限り客観的に探究すべきであり、裁判官が良心をもって「これが立法者意思である」といったものではない。勿論、社会的コンテクストに依拠することは全くないとはいい切れないことも事実であり、例えば「源氏物語」の解読においても種々の学説の対立があるのと同様であるが、可及的に客観的に追求するように努めるべきである。

〔第一二疑問〕　「脱構築」という〃プラクシス（実践）〃から、「どのように言葉は理解されるのだろうか？　Aが『木がある』というときに、Bが理解するのはAが言ったその木ではない。Bが思っている木である。両者の木は異なっている。Bが理解するのは、Aが『木がある』というサインのなかの反復されるもの（iterability）であって、Aが意図したものではない」。このような捉え方を法解釈に適用すると、立法者である作者の意図を発見することは不可能ではないか。[15]

〔解答〕　もし、この主張が正しいとすれば、そもそも〃議論〃一般（法律論に限らず）が成り立たない。それでは、例えば、制限速度五〇㎞の標示のある道路を時速八〇㎞で走行して警察官にスピード違反で検挙されとき、〃貴方のいう時速五〇㎞と私の理解する時速五〇㎞とは異なるのである。ポストモダンの偉い先生方が言っていますよ〃といって検挙を免れることができるのであろうか。

さらに、利息制限法第一条旧第二項の「立法者意思」について、たしかに、その立法者意思が「経済的弱者救済」か「金融の円滑」かは、問題のあるところであり、両者の妥協であった可能性の方が高いであろう（林田・前掲論文一七三頁）。しかし、少なくとも、同条項の立法者意思が〝過払金を残存元本に充当する〟ということであった点は、疑いがないといえる（最大判昭三七・六・一三・民集一六・七・一三四七〔一三四八〕）。

〔第一三疑問〕　現実問題として、裁判官にとって、立法者意思探究の方法と時間との関係で、「確かに探究できるのか」。

〔解答〕　もし、裁判官にとって、資（史）料がなく、時間的余裕がなければ、この仕事は裁判官のみの仕事ではないから、当事者の弁護士を利用すればよいだけのことである（民事訴訟法第一五一条）。もっとも、各条文についての立法者意思探究は、まず法学者が行なうべき作業であると考える。そして、それを、法曹界に提供すべきである（例えば、法律意見書、鑑定書や、一般的には注釈書や体系書など）。さらにいうならば、裁判官（例えば、最高裁判所調査官）は、この仕事を見事に行なっている（五十嵐・前掲書一四六頁）。

〔第一四疑問〕　正義・公平、一貫性・客観性といった法解釈に伴う、これらの属性や価値が、法解釈論では、よく議論されるが、立法者意思説では、どのように考慮されるのか。現在の法解釈者は、過去の立法者意思に拘束される、もしくは解釈の枠を嵌められるわけであるから、正義や公平などという正当性や属性は、「立法者意思を明らかにすること」自体に既に保障されていると言えるのか（それぞれの価値・性質・意義が異なるので、同列に論じることには無理がある）。

〔解答〕　法解釈方法論においては、これらの概念は、手続法的側面と実体法的側面から考察する必要がある。

(ア)　まず、前者の側面から考察する。前田説によれば、第一義的に「立法者意思」を価値判断基準とするのであ

り他の価値判断基準より、より客観的である。それによって妥当な結論が得られないときのみ他の価値判断基準をもって補充修正を行ない、明確化された言語的表明方法で判決文にそのプロセスを明らかにするのであるから、一貫しており、しかも、それぞれのプロセスは、憲法的根拠をもっているのであるから、正義・公正にも適うのである。

(イ)　次に、実体法的側面から考察する。前田説によれば、実体法的議論が、どの価値判断基準によるのか、何故にその基準によったかを明示されるのであり、また、その結論は、「良心」による正義・公平の担保が行なわれているのであるから、他の法解釈方法論よりも客観的で一貫している。

なお、正義・公平は、多義的であるが、前田説によれば、正義とは配分的正義、公平とは平均的正義を前提として、原則として、前者は実体法的側面において、後者は手続法的側面において、より重点が置かれると考えている。

〔第一五疑問〕　法解釈は価値判断であるが、判決における法解釈つまり立法者意思の解明は、そのずれ（ブレ）をどのように説明するのか。立法者意思説に従ったとしても、解釈のずれや正反対の結論はあり得るが、「桃中軒雲右衛門事件」と「大学湯事件」を例に取れば、立法者意思説から、一方は誤っており（あるいは不完全であり）、他方は正しいと評価されるのであると思うが、この〝ずれ〟はどうか。法解釈とその結果がいわばジグザクに是正されていくプロセス（桃中軒判決→大学湯判決へと）こそを正面から考えるべきではないか。裁判とは、そのようなプロセスとみた方がよいのではないか。

〔解答〕　これまでの法解釈方法論からは、例えば、桃中軒雲右衛門事件と大学湯事件を比較したとき、保護法益が拡大したという結論付けだけで、方法論として、何と何が〝ずれ〟〝ブレ〟〝齟齬〟し、それは何故かということ

を説明できなかった。それに対して、前田説によれば、それは「立法者意思」と「歴史的変化」という両者の価値判断の〝ずれ〟〝ブレ〟〝齟齬〟であり、それは、いずれの利益（取引活動の利益か財産保持の利益か）を保護するかの判断（「良心」）によるものであるということが明解になる。

さらに、プロセスという点でいえば、これまでの法解釈方法論では、この点も不明確であった。それに対して、前述のように、前田説によれば、まず、憲法第四一条によって「立法者意思」の確定という作業、次に、当該事件に、その結論を適用すれば適切か否か（憲法第七六条第三項の「良心」）という判断作業、さらに、不適切と判断されたとき、他の基準（法目的や歴史的変化）による修正補充作業、最後に、その結論を、明確に分類された言語的表明方法をもって判決により表明するという作業を行なうというプロセスが明確化するのである。

〔第一六疑問〕　現在の哲学的議論の一つの有力な傾向として、言語は意思を伝達するための手段ではなくて、意思とは切り離された、それ自体として自律的な世界を構成しているものと捉える考えがある。例えば、Aが著した甲作品の解釈として、B、C、Dが、それぞれα、β、γという解釈を示した。しかしAはδという意味で書いたと主張したとき、δに〝特権的地位〟を与えるのは適切でない。すなわち、甲作品は現にAの手を離れて、それ自体で独立のものとして存在するのである。

したがって、憲法第七六条第三項と同第四一条の意味は、「裁判官が解釈の際に国会が作成した法文の文言（テクスト）を離れてはならない」ということに止まるのではないか。

〔解答〕　文芸作品（音楽も）は措くとしても（感性の世界。前田・展開一八頁（四）、同「風紋の日々」（二〇一〇年、成文堂）七七頁）、法文解釈（理性の世界）において「言語」の自律性に重きを置くならば、すなわち、立法者（国会）がδという意味を付与した法文を、裁判官が、それを無視して、自由にβという解釈を採用できるとすれば、

憲法第七六条第三項と同第四一条の意義は失なわれる。すなわち、現行憲法の根本原則である「三権分立」と「法の支配」は崩壊してしまうのである。そして「法文の文言（テクスト）から離れてはならない」という〃歯止め〃は、誠に暖昧であり、これまた論争の火種を増すだけである（現に、しばしば「法文の文言（テクスト）」を超えた解釈の行われていることは周知のところである。例えば、最判昭和四九（一九七四）・一二・一七民集二八・一〇・二〇四〇）。

したがって、法文の解釈については、まずδを採用し、それでは具体的事件の解決において〃憲法が守ろうとする価値〃の保護に欠けるとき、憲法第九九条によって、裁判官はβを採用するという方法論（前田説）の方が優れていると考える。

なお、蛇足ながら、文芸作品とて、例えば、「源氏物語」を国文学者が解釈研究するときは（理性の世界）、紫式部のδに〃特権的地位〃が与えられることは当然である。

以上、立法者意思を軽視して前田説に反対する学説は、最初から「法律意思」という〃裁量〃の大きい基準を法解釈の基準とし（したがって、「悪い法律論」になる）、しかも、〃寄らしむべからず知らしむべからず〃という古い法体制を意識的無意識的に支持するものであって、放棄すべきである。これに対して、前田説は、まず「立法者意思」を基準とする故に、それだけ〃裁量〃の余地が狭められ（したがって、〃よい法律論〃により適合する）、しかも、新しい「情報化社会」に、意識的に適合し、推進する学説として支持されるべきである。

5 総　括

以上、星野説は、法解釈が価値判断を不可欠の要素とするものであるとすれば、その客観化を担保するために、

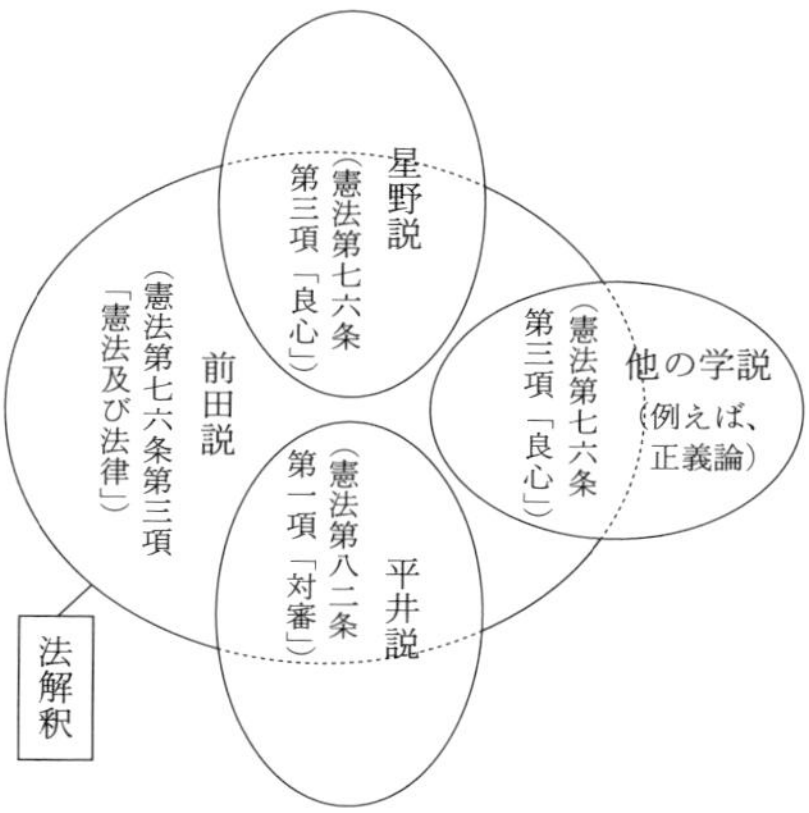

「価値のヒエラルヒア（価値の序列、順番）」を構築することが必要であるとしている。それは、憲法第七六条第三項の「良心」を明確化することであり、支持すべきである。

次に、平井説は、法解釈が裁判手続の一部であり、裁判は「対審」（憲法第八二条第一項）で行なうことが予定されているが、この「対審」とは、当事者の双方が議論を尽して判決に至るという手続であることから、当然に「良い法律論」を前提とするものである。この観点から、平井説も支持されるべきである。

最後に、前田説は、法解釈が裁判手続の一部であるとすれば、憲法第七六条第三項によって必然的に法解釈自体が憲法的根拠を持たなければならないことの帰結として、それぞれの法的根拠を明らかにするものであり、支持されるべきである。

なお、「動的システム論」については、考察する余裕がなかったが、星野説、平井説をも包摂するものであると推測する。

以上の如く、前田説は、法解釈のプロセスとそれぞれの法的根拠を明確にしたのみで、法解釈の全体像を語り尽すものではない。そして、星野説すなわち利益考量論そして「価値のヒエラルヒア」構築は、憲法第七六条第三項の「良心」の実相を明確にするものであり、さらに、平井説は、裁判が、対審（憲法第八二条第一項）すなわち当事者の口頭弁論を予定していることから、当然に求められる「良い法律論」の内容を明らかにするものである。

ただ、星野説と平井説は「法解釈方法論」に止まらず、人間行動全般に及ぶ理論であることに留意すべきであろ

う。

以上のことを図示すれば、必ずしも正確ではないが、上の如くである。

四　結びに代えて——発想と論争の原点

(1)　ギリシャ神話に、次のような噺がある。

昔、フリュギアの王ミダスが、自分の手で触れるもの全てが黄金になるよう神に祈った。その願いが叶って、彼が触れた机も椅子もフォークもナイフも黄金になった。彼は歓喜した。そこへ、愛娘が駆け寄ってきた。ミダスは思わず両手で抱きしめた。途端に娘は黄金になった。ミダスは嘆き悲しみ、神に、先の願いの取り消しを祈った。その願いが叶えられて、全てのものが元に戻った。

(2)　この噺の教訓は措くとして、前田達明は、学生に対して、この噺をし、法学徒たる者、ます、全ての社会現象を、法文に当てはめて考えてみなければならないと説いた（ミダス教育と名付けた）。それは、次のような体験に基づく。

京都大学法学部二回生で、初めて、民法第一部（民法総則）の講義を聞いたとき、個々の条文の解釈よりも、私的自治、権利能力、行為能力、意思能力といった基本原理に始まり、法人のところでは法人本質論、すなわち法人擬制説、実在説といった議論が展開された。その後、司法研修所において、修習生として民事判決起案を学んだとき（中村修三教官）、徹底して適用条文の「要件事実」教育を叩き込まれた。さらに刑事判決起案においては（服部一雄教官）、徹底して〝適条〟（適用すべき罰条）の詳細な記載を求められた（起案書の該当箇所が真っ赤になるまで添削を受けた）。正に、それは、〝カルチャーショック〟であった（前田達明『民法随筆』〔一九八九年、成文堂〕二八四

頁)。そこで前田達明は、大学の講義において、まず条文の解釈を、それもできるだけ条文の順序に従って講義することに努めた。そして、試験に際しては、どこから出題されても解答し得るように、条文全体に目配りすることを要求した。それこそ、法律学の第一歩であると考えたからである。そして、今や、ロースクール教育においては、それが求められていると考える。(16)

(3)　ちなみに、別の角度からではあるが、現在の法学部教育についての反省は、平井宜雄も語っている。「私は、演習時の学生諸君の反応——これについては、『履行の着手』概念に対する反応として度々言及した(一四四、一四八頁注(131))——や定期試験時の答案の書き方から、少なくとも民法を学ぶ学生が一つの傾向に支配されつつあることを、かなり前から感じとっていた。それは事例問題を出題する場合に多かったが、例えば、『これの解釈を採れば原告に『酷』であるから——どうして『酷』なのかについての論理的説明を欠くままに——そのように解釈しない』とか、『Xのほうが『帰責性』が大であるから——なにが『帰責性』の判断基準であるかの分析を全く行わずに——Xを保護すべきである』とか、『結局はAとBとの『利益』を『考量』して——当該事例においてどのような『利益』とどのような『利益』とを『考量』するかについての言明(言語化された命題)を提示しないままに——結論を決めるべきである』とか、というような表現に示される傾向である。つまり、厳密な論理や表現を用いた言明ではなく、判決を下そうとする者の『心理』ないし『感覚』に頼る論法が用いられているのである。こういう傾向はそれより前、数年にわたって司法試験考査委員を経験した時も感じており、裁判官出身の他の委員からも——やんわりと非難の意味をこめて——指摘されたものでもあった。このような傾向に漬かったままで学生を世に送り出すならば、法律家として到底役に立たないであろう、もしそのような傾向を助長するような教育をしているならば、それはすぐにでも改めるべきであろう、と私は考えた。そして、学生の側も誤解があるので

あろうが、『利益考量論』の主張の中にその傾向の影響の種子を見いだしたのである。」（平井・前掲書二五七頁）。ここにいう「厳密な論理や表現」とは、前田達明としては、「法文に基づいた論理や表現」と解すべきであり、「裁判官出身の他の委員」もそれに同意見であると考える。

本稿の原点は、正に、以上のところにある。

(4)　今後の論争について一言しておく。我々法解釈学者は、まず、各自が、法解釈とは何か、すなわち法解釈の定義を明らかにすべきである。そして、その法解釈と憲法第七六条第三項、同第四一条との関係を如何に考えるかを明らかにすべきである。この二点こそ、論争の原点である。何故ならば、これこそが、論争の〝土俵づくり〟だからである。

（民商法雑誌一四六巻三号二〇一二年六月）

第二節　法解釈の方法について※

一　なぜ、今、法解釈〝方法論〟か

(1)　これまで、日本法学界において、法解釈の「方法」（やり方、仕方、手続）の法的根拠は何か、ということについては、殆ど議論されてこなかった[17]。

確かに、学者が法解釈を行なうとき、その〝方法〟の法的根拠を問題とすることは不可欠でないかもしれないが、裁判官が裁判手続の中で法解釈を行なうときには、その法的根拠は不可欠の要件となる。何故ならば、憲法第

七六条第三項が〝裁判手続は憲法と法律に拘束される〟(手続法的意義)と定めているからである。すなわち、裁判手続の全てが憲法と法律の中に法的根拠をもっていなければならないということを意味するから、裁判官が裁判手続の中で法解釈を行うときも、その法的根拠が必要であるということになる。

(2) ところで、ロースクール教育が始まって以来、法学者の多くがロースクールの教員として、講義・著述をしなければならなくなった。ロースクール教育は、当然、法実務家養成教育の一環であり、したがって、そこでの教育ということになると、前述のところから明らかなように、教員は法解釈の「方法」の法的根拠についても語らなければならないということになる。これこそが、今、法解釈の〝方法〟、特にその法的根拠について議論しなければならない最大の理由である。

二　基本構想

(1) まず、私見(以下、前田説という。)の基本的な考え方を要約しておく。

[総論] 民事裁判は〝法的三段論法〟によって構成されている、といわれている。[18] すなわち、「大前提」として当該事件に適用すべき法の確定、[19] すなわち法の適用範囲の確定、「小前提」として大前提により確定された法の要件に該当する事実(要件事実)の認定、[20]「結論」として要件事実の存否によって法律効果の発生不発生を認めるというものである。[21] そして、法解釈は、その大前提における法の適用範囲確定手続の一環であり、前述のように、裁判手続が憲法と法律に法的根拠を持たなければならないということから、当然に、法解釈手続(方法)も法的根拠を持たなければならないということになる。[22]

そこで具体例をもって法解釈の〝方法〟について検討する。例えば「桃中門雲右衛門事件」(大判大正三・七・四

刑録二〇・一三六〇）は、民法旧第七〇九条の「権利」を〝文字通り〟に解釈（文理・文言解釈）して、本件では著作「権」を侵害していないと判示して損害賠償請求を認めなかった。それに対して「大学湯事件」（大判大正一四・一一・二八民録六四・六七〇）は、同条の「権利」は一つの例示であって、「権利」でなくても〝法的に保護される利益〟であればよいとした。まず、前者の判決は、立法経緯からみて、立法者意思（立法者の価値判断）に従った価値判断をしたものであることは明らかである。そして、その理由付けは文言解釈である。後者は、立法者意思を離れて「歴史的変化」という価値判断基準を採用し、その理由付けは「類推解釈」である。

(2)　〔実質的側面〕　ところで、法解釈は二面あり、一面は価値判断（実質的側面）である。[23]その基準は、第一に「立法者意思」であり、その法的根拠は憲法第四一条である。第二に「歴史的変化」という価値判断基準であり、第三に「法の目的（趣旨）（法意、法理）」という価値判断基準（例えば、大判明治三八・五・一一民録一一・七〇六「意思無能力事件」、最判昭和四三・一〇・一七民集二二・一〇・二一八八）が挙げられる。この後二者の法的根拠は憲法第九九条の定める〝裁判官〟の〝憲法尊重擁護義務〟である、と考える。最後に「合憲性」という基準がある。これは憲法第八一条が法的根拠であり、前三者と異なり、法文自体の妥当性を価値判断するものである（例えば、最判昭和六二・四・二二民集四一・三・四〇八）。そして、当該事件において、いずれの価値判断基準を採用するかは、[24]いずれの当事者の「利益」が〝憲法がより強固に保護しようとする「利益」であるか〟という判断（すなわち、それは憲法を守るという裁判官の義務の順守）であり、その法的根拠は憲法第七六条第三項の「良心」である、と考える。[25]

(3)　形式的側面　以上の価値判断を判決理由において言語をもって理由付けなければならない（民訴第二五三条第一項第三号）。しかも、それは論理的に〝筋の通った〟理由付けでなければならない（憲法第三二条、同第八二条第

一項＝公開原則）。これを法解釈の形式的側面と名付け、前田説は、それを次のように分類し体系化する。

(ア)法文内解釈

(i)文理（文言）解釈（立法者意思通りに適用範囲を確定）

(ii)拡大（拡張）解釈（言葉の意味が許容する範囲内で立法者意思より広く適用範囲を確定）

(iii)縮小解釈（当該法文の外にある「法目的」をもって立法者意思より狭く適用範囲を確定）

(iv)目的論的制限解釈（当該法文に内在する「法目的」をもって立法者意思より狭く適用範囲を確定）

(イ)法文外解釈

(i)反対解釈（価値判断基準をもって確定した適用範囲外において反対の法律要件と法律効果を確定）

(ii)類推解釈（「類推」という手法を用いて言葉の意味が許容する範囲を越えて立法者意思より広く適用範囲を確定）(26)

(iii)反制定法的解釈（①立法者意思が違憲の場合に、②立法者の誤解の場合に、当該法文の適用を否定）

三　問題点

(1)　以下に、前田説に対する批判と疑問について論述する。

［総論］①　前田説は民法以外の法にも妥当するのかという疑問がある。憲法第七六条第三項と同第四一条そして同第九九条は全ての裁判に適用されるものであることに鑑み、前田説は、原則として、全ての法に妥当するものである。もっとも、各法分野の特質に応じた差はあり得る。例えば、憲法においては憲法第八一条の適用はなく（それは立法論である）、刑法においては罪刑法定主義（憲法第一三条、同三一条、同第三九条前段、同第七三条第六号但書）から来る〝謙仰主義〟が働く（例えば、類推解釈禁止）。

［総論］②　前田説は法の「外在的側面」すなわち〝権力者はどうすべきか〟ということについての法解釈方法論であるが、法の「内在的側面」すなわち〝権力者を制約し（〝しばり〟）〟、そのことによって「正当性」を与えるということについても検討すべきであるとする見解がある。前田説は、正に、この「法の内在的側面」についても言及するものであり、憲法第七六条第三項、同第四一条に由来する〝まずは立法者意思に従え〟による〝しばり〟を提示しているのである。

［総論］③　裁判官の解釈が「有権的解釈」(27)であり、その他の解釈は「解釈提案」である（本書一七頁（第一疑問））という点について批判がある（高橋・書評五八六頁）。ここで主張していることは、第一審判決といえども確定すれば訴訟当事者を法的に拘束する（強制執行力を持つ。）という「権限」が裁判官の法解釈には与えられているという意味で「有権解釈」と呼び、それ以外の者の法解釈には何ら法的拘束力が与えられていないという意味で「解釈提案」と呼んでいるのであって、それ以上でも以下でもない。そして、判決中の解釈といえども、勿論、検証可能性も反論可能性もあるのであって（憲法第三二条、憲法第八一条第一項）、「共有財産」としての法解釈論を建設していくことができるのである。

［総論］④　前田説は〝裁判によって権利が認められるまでは権利は実在しない〟（兼子一説）という考えに通じるという危惧が表明されている。前田説は、裁判所が裁判において法解釈を行うときの方法論を論ずるものであって、権利自体の存在・不存在を論ずるものではない。もっとも、前田説も裁判の法的三段論法の「結論」として裁判によって具体的法規範（例えば、「被告は原告に金五〇萬円を支払え」）が設定されるとすることを捉えて、このような理解がなされたのかもしれない。しかし、これは「有権解釈」と同様で、例えば、債権の効力として「執行力」が実体法的に認められているが（民法第四一四条。奥田昌道『債権総論［増補版］』（一九九二年、悠々社）七三

頁）、これは裁判を通じてしか行使できない（自力執行・自力救済の禁止。奥田・前掲書七六頁）ということを述べているだけであって、当然のことである。さらには、この「危惧」は、前田説が裁判官に〝強大な〟権力を与えるものであるというものならば、それは当たっていない。何故ならば、前述のように、前田説は憲法第七六条第三項、同四一条、同九九条による制約（〝しばり〟）を裁判官に科しているからである。

［総論］⑤　前田説は純粋法学を想起させ、ひいてはナチス法学を想起させるとする見解がある。純粋法学については今後研究を深めたいが（ケルゼンはナチスドイツから逃れてスイス、アメリカへ亡命したと聞く）、前田説はナチス法学とは無関係である。すなわち、ナチス法学においても軍国主義時代の日本民法学においても「立法者意思説」が台頭したとは浅学ながら聞いていない。また、ナチスドイツや軍国主義時代の日本では権力者が憲法を無視したことが国を誤らせた原因の一つであり、それに対して前田説は徹底的に憲法の拘束力を認めるというものである。あるいは、この見解は、「立法者意思説」が絶対君主時代に発生し法とは君主の「命令」であるというのが出発点であるという歴史的事実からの危惧かもしれない。しかし、前田説は国民主権を基礎とする現行憲法下における解釈方法論であり、間接的ながら法は国民の「命令」であるということを基礎とするものである（勿論、そこには種々の問題点のあることは認識している）。

［総論］⑥　法解釈方法論争において、〝自己の法解釈の定義と憲法七六条第三項、同第四一条の関係〟を明らかにすることが〝土俵づくり〟に不可欠であるとしたこと（本書三七頁）に対して、これは「原理（何故に）論」であって、「方法論（如何にして）」ではない（高橋・書評一五五頁）という批判がある。しかし、私見のいう〝土俵づくり〟は「方法論」の「一部」であり、法文との関係は正に各自の「方法」の基盤であり、その〝立ち位置〟が異なれば議論が噛み合わなくなる恐れがある、と考えたからである。例えば、私見の「立法者意思説」は憲法第七六

条第三項と同四一条の理論的帰結である。さらに、冒頭にも述べたように、法曹教育の一端を担うロースクール教育においては、法的根拠のない方法論とそこから導びかれた法解釈は採用し難いのではないだろうか。

［総論］⑦　来栖三郎説の原島重義理解（高橋・書評五八五頁）の検討については後日を期すとして、「来栖三郎のフィクション論も条文や論理を軽規する傾向の克服をめざすもの」というのならば「フィクション論」を持ち出す必要はなく（フィクション論は、実体がなく、しかも他に解決方法のない場合の〝伝家の宝刀〟である）、歴史的事実としての立法者意思を持ち出す方が説得力がある、と考える。さらに、〝具体的事件（個別的）と規範（普遍的）をつなぐのにフィクション論が大きな場所を占める〟とは、どういう意味であろうか。ここでフィクション論を持ち出す必要性が理解できない。もし、フィクション論が必要というのであれば、全ての法的活動が「フィクション」（我々法学者・法曹はフィクションの中に生きている!?）ということになるだろう。ここにおいて注意すべきは、フィクション（擬制）とは「存在しないものを存在する」と仮定することであって正に「存在（sein）」の世界の問題であるが、〝こうあるべき〟という法の世界は「当為（sollen）」の世界の問題であって、「次元」が異なるということである。

［総論］⑧　「人類の普遍的原理」や「体系」から考えて〝この憲法はおかしい〟、〝この法律はおかしい〟〝この解釈はおかしい〟というべきであるとする見解がある。「人類の普遍的原理」とか「体系」とは具体的にどのようなものか不明であるが、[28]ここには、二つの問題がある。一つは憲法の定める価値に基づいて〝この法律の条文はおかしい〟〝この解釈はおかしい〟というのが「解釈」であり、今一つは憲法の定める価値以外の価値にもとづいて〝この憲法はおかしい〟、〝この法律はおかしい〟というのは「立法論」である。

［総論］⑨　前田説においては「実質的側面」と「形式的側面」との関係は如何という疑問が提起されている

（高橋・書評五八六頁）。この点、前田説は正に我妻栄説と、原則として、同じである（「法律構成の重要性を強調してはおられますが」）。これは法の根本問題に関係することであり、この小稿で十分に立ち入れないが、法とは、結局、立法者の価値判断の伝達手段であり、したがって、形式的側面は裁判手続における伝達手段である、ということである、と考える。そして、我妻栄説との差は、前田説において、憲法第四一条に法的根拠を持つ歴史的事実としての「立法者意思」という価値判断基準を示し、それが、特に形式的側面にも大きい影響を与えているということである（例えば、文言解釈の意味）。

［総論］⑩　現在、憲法も民法も変わるかもしれないという危機的状況下にあって法解釈方法論を論ずるなどという〝悠長〟なことをしている場合ではないという見解がある。しかし、現在も日々ロースクールにおいて法学部において法解釈が論ぜられているのであるから、現在も法解釈方法論を論ずる必要性は大いに存在する。

(2)　［実質的側面］①　法解釈の実質的側面（価値判断）は裁判官の〝直観〟で決まるとする見解がある。確かに、熟練した裁判官であればあるほど〝直観〟の働きは大きいであろう。しかし、そこで止まっていれば検証可能性も反論可能性もない。そのためには、この〝直観〟の分析が必要である。それも、本稿の目的からして、法社会学的な〝事実（sein）〟の分析ではなく、法解釈学的な〝当為（sollen）〟の分析でなければならない、と考える。前田説における価値判断基準の析出も、その一例である。

［実質的側面］②　前田説によれば「価値の順番」は固定的でないとしている（本書一二頁）のに対して、それは「価値のヒエラルヒア」（星野英一説）とは異なるのではないかといった疑問が提起されている（高橋・書評五七一頁）。もし「価値のヒエラルヒア」という場合は「固定的である」というのであれば、それは「価値の順番」とは異なるであろう。

［実質的側面］③　次に価値判断基準のいずれを採用するかという判断の法的根拠として、前田説は憲法第七六条第三項の「良心」に求めている。それについて、憲法第七六条第三項の「良心」は、例えば、裁判官が〝ワイロ〟をもらって片寄った判決をしてはいけないというようなことであって、前田説のようなことは定めていないとする見解がある。確かに〝ワイロ〟の例も「良心」の問題であり、これは裁判官の法的道徳的社会的規範順守義務意識を意味し、前田説がいう〝裁判官の憲法という法的規範順守義務意識〟と、その内容は同一である、と考える。

［実質的側面］④　〝裁判は憲法と法律に従ってなすべきである〟ということ（憲法第七六条第三項）は裁判が裁判官個人の責任によるものでないことを宣言しているのに、「良心」ということを持ち出せば、最終的に裁判官個人の責任を問うということになるのではないかという危惧がある。憲法第七六条第三項の「良心」については「客観説」が通説であり、裁判官の「職業的良心」を指し、「自己の主観的な良心」とは異なる（松井茂記「日本国憲法」（一九九九年、有斐閣）二四一頁）。裁判官の「職業」とは最終的に憲法に対して忠実であるということであるから、前田説によれば裁判官の「職業的良心」とは「当該事件において憲法が最も守ろうとするもの（利益あるいは価値）」への「同調」すなわち〝憲法の規範意識〟であって（前田、序説二九六頁［第一〇疑問］）、結論として、裁判官個人の責任を問うものではない。(29)

［実質的側面］⑤　裁判官は「当事者の主張に拘束されることなく、両当事者の主張より妥当な利益考慮があれば、それを判決文に書けばよい」（本書一四頁）、という主張に対して、それでは「反論可能性」というよりも検証可能性が、どの程度認められるのかという疑問が提起されている（高橋・書評五七三頁）。しかし、この前田説の引用には重要な部分が欠落している。すなわち、この文章の前に「法については裁判官の専権事項であり」（その根

拠付けは前田達明「要件事実について、主張責任と証明責任を中心にして」本書一三五頁）という文章があり、引用部分は、そこから導かれる当然の帰結である。そして、裁判官の判決中の「実質的側面（価値判断的側面）」も「形式的側面（言語的表明方法）」も共に検証可能性と反論可能性が認められるのである（憲法第三二条、同第八二条第一項）。

「実質的側面」⑥　憲法第四一条が「立法者意思」の法的根拠であるという前田説に対して「言語論」からの批判である。[30] すなわち、現在の哲学的議論の一つの有力な傾向として、言語は意思を伝達するための手段ではなくて、意思とは切り離された、それ自体として自律的な世界を構成しているものと捉える考えがある。例えば、Aが著した甲作品の解釈として、B、C、Dが、それぞれα、β、δという解釈を示した。しかし、Aはδという意味で書いたと主張したとき、δに〝特権的地位〟を与えるのは適切でない。すなわち、甲作品は現にAの手を離れて、それ自体で独立のものとして存在するのである。したがって、憲法第七六条第三項と同第四一条の意味は、「裁判官が解釈の際に国会が作成した法文の文言（テクスト）を離れてはならない」ということに止まるのではないか、というものである。確かに、文芸作品（音楽も）においては賛成であるが（感性の世界。前田・前掲書一八頁（4）同「風紋の日々」（二〇一〇年、成文堂）七七頁）、法文解釈（理性の世界）において「言語」の自律性に重きを置くならば、すなわち、立法者（国会）がδという意味を付与した法文を、裁判官が、それを無視して、自由にβという解釈を採用できるとすれば、憲法第七六条第三項と同第四一条の意義は失なわれる。すなわち、現行憲法の根本原則である「三権分立」と「法の支配」は崩壊してしまうのである。そして「法文の文言（テクスト）から離れてはならない」という〝歯止め〟は、誠に曖昧であり、これまた論争の火種を増すだけである（現に、なんの根拠も明確に示されず、しばしば「法文の文言（テクスト）」を超えた解釈の行なわれていることは周知のところである。例えば、最判昭和四九・一二・一七民集二八・一〇・二〇四〇）。したがって、法文の解釈については、まずδを採用し、

それでは具体的事件の解決において〃憲法がより守ろうとする価値〃の保護に欠けるとき、憲法第九九条によって、裁判官はβを採用するという方法論（前田説）の方が優れていると考える。なお、蛇足ながら、文芸作品とても、例えば、「源氏物語」を国文学者が解釈研究するときは（理性の世界）、紫式部のδに〃特権的地位〃が与えられることは当然である。

［実質的側面］⑦　立法者意思の意味について、「審議はされたが、法文や付帯決議に表れていないもの」「審議の中である点について特に異議なく、共通の理解がされたと思われるもののとりたてて決議されることもなく、またその点については法文に手掛かりがないという場合はどうか」（高橋・書評五八二・五八三頁）という疑問がある。具体例が上がっていないので、その意味するところは不明であるが、前田説の「立法者意思」からすれば（前田・序説二九一頁［第六疑問］）、審議内容が議事録に記載され、特に異議がなく（ということは共通の理解がされた）、しかし法文に手掛りがないとしても、それは「立法者意思」であり（例えば、利息制限法第一条旧第二項[31]）、それは法文や付帯決議に表れていなくても、議事録に記載があれば「国民に対する言語的伝達」がなれているのである。「国民に対する言語的伝達」とは「国民がアクセスできるデータの存在」（議事録も当然に含まれる。）と考える。さらに、「条文に表れていない立法者の判断が、国民に対する伝達をかくが故に『立法者意思』でなく、『法の目的あるいは趣旨』に位置づけられるのであれば、法文に表れてはいるが語義から直ちにその意味が明らかにならない場合も同様に位置づけられうるのではないか」（高橋・書評論五八三頁）という疑問が提起されている。「表文に表れていない」とか「法文に表れている」というのが、どのような場合か不明であるが、前田説による「立法者意思」（本書二三頁）として明らかでない場合とするならば、それは立法者意思不明であり（「法の空白」）、第二、第三の価値判断基準によるのである。

［実質的側面］⑧　現実に裁判官が裁判を行なうときは、〝判例はどうなっているか〟〝類似の事件ではどうなっているか〟ということを問題とし、「立法者意思」がどうなっているかということは殆ど問題にしておらず、また、前田説のように立法者意思説を採用すると裁判官は〝身動き〟がとれないという批判がある。前田説は、現在の裁判における法解釈が如何に行なわれているかという事実（sein, 法社会学的研究）を問題としているのではなく、裁判官が裁判を行なうときの法解釈は如何にあるべきかという当為（sollen）を問題としているのであって、次元が異なる。また、〝身動き〟がとれないという意味が、前田説は裁判官を拘束し〝過ぎる〟というのであれば、それは憲法第七六条第三項と同第四一条が裁判官を拘束〝し過ぎる〟という批判であって、それは憲法改正要求に繋がる立法論である。また、もし、それが、〝裁判官に大きな負担をかける〟という意味であるならば、すでに本書三〇頁において答えている。

［実質的側面］⑨　立法者の意思が明白で、「歴史的変化」もない状況で、立法者が想定した事件について立法者意思と異なった価値判断ができるのかという疑問がある。私見によれば、それは、憲法第八一条の場合を除いて、憲法第七六条第三項と同法四一条の命ずるところに違反し許されない、と考える（したがって、憲法解釈の場合は例外はない(32)）

［実質的側面］⑩　立法者意思に関連して、次のようなことが主張されている。すなわら、豊泉貫太郎「法の姿を索めて」慶応法学第二一号二〇一一年一頁以下に、次のようなことが書かれている。前田達明が「法の解釈において立法者の意思を探求することが最も重要な作業の一つであることは、現在異論のないところであろう」といっているが、「私は異論がある」というのである。その「異論」の内容は、前後の文章から推して、「法典調査会議事速記録」を読むことは、梅謙次郎の『民法要義』や富井政章の『民法原論』を読むことと同様で「起草者意思」の

探求であり、起草者と立法者は異なるから、そのような作業から離れるべきである、ということであろう。ここには二つの問題点がある。第一に「法典調査会議事速記録」を読むことは、正に起草者意思を探求することであるが（正式に政府によって立法案作成を任命された委員の議論である）、『民法要義』や『民法原論』は一学者の主張であって「起草者意思」の表明ではない（〝手懸り〟にはなるであろうが）。次に、前田説においても、常に起草者意思が立法者意思であると主張はしていない（本書二三頁）。そして、法文も言語である限り、それは発信者の意思の伝達手段であるというのが一般的常識的理解であり（新村出編『広辞苑（第六版）』（二〇〇八年、岩波書店）八九八頁）、このような理解に従って憲法第四一条を解釈するのが「国民の納得を得られる法解釈」であろう。とすれば、「法典調査会議事速記録」を読むことは法解釈にとって不可欠のことといえる。次いで「法律条文として書かれているものの中から、その立法者の利益」「基準というものを策定すべき」で「起草者意思から離れて、われわれは条文だけから意思内容を確定していくべき」とする（同論文一三頁）。そして、具体的には「国民に唯一示した『成文』だけからの解釈」「国民の納得を得られる法解釈、あるいは法適用」を主張する（同論文一五頁）。その例として、「一つの法典に載っている同一用語は、同一の意義で整合した形で解釈する」というのである（同論文一九頁）。しかし、民法典に「取消」という用語が、しばしば用いられているが（例えば、民法第五条第二項、同第九六条、同四二四条第一項）、その「取消」は全て同じ意味で良いのであろうか。無効についても同様である（民法第九〇条、同第九五条など）。さらに「正しい解釈」を主張する。「正しい」とは何か。それは「正義」であると主張する（同論文一九頁）。それはそうであろうが、しかし、それでは検証可能性も反論可能性もない。正に、それを具体化し定型化することが我々法律家の役割であり、それこそが法解釈「方法」論の不可欠の要点である。なお、「医師についてだけ転送義務がある」ということに疑問が提起されている（同論文二一頁）。しかし、公法上は常に生命・身体と

いう最も重要な利益の保護に関与する医師には法律によって転送義務が課せられているのである（医療法第一条の四第三項）。さらに、かつての旧医師法第一九条第一項に定められた応召義務からも導かれるものである。すなわち、診療を求める人があれば、原則として応じなければならず、そこから、より良い診療が受けられる医療機関に転送することが求められるのである（前田達明ほか編「医事法」（二〇〇〇年、有斐閣）二六五頁）。そして、この取締法規が民事上の過失の大きな根拠になり得ることは疑いのないところである。なお、裁判官にあっては、除斥（民訴第二三条）、忌避（民訴第二四条）以外は、〃機械的に〃割当られた事件を〃転送〃さえできない。

［実質的側面］⑪「歴史的変化」という事実が価値判断と直結するものかという疑問がある。「歴史的変化」という価値判断基準とは、社会情勢が変化し価値判断も変化してきたという事実が存在するとき、この価値判断を採用するのか否かという問題である。(33)

［形式的側面］①　反制定法的解釈の一類型として「実質的憲法違反」を挙げて、その例として最大判昭和四三・一一・一三民集二二・一二・二五二六を掲げている（前田・展開六三頁）のに対して「裁判所は（利息制限法第一条旧第二項）を違憲と明示した上で（憲法第八一条）、過払い金の返還を認める必要があるのではないか」（高橋・書評五七六条）と批判する。確かに、その通りであり、その証拠として利息制限法第一条旧第二項は削除されているが、それは当事者が「憲法違反」を主張しなかったことによる、と考えられる。一般に「憲法違反」という主張は、他に主張が何もないときの〃苦し紛れ〃の主張とされ、また、憲法の何条に違反するのか問題が多く（本件では憲法第二九条か）、主張が戸惑われると聞く。そこで、「検証」するときの類型として、このような類型を立て、反制定法的解釈の〃枠〃を出来るだけ制限して慎重であるべきことを示したのである。その理由は、先にも述べた如く、司法府が憲法第四一条を軽視するならば立法府も憲法第八一条を軽視してよいであろう、という議論を抑制

するためである。

［形式的側面］② 「法律問題を価値判断・感覚の違いに還元して議論を放棄する学生の態度につき」「利益衡量論の主張の中にその種子がある」という平井宜雄の指摘に対して（本書三七三〇五頁）、前田説は「十分に答えているとはいえないように思われる」（高橋・書評五七八頁）と批評する。前田説によれば、正に「形式的側面」を無視ているところに「議論を放棄する」という現象があるのであって「法文に基づいた論理や表現」を要請する（「条文教育」）ということによって「十分に答えている」と考えている。

(3) 結論　法解釈方法論には種々の考え方があってよいのではないかという見解がある。前田説は、法解釈の二面論（実体的側面と形式的側面）、価値判断論、利益衡量（考量）論、立法者意思論、歴史的解釈論、議論の「理論」といった主な法解釈方法論について、（主張そのままでないとしても）各々の位置付けと法的根拠を提案し、その集大成を試みたものであって、前田・序説三〇一頁の図表の外円（法解釈）が前田説なのである。

四　結びに代えて

以上、ポレミックな内容となったが、[34] それは、ひと重に、学問、特に法学の発展のためには、議論、すなわち論争が不可欠である、と考えたからである（「これからの民法学［座談会］」ジュリスト六五五号（一九七八年）一四一頁）。批判と疑問の提起は、そこから再度、研究を深めることができ、批判や疑問は研究のための貴重な糧であると確信する。正に本稿も前記ワークショップにおいて提起された多くの批判と疑問そして高橋・書評の批判と疑問に啓発されたものである。

前田説の随所に、まだ、多くの〝隠れた暇疵〟が存在すると考えられる。したがって、本稿を契機として、さら

に前田説に対するご批判とご疑問の提起を乞い願う次第である。

※本稿を「法解釈の方法について」と題したのは二〇一三年一〇月一二日に京都産業大学において開催された日本私法学界で、報告者前田達明、司会者高橋眞、記録者杉本好央によるワークショップを「法解釈の方法について」と題して「議論」を行ない、それを下敷としたものであることによる。加えて、高橋眞「前田達明『法解釈方法論序説』」大阪市立大法学雑誌五九巻四号二〇一三年（以下、高橋・書評という）五六五頁以下の批判や疑問についても論じた。もっとも、以上の全てに及ぶものではなく、他は後日を期したい。

なお、ワークショップにご参加いただいた諸先生方と高橋眞氏そして杉本好央氏に心から謝意を表すものである。

（法律時報八六巻三号二〇一四年三月）

第三節　『法解釈入門』の入門

一　法解釈への招待

二〇一三年一二月に『法解釈入門』という本が刊行された。これは憲法、刑法、民法の分野における優れた学者三人（宍戸常寿、島田聡一朗、山下純司）の共著で、法解釈についてのこのような入門書は日本で初めてのことである。素晴らしい企画であり、内容も高度の議論を解かりやすく説かれていて、広くロースクールそして法学部の学生諸君が読まれることを望み、また教える側もぜひ一読されることを期待する。そこで、この本をより良く理解す

るために、法解釈についての基礎的知識を確認しようと言うのが本稿の目的である。したがって、この本を、本稿では、以下、「入門」と略記する。

なお、島田聡一朗先生におかれては、この本の完成前に急逝されたとのこと、心から哀悼の意を表し御冥福をお祈りする次第である。

1　反制定法的解釈

学生：私、半沢直子は、平成大学文学研究科で、「源氏物語」の研究をしていたのですが、ある事件を〝きっかけ〟にして、平成大学ロースクールに入学しました。その事件とは、こうです。私は、母半沢美紀と父黒田官九郎との間に生まれた子ですが、父は黒田真央という婚姻届をした妻がいて黒田官平という子がいます。先般、父が死んで、その財産相続ということになったのですが、黒田真央が1/2、黒田官平は1/2×2/3ということで（民法九〇〇条第一号、同第四号ただし書旧前段）、官平は私の〝倍〟だというのです。私の父母は確かに婚姻届を出しておらず、私は認知子ですが（民法七七九条）、そんなことは私にとってどうしようもないことで、こんな不公平は許されない、少しは〝返して〟欲しいと裁判所に訴えたのです。そしたら、最高裁判所は非嫡出「子にとって自ら選択ないし修正する余地のない事情を理由としてその子に不利益を及ぼすことは許されず、子を個人として尊重しその権利を保護すべきであるという考えが確立されてきているものということができる」として、民法第九〇〇条第四号ただし書旧前段は「遅くとも平成一三年七月当時において」憲法第一四条第一項に違反していて無効であると判示してくれました（最大決平成二五・九・四判時二一九七・一〇。そして平成二五年法律第九四号が二〇一三年一二月一二日に公布・施行されて民法第九〇〇条第四号ただし書前段は削除された）。

この決定を契機として、法律をよく知ることは大いに大切なことと解かり、法律家になろうと決心したのです。

ところで先日、民法の債権総論の講義で「利息制限法」を習いました（「入門」二一〇頁）。そのとき、かつては第

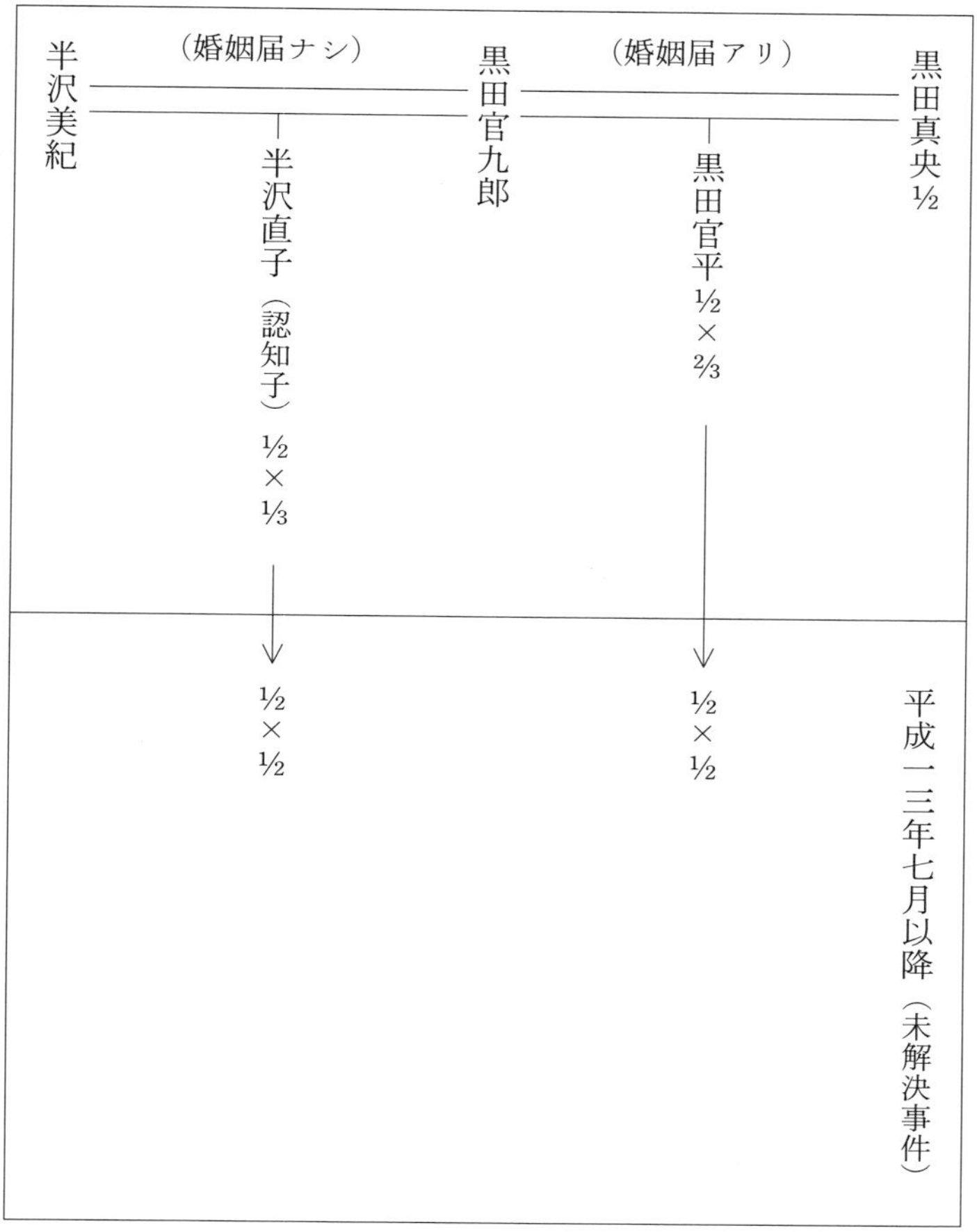

一条に第二項があって、「債務者は、前項の超過部分を任意に支払ったときは、同項の規定にかかわらず、その返還を請求することができない」と書かれていたと習いました。しかし、最大判昭和四三・一一・一三民集二二・一二・二五二六は超過利息を元本に充当した後にも過払い分が残っているときには返還請求できると判決したというのです。[35]それでは、この条文を無視することになるが、このような「空文化」は「事実上解釈による立法であることを認めつつ」「賛成する」民法学者が多かったというのです（「入門」二一六頁）。こんなことが「法解釈」では許されるのですか？

先生：利息制限法の定める利息を超えた超過利息については、立法者は少なくとも元本充当は認めていたようですが（最大判昭和三七・六・一三民集一六・七・一三四〇）、それによって、元本が消滅したときは過払分を返還請求できるとまでは考えていなかったと思われます。もし、それを許せば、この条項は無意味だからです。まあ、これは〝高利貸し〟の〝うま味〟も残して金融を円滑にしようという立法政策があったのでしょう。

学生：とすると最大判昭和四三・一一・一三は立法者の意思を無視したということですね。先の最大決平成二五・九・四は憲法八一条によって民法第九〇〇条第四号ただし書旧前段が違憲であるから無効としたのですが、このような違憲立法審査権[36]を用いずに立法者の意思を無視するのは理解できないのです。例えば「源氏物語」の解釈研究においては作者紫式部が何を読者に伝えようとしたのかを研究するのであって、解釈者の勝手な意思を託すことは研究ではなくなります。もっとも、この文章は紫式部のものではなく後に他人が挿入したものであるという研究もありますが。

先生：いや、「法解釈」においても、まず、立法者意思は解釈の第一基準なのですよ（「入門」二三頁）。その理由を説明しましょう。裁判官が裁判をするときは、必ず〝憲法と法律に拘束〟されます（憲法第七六条第三項）。そし

て、法律は国会という立法機関の国民に対する「意思」の伝達手段ですから、憲法第七六条第三項の意味は〝立法者意思に従って裁判せよ〟ということになります（「入門」二二三頁[37]）。

学生：それでは最大判昭和四三・一一・一三は憲法第七六条第三項違反ではないのですか？

先生：そのような疑問は当然ですね。このテーマは「反制定法的解釈（contra legem）」といって法解釈方法（仕方、やり方、手続）における難問の一つです。その理由は、三権分立制度を採用する憲法の下では、裁判官は、前述のように〝憲法と法律に従って〟裁判しなければなりません（憲法第七六条第三項）。ということは、司法権は立法権を尊重しなければなりません（憲法第四一条）。したがって、法文を「空文化」することは、原則として、許されないのです。そこで、この「反制定法的解釈」が許される限界を厳格に定める必要があります。それは第一に法文が憲法違反の場合です（憲法第八一条）。この場合、明示的に憲法違反であると判定する場合（例えば、最判決平成二五・九・四）と明示はしないが実質的に憲法違反の場合です（例えば、最大判昭和四三・一一・一三。利息制限法第一条旧第二項は平成一八年法律第一一五号によって削除されました）。後者の場合は、実は訴訟当事者が憲法違反を主張しないことが多いからです。それは、一般に憲法違反という主張は何も他に主張がないときの〝苦しまぎれ〟の主張とされ、また憲法の何条に違反するのか不明の場合が多いからです（最大判昭和四三・一一・一三の場合は憲法第一三条か同第二九条でしょう）。さらに憲法違反の裁判をするのは〝面倒〟なのです（最高裁判所裁判事務処理規則第七条同第一二条。これまで現実に、法令が憲法違反であるとする最高裁判決は十件しかありません）。そして、第二は立法者の法理論についての明白な誤解の場合です。例えば、かつて民法第五一三条第二項旧後段に「債務ノ履行ニ代テ当為替手形ヲ発行スル亦同シ」と定めていました。これは手形法理論（無因性）についての立法者の明白な誤解に基づく法文で、解釈上、「空文化」されていたのですが、現在は削除されています（平成一六年法律第一

四七号で削除)。

学生：なるほど難しい問題ですね。もし司法府が憲法第四一条を軽視すれば、立法府も憲法第八一条を軽視するということになって(例えば、一票の格差是正に実質的に消極的)、三権分立制度の危機ですね。

先生：そこで、反制定法解釈(特に実質的憲法違反)については、①その法文を適用すれば常に不当な結論(憲法がより強く保護しようとしている利益を保護できないこと)になり、②したがって、本来は立法者が改廃の処置をすべきであるのに放置(立法者の憲法第九九条違反)しており、③そこで、司法府が緊急避難的処置(立法者の代行)として、その法文を「空文化」し得ると考えるべきでしょう。[38]

[要約]

反制定法的解釈

(1)　憲法違反　①明示的憲法違反　②実質的憲法違反

(2)　立法者の明白な誤解

2　価値判断(実質的側面)

先生：まあ、この問題は、この程度にして、先へ進みましょう。「反制定法的解釈」のように法文を「空文化」するのではないが、裁判官が具体的事件の解決にあたって「立法者意思」に従ったのでは妥当な結論が得られないという場合に「立法者意思」とは違った判断基準を用いることがあるのです。

学生：じぇじぇ！法解釈では作者＝立法者意思以外の判断基準を用いる事が簡単に許されるのですか？

先生：民法第一七七条を知っていますか？
学生：物権法で習いました。不動産物権変動における対抗問題の規定ですね。
先生：そうですね。そこに「第三者」という文言がありますが、これは、どのように解釈されていますか？
学生：「第三者」というのは、一般には「当事者およびその包括承継人以外の者」とされていますが、ここでは〃登記欠缺を主張する正当な利益を有する者〃と解されています。
先生：そうですね。しかし、実は、立法者は、そのような制限のない一般的意味で用いていたのです（無制限説）。しかし、大連判明治四一・一二・一五民録一四・一二七六は、民法第一七七条の「立法趣旨」すなわち「法目的」は〃不動産取引の安全を保障する〃ために登記を公示方法としたということにも基づいて、貴方のいうように「制限説」を採用し〃同一の不動産について正当な利益もないのに権利を主張したり、不法行為によって損害を与えたような者〃には登記なくして対抗出来るとしたのです。
学生：ということは、この「第三者」についての現在の判例通説は立法者意思に反し憲法第七六条第三項、同第四一条に違反するのではないですか？
先生：その疑問に答える前に、もう一つの別の判断基準について考えましょう。「桃中軒雲右衛門事件」（大判大正三・七・四刑録二〇・一三六〇）を知っていますか？
学生：不法行為法で習いました。桃中軒雲右衛門という浪曲（浪花節）師のA社のレコード盤を勝手にB社が複製して販売したので、AはBに著作権侵害で賠償請求したという事件でしょう。
先生：そうです。大審院は浪曲のような「低級音楽」には「著作権」は成立せず、したがって、「権利」侵害ではないから賠償請求は認められないとしたのです。ここで、確認しておきますが、民法旧第七〇九条の侵害客体は

「権利侵害」だけで、現在のように「法律上保護される利益」という規定ではありません（平成一六年法律第一四七号によって追加）。実は立法者は、ここでは「権利」侵害が絶対的要件で「権利といえない利益」侵害は賠償請求出来ないと考えていたのです。それは社会が近代化すると社会生活上色々な「利益」侵害が思わないところで発生するから、いちいち、それに賠償を認めるのは望ましくない、すなわち社会活動の活発化こそ望ましいと考えたのです。

学生：しかし、後に「大学湯事件」（大判大正一四・一一・二八民録四・六七〇）が、民法旧第七〇九条の「権利」侵害は一つの例示であって、「権利」以外でも「法律上保護されるべき利益」の侵害には賠償請求が認められるとして、「大学湯」という「老舗（good will）」は「権利」ではないが、「法律上保護すべき利益」であるとして賠償請求を認めたのですね。

先生：そうですね。ここでは、時代が進んで、立法当時に比べて、社会活動が既に活発化し、むしろ〝ずる賢い人〟（強欲資本主義）より私有財産権（静的安全）を保護すべき時代に入ったという「歴史的変化」に伴う社会の価値観の変化という判断基準を採用したのです。それは先の最大決平成二五・九・四と同じ判断基準を採用したということです。

学生：しかし、この「大学湯事件」でも、立法者意思に反し憲法第七六条第三項、同第四一条違反の問題が残りますね。

先生：そうですね。まず、確認しておくべきは先の「第三者」の制限説における「法目的」、大学湯事件における「歴史的変化」という判断基準は相争う両当事者のどちらの利益を保護するのか、という裁判官の価値判断の基準であるということです。すなわち、「法」というのは「水は高いところから低いところへ流れる」という自然

「法」則ではなく、どの利益を〝より優先すべきか〟いう価値判断を示すものなのです。そして「立法者意思」というのは「立法者の価値判断」ということなのです。この価値判断を法解釈の「実質的側面」と名付けましょう（「入門」二五頁）。

そこで、制限説の場合は無権利者や不法行為者が〝いちゃもん〟を付ける利益（憲法第一三条？）よりも権利者が登記なくして対抗できるという利益（私有財産保護。憲法第二九条）を保護しよう、「大学湯事件」では、〝ずる賢く立ち回る人〟の活動の自由（憲法第一三条？）よりも私有財産保護（憲法第二九条）を保護しようという〝憲法がより強く保護しようとする利益〟保護のための価値判断基準として「法目的」や「歴史的変化」という「立法者意思」とは別の基準が必要となるのです。そして、それは憲法第九九条が「裁判官」は〝この憲法を尊重し擁護する義務を負う〟と定めていることが、その法的証拠です。すなわち、立法者意思（憲法第四一条）に従ったのでは憲法が〝より強く保護しようとする利益〟を保護できないというときは憲法第九九条の「憲法尊重擁護義務」によって別の価値判断基準を用いることが許される、というよりも用いられなければならないということになるのです。ここで、注意しておきますが、憲法という法形式は最も強固な法形式ですから、憲法第四一条を制限するには同じ憲法という法形式の憲法第九九条が必要であるということです。丁度ダイヤモンドを研磨することが出来るのはダイヤモンドしかないというのに似ています。

学生：今の問題は、こんなふうには考えられませんか？民法第一七七条の場合は、不動産登記制度は取引安全を考慮に入れたものであることは立法者も知っていたのだから「制限説」も「立法者意思」であり、「大学湯事件」の場合も、時代が変われば、立法者も保護対象を拡大することを考えたであろうから、それも「立法者意思」（そのような状況下では〝立法者〟も、そのように考えた）であろうとして、全て憲法第四一条を法的根拠とする、とい

うのは、どうでしょうか？

先生：確かに、そのような考えもあります。しかし、それでは余りに「立法者意思[39]」の内容が〝拡大〟され〝希薄〟となり、〝事実〟ではなく〝虚構〟といわざるを得ません。そのようなものを憲法第四一条に〝盛り込む〟とすれば、結局それは憲法第四一条の〝空文化〟に等しいことになります。それに、法解釈は裁判において相争う当事者、特に敗訴の当事者を「説得」するものですから、〝虚構〟をもって説得するよりも「法目的」や「歴史的変化」という〝事実〟をもって、ありのままに説得することの方が良いでしょう。

先生：さらにもう一つ、「合憲性」基準（憲法第八一条）という価値判断基準があるよ。これは、法文そのものが憲法に違反すると判断されるとき、法文を「空文化」するものだよ。

学生：先の最大決平成二五・九・四がそれですね。

先生：その通り。ただ、注意すべきは、「基準」となる憲法条文自体の解釈においても、「立法者意思」「法目的」「歴史的変化」という価値判断基準が用いられるのだよ。この点については、後にもう少し詳しく説明しよう。

先生：最後に、「合憲性」基準は絶対的であるが、他の三つの基準は等価値であり、いずれを採用するかを裁判官は決断しなければならない場合があり、このときの決断の基準は憲法第七六条第三項の「良心」だと考えます。この点については「法の空白」のところで説明しましょう。

［要約］

法解釈の実質的側面（価値判断）

(1)「合憲性」基準　(2)「立法者意思」基準　(3)「法目的」基準　(4)「歴史的変化」基準

3　法の空白（欠缺 Lücke）

先生：ところで、「立法者意思」以外の価値判断基準を用いる、ということになると、今一つ「法の空白[40]」という問題について考える必要があります。

学生：「法の空白」とは何ですか？

先生：それは、「法の適用がない部分」という意味だよ。それも、いくつか種類がある。まず、桃中軒雲衛右門事件でも述べたように、「権利」侵害のないところでは民法旧第七〇九条の適用がないと立法者は考えていたんだ。このように立法者が元々適用がないと考えていた「法の空白」を「否定型空白」と呼ぼう。ところで、債務不履行の損害賠償範囲については民法第四一六条という規定があるが、不法行為の損害賠償範囲についての規定はどうでうか？

学生：規定はありません。

先生：そう、それは立法者が〝千変万化〟の不法行為については賠償範囲を予め規定することは〝むつかしい〟ので、賢明な裁判官に委ねようというので規定を設けなかったのだよ。このような「法の空白」を「授権型空白」と呼ぼう。ところで、民法第五〇一条の弁済者代位を知っていますか？

学生：債権総論で習いました。むつかしかったのは、複数の保証人と複数の物上保証人がいて、しかも、その内

の〝独り〟が保証人と物上保証人を兼るとき、その人を〝独り〟の保証人としてのみ計算するのか（物上保証人としては計算しない。保証人一人説）、〝独り〟の物上保証人としてのみ計算するのか（保証人として計算しない。物上保証人一人説）、〝独り〟の保証人兼物上保証人として計算するのか（両資格を持つ一人説）、〝独り〟の保証人であると共に〝独り〟物上保証人でもあるとして計算するのか（二人説）という点でした。

先生：そして、判例（最刑昭和六一・一一・二七民訴四〇・七・一二〇五）は〝両資格を持つ一人説〟であるといわれているね（中田裕康『債権総論　第三版』（二〇一三年、岩波書店）三六四頁）。しかし、このような問題は立法者は想定していなかった。そこで、これを「想定外型空白」と呼ぼう。それから、先ほどの民法第一七七条の「第三者」は立法者は「無制限説」、後の判例学説は「制限説」を採用したので、無権利者や不法行為者は〝第三者ではない〟、すなわち民法第一七七条はこれらの者に対しては適用されないということで「法の空白」が後で出来たことになる。それで、これを「後発型空白」と呼び、前三者を「原始型空白」と呼ぼう。

学生：このような分類の実益は何ですか？

先生：そこだよ。この空白を補充したり作ったりするのは、立法者意思（憲法第四一条）との関係で、どのような法的根拠に基づくのかが異なってくるのです。まず、第一に「否定型空白」の場合は、憲法第九九条で「歴史変化」（あるいは「法目的」）という基準による補充が考えられる。しかし、そのとき「立法者意思」という基準と「歴史的変化」（あるいは「法目的」）という基準の〝いずれ〟を採用するのかという裁判官の内心の〝相剋・葛藤〟がある。そして、いずれかを採用しなければならない（憲法第三二条は、国民に裁判を受ける権利を与えているから、裁判官にとって、決断できないから裁判できないという〝裁判拒否〟は許されない）。その〝決断〟の法的根拠こそ憲法第七六条第三項の「良心」なのだ。すなわち「リーガル・マインド」（憲法が当該事件において最も守ろうとしている

利益を保護するという憲法規範意識＝職業的良心＝客観的良心。松井茂紀『日本国憲法』（一九九九年、有斐閣）二四一頁）が、それなのだ。(41)

学生：では「授権型空白」の場合はどうですか？

先生：これは立法者が裁判官に委ねているのだから、憲法第四一条による「授権」と憲法第九九条のみで、どのように定めるかを考えれば良いのだよ。

学生：では「想定外型空白」はどうですか？

先生：これは立法者が関知しないところだから憲法第九九条のみが法的根拠といえよう。

学生：最後の「後発型空白」はどうですか？

先生：これは立法者意思を別の価値判断基準（「歴史的変化」や「法目的」）をもって否定することになるから「否定型空白」と同じく憲法第九九条と憲法第七六条第三項の「良心」をもってその法的根拠とすべきだろうね。

［要約］

(1)　原始型空白

①　否定型空白⇕憲法第九九条と憲法第七六条第三項の「良心」

②　授権型空白⇕憲法第四一条と憲法第九九条

③　想定外型空白⇕憲法第九九条

(2)　後発型空白⇕憲法第九九条と憲法第七六条第三項の「良心」

二　言語的表明方法（形式的側面）について

1　法文内解釈

先生：さて、以上の価値判断（実質的側面）を最終的に法的三段論法の「結論」（＝判決主文）に「法律効果」として生かすわけだが、「どのような価値判断を行い、どのようにして」、このような「結論」を導いていたのかということを言語をもって説明しなければならないのです。これを法解釈の「形式的側面」（＝「入門」二五頁）と呼ぼう。それは民訴第二五三条第一項第三号の要請するところです。

学生：当たり前のことですね。

先生：ほう、どうして当たり前ですか？

学生：だって、何の理由付けもなしに損害賠償を認めたり否定したりされたら国民は大迷惑です。

先生：そうなんだね。そのことを法的に説明すると、まず、憲法第三二条は国民に裁判を受ける権利を保障しているが、この裁判はどんな裁判でもよいというのではなく、当然に〝筋の通った〟（論理の整った）裁判を受ける権利を保障しているのだ。しかも、さらに、それは憲法第八二条第一項で〝判決は公開法廷で行なう〟と定めていることにももとづくのだ。

学生：それは、どういう意味ですか？

先生：判決を「公開」で行なうとは、その判決内容について全ての国民（学者も含めて）が調査することができ（検証可能性）、しかも〝この判決はおかしい〟という批判ができる（反論可能性）ことを保障しようというのです。

学生：なるほど、司法権に対する民主主義の〝歯止め〟ということですね。

先生：そこで、先の「法の空白」との関係が明白にするために、それを「法文内解釈」と「法文外解釈」に区別して説明しましょう。

まず、「法文内解釈」の第一として「文理（文言）解釈」（『入門』二五頁）とは、法文に用いられている字句の意味と文法に従って、その条文の意味を解釈することであり、正に〝文字通り〟の解釈と呼ばれているものです。それでは、その「意味」とは何でしょう。憲法第四一条から明らかなように、法文とは立法者すなわち国会の意思を国民に伝達する手段ですから、文理解釈とは、その法文をもって、立法者が何（意味）を国民に伝達しようとしたかを明らかにすることです。

学生：丁度それは、国文学の解釈が「源氏物語」の「意味」を明らかにする、すなわち紫式部がこの文をもって何を読者に伝えようとしたかを明らかにするのと同じですね。

先生：まあ、そんなところだね。

学生：ところで、古文や漢文の解釈で、作者の意思が不明で解からないことがありますが、法解釈では、そんなことはありませんか？

先生：確かに、法解釈においても、立法者意思不明の場合もあり得るよ。でも、裁判所は裁判をしなければならないから（憲法第三二条）、決断しなければならない。そこで、そんなとき、役立つのが「宣言的解釈」[42]なんだよ。

学生：「宣言的解釈」というのは何ですか？

先生：立法者意思不明のときに他の判断基準をもって字句の意味を裁判所が「宣言（確定）」することだよ。例えば、民法第七一〇条に「財産以外の損害」と規定しているが、その意味については、学説上、「精神的損害」であるとする説と「財産的損害以外の全ての損害（無形損害）」であるという説が対立していた。仮に、このとき立

法者意思が不明だとしよう（私自身は立法者意思＝無形損害と考えている）。そんなとき、最高裁昭和三九・一・二八民集一八・一・一三六は、法人（精神的損害はないであろう。第二審判決）の名誉毀損事件において、不法行為における賠償の「原状」回復原則という「法目的」基準をもちいて、この「財産以外の損害」とは財産的損害と精神的損害、そして、その他の「無形損害」も含まれると解釈したのだよ。

学生：そうすると、この最高裁判所の解釈は、もし立法者意思＝無形損害だったら「文理解釈」、もし立法者不明だったら「宣言的解釈」ということですね。

先生：そのように理解すると、立法者意思と法解釈の「形式的側面」の関係が解かりやすいと思うよ。

先生：さらに、「拡大（拡張）解釈」（「入門」二五頁）というのがあります。言葉というものは一義的でなく、ある程度の「広がり」がありますので、「言語の意味が許容する範囲（die durch den möglichen Wortsinn gezogene Grenz）」（「入門」三七頁）で、「立法者意思」より広く当該法文の適用範囲を確定することです。

学生：例えば、どういう場合ですか？

先生：民法第七一一条に「子」という文言があります。その「意味」としては、血縁関係があって戸籍上も「子」として記載されている者（民法第七七二条、同第七七九条、戸籍法第四九条）と血縁関係はないが戸籍に「養子」と記載されている者（民法第八〇九条、戸籍法第六六条、同第六八条の二）が、文理解釈上、問題ないでしょう。それに対して、法律上「子」でないが、血縁関係はある未認知の「子」（東京高判昭和三六・七・五高民集一四・五・三〇九は肯定）あるいは、血縁関係はないが嫡出子として戸籍上は記載されている「子」（別案件だが最判昭和五〇・四・八民集二九・四・四〇一）にも民法第七一一条を適用するとすれば、これが拡大解釈です。

学生：それは、「法目的（ここでは近親者の精神的苦痛を賠償する）」という価値判断が背景にあるのですね。では、

「歴史的変化」という価値判断が背景にあるのはどうでしょうか？

先生：例えば、民法第七八七条の「子」の解釈として、夫の死後に妻（元妻）（民法第七三三条第一項）が、凍結保存された夫の精子を用いて人工授精し出産した場合、自然科学には父である者に対して、その「子」は認知の訴えができるかというときに第一審は否定したが（松山地判平成一五・一一・一二判時一八四〇・八五）、第二審は肯定しました（高松高判平成一六・七・一六判時一八六八・六九）。そして第三審は否定しました（最判平成一八・九・四民集六〇・七・二五六三）。したがって、第二審は民法第七八七条を「歴史的変化」で「拡大解釈」したということです。

学生：なるほど、法解釈は〝変幻自在〟ですね。他にもありますか？

先生：「縮小解釈」（「入門」三八頁）というのがあります。これは法文「外」の「法目的」をもって立法者意思より狭く適用範囲を確定することです。例えば、民法第五七〇条において「特定物ドグマ」（民法第四八三条参照）によって適用範囲を「特定物」に制限する説（法定責任説。かつての通説。「入門」九五頁）や民法第七一五条において〝重過失〟ある「第三者」には適用ないという判例通説（民法第一条第二項の「信義則」による制限）などが、それです。

学生：民法第一七七条の「第三者」の制限説も「縮小解釈」ですか？

先生：そういう考えもありますが、これは法文「内」にある「登記による対抗問題」という「法目的」による制限ですので、「法文内にある法目的によって立法者意思より狭く適用範囲を確定する」という意味で「目的論的制限解釈（teleologische Reduktion）」という別の法文内解釈であると分類分けするのがよいでしょう。他にも民法第一〇八条において「本人の利益保護」という法文に内在する法目的によって〝本人の利益を害しない自己代理や双

方代理には適用がない〟といった例があります（大判昭和一四・三・一八民集一八・一八三）。

2　法文外解釈

先生：次は法文〝外〟解釈です。これには、まず、第一に「反対解釈」（『入門』二五頁）すなわち「〝法の空白〟部分に法の適用を否定する解釈」です。例えば、民法第七三七条第一項には「未成年の子が婚姻するには、父母の同意を得なければならない」と定められていますね。では、成年の子の婚姻については父母の同意は必要でしょうか？

学生：何も規定がないし、成年者の場合には父母の同意は不要でしょう。

先生：そうですね。正に民法第七三七条第一項の「反対解釈」として「同意」は不要となります。

学生：この解釈は明解でいいですね。

先生：しかしね。法文外は全て「法の空白」で法の適用がない、というわけにはいかないのは前にも述べましたね。それは〝事実は小説よりも奇なり〟じゃないが、世の中は立法者が考えているよりも複雑で流動的だから〝法の空白〟部分においても〝法益〟保護の必要性が出てくることは〝先刻ご承知の通り〟だね。ここが国文学の解釈と違って正に法解釈の〝醍醐味〟ともいえるね。その典型例が「類推解釈」だ。[43] 民法第九四条第二項の「類推解釈」というのを習ったかい（『入門』八一頁）？

学生：はい。〝通謀虚偽表示は無効だが善意の第三者には無効を主張できない〟という規定を、通謀のない場合（最判昭和二九・八・二〇民集八・八・一五〇五）にも、民法第九四条第二項を「類推適用」して善意の第三者を保護したというのがリーディング・ケースです。

先生：そうだね。そもそも民法第九四条第一項で、例えば、AとBが通謀して虚偽の意思表示をした（〝うそ〟

の意思表示に法律効果を認める必要はない＝無効）ということが法律要件ですね。そして同第二項で、そのような場合でも、その意思表示は〝うそ〟でないと信頼した第三者は保護すべきだから第三者に対しては無効を主張できない（信頼保護＝権利外観保護＝取引安全保護）としたのです。したがって、本来AとBの間で通謀して〝うそ〟の意思表示をしていないときは、民法第九四条第二項の適用はできないはずです。しかし、通謀の〝うそ〟の意思表示があったに等しいと評価し得る状況のときには、善意の第三者を保護すべき（取引安全保護）という価値判断（「法目的」）によって民法第九四条第二項を〝類推適用〟するというのです。したがって、「類推適用」というのは「類推という手法を用いて言葉の意味が許容する範囲を越えて広く適用範囲を確定すること」といわれています。

学生：そもそも「類推」とは何ですか？

先生：一般に〝二つの事例において本質的な点において一致するときは他の属性についても類似しているところがあろうと推論すること〟とされているが、平たく云えば〝似ている事例は同じように扱おう〟ということだね。

学生：この民法第九四条第二項の「類推適用」問題は民法第一一〇条の「類推適用」とも絡んで最判平成一五・六・一三判時一八三一・九九（否定）や最判平成一八・二・二三民集六〇・二・五四六（肯定）と大議論に発展しているのですね。

先生：その通り。まあ、この「類推解釈」というテーマは法解釈方法論の難問中の難問だから、また、日を改めて検討するとして、ここでは、このような解釈方法があるということで止めておこう。なお、「勿論解釈」というのも「類推解釈」の一つとされているよ。

学生：「勿論解釈」とは何ですか？

先生：例えば、民法第七三八条は〝成年被後見人が婚姻するときは成年後見人の同意は不要〟と定めているが、

被保証人は成年被後見人よりも能力は高いと考えられるから、成年被後見人でさえ成年後見人の同意は不必要なのだから、〝勿論〟被保証人が婚姻するときは保証人の同意は不要と解釈する場合だよ。だから、「法文の規定内容から、より強い理由で同様の法律効果が認められる」という解釈だね。

先生：それから、もう一つ例を挙げよう。物権的請求権というのを知っていますか（『入門』七四頁）？

学生：はい。例えば、所有物を盗まれたとき〝その物を返せ〟といえる「物権的返還請求権」、所有土地に他人が勝手に家を建てたとき〝家を収去せよ〟といえる物権的妨害排除請求権、所有土地に隣家の塀が倒れそうになったとき〝塀を倒れないようにせよ〟といえる「物権的妨害予防請求権」の三つです。

先生：そうですね。では、その法的根拠は何ですか？

学生：所有権をはじめとする「物権」には規定がありませんが、占有権に、いわゆる「占有訴権」として民法第一九七条から同第二〇二条に規定があります。

先生：その通り。そこで、占有権というもっとも弱い物権（物権ではないという学者もいます。(44)）にさえ物権的請求権が民法上認められているのだから、〝勿論〟より強力な所有権をはじめとする物権には物権的請求権が認められると解する場合が「勿論解釈」の例です。もっとも、物権的請求権の法的根拠については更によく考える必要があるのですが、ここでは立ち入らないことにしましょう。

学生：ところで「論理解釈」とか「体系的解釈」とか「目的論的解釈」という言葉を聞いたことがあるのですが……。

先生：確かにいろんな本には、そのようなことが書かれているが、では、そこでいう「論理」や「体系」とは何か、「目的論的解釈」においては「歴史的変化」という基準はどう考えるのかといった疑問があるので、そんな、

難しい言葉は止めて「法文」の解釈であり「法の空白」との関係を明白にするという意味で、今まで述べてきたところで十分だと思うよ。

［要約］

法解釈の形式的側面（言語表明方法）

⑴　法文内解釈　①文理（文言）解釈　②　宣言的解釈　③　拡大（拡張）解釈　④　縮小解釈　⑤　目的論的制限解釈

⑵　法文外解釈　①反対解釈　②類推解釈

⑶　反制定法的解釈

三　いくつかの疑問

1　総論的疑問

①　この方法論の意義

学生：「裁判手続の全てが憲法と法律の中に法的根拠を持っていなければならないというは自明のように思われる」という意見がありますね。

先生：それは、誠に有り難いことだね。実は、このことは、これまで、殆ど議論されてこなかったが、近頃、その全体構造が明らかとなったのであり、(45)それが「自明」とされることは、正に〝コロンブスの卵〟であり、今後

は、それを前提にして法解釈方法論を展開していくべきだね。

学生：しかし、〝そんなことを、なぜ、今、明らかにしなければならないのか？それが明らかでないために、どのような不都合が起きているのか？〟という疑問がありますね。

先生：明らかにしなければならない理由は二つある。第一に、方法論の基礎を明らかにしないで議論しても、それは〝砂上の楼閣〟をもとづくようなものだよ。したがって、議論が噛み合わないことが起こる。第二に、現在、ロースクール教育が始まった。ロースクール教育とは法曹実務家教育の一環を担うものだよ。すなわち、裁判に直接・間接に関係する人々を養成することを目的としている。とすると、裁判手続における法解釈の方法が全て法的根拠を持たなければならないことを教育する必要があり、さらに、そこで教育される法解釈自体が、どのような法的根拠をもつ方法によって導かれたかを明らかにしなければならないのだよ。正に裁判官以外の者の「解釈提案」も裁判官の行う解釈と「共通のルール」に従う必要があるということだよ。

次に「不都合」についてだけれど、法的根拠を明らかにしないと「形式的側面」が不徹底なのは勿論だが、さらに、「実質的側面」においても、例えば、憲法第四一条に根拠をもつ「立法者意思説」が、これまで殆ど無視されてきたということが挙げられるね。

②　この方法論の基礎

学生：憲法第七六条第三項にもとづく法解釈方法論は憲法が改正されると根拠を失うことになりますね。

先生：時と所を問わない法解釈方法論を今ここで提案しよう、というような〝大それた野望〟を持ってはいないよ。ただね、現在の日本国憲法のように「三権分立」（憲法第四一条、同第六八条、同第七六条）、そして、裁判官の憲法尊重擁護義務（憲法第九九条）は、人類の英知が生み出した自由民主主義国家の最も良い法体制であり、自由

な民主国家である限り、この方法論は存続すると考えるよ。

③　この方法論と「立法権」

学生：ところで、「法の空白」を裁判官が埋めるというのは、〝憲法第四一条を制限して新たな立法作業をすることであって、裁判官は法律にもとづいて判決すべきであるということからしても（憲法第七六条第三項）、憲法第九九条からも、憲法を尊重することにならないのではないか？〟、だから、裁判官は、あくまでも拠るべき規範を追求し、それに従って「判断」するのが裁判官の役割ではないか〟、という疑問がありますね。

先生：まず、第一に、この疑問の前提として、そもそも「法の空白」を認めないということだろうか。もし、そうだとすれば、まったくの〝フィクション〟といわざるを得ない。すなわち、地球上に空気が満々でいるように、我々の社会には憲法第四一条によって法が、充満していて「空白」は存在しない、という前提は〝フィクション〟であり、立法者の想定しない「空白」も、あることを正面から認める方が事実に促していると思うよ。さらに、それらも「法文」に規定されているというのならば、「拡大解釈」や「縮小解釈」あるいは「類推解釈」というのは不要ということになる。むしろ、「法の空白」を事実として認め、憲法第四一条を制限する「否定型空白」の補充と「後発型空白」の作出においては「憲法の保障する利益の実質的保護」のために、新たな〝立法作業〟（司法権による具体的事件のための立法）を行なうことが（憲法第七六条第三項の「良心」と共に）、むしろ憲法第九九条に合致することになると考えるよ。それこそが、「拠るべき規範を追求」する行為だろう。さらに、「憲法の保障する利益の実質的保護」を放置することが憲法第四一条を尊重することであるとは到底考えられない。例えば、「権利濫用」（民法第一条第三項）を知っているかい？

学生：今、相続法を勉強しているところで、遺留分減殺請求権の「濫用」という事件を習いました。

先生：ホウ！面白いのを習いましたね。どんな事件ですか？

学生：母の面倒を娘Yが二一年間も一人で見ていて、母は所有土地をYに単独で相続させるという公正証書遺言（民第九六九条）を書いて死んだところ、長男X_1と次男X_2が遺留分減殺請求権（民第一〇三一条）を行使したというのです。そこで、東京高裁平成四・二・二四判時一四一八・八一は、これを遺留分減殺請求権の〝濫用〟である、として減殺を認めませんでした。

先生：そう。そもそも、権利、この事件では民法第一〇三一条によって認められた権利の行使が民法第一条第三項によって「濫用」と判断されると、そこでは民法第一〇三一条が民法第一条第三項によって制限される。同じように、「憲法の保障する利益の実質的保護」に反するときは、憲法第四一条が憲法第九九条によって制限されるわけだよ。ダイヤモンドの例で説明したよね（六〇頁）。すなわち、憲法第九九条は〝形式的に〟憲法を守れ、というのではなく、〝実質的に〟憲法を守れ、と命じているのだよ。

④　この方法論の解釈主体

学生：法解釈の主体は、裁判官ですか？学者ですか？

先生：勿論、裁判官以外の法曹、学者、さらに国民一般も法解釈を行なうべきであるが、法的紛争は最終的には裁判所における裁判によって決着をつけることが想定されている（憲法第三二条）。だから、裁判所における解釈が「有権解釈」[46]であり、それ以外の人々の解釈は「解釈提案」というべきであると考えます。

学生：「有権」とは、どういう意味ですか？

先生：裁判では、第一審判決といえども、確定すればぱ訴訟当事者を法的に拘束する（強制執行力をもつ）という「権限」が、裁判所の解釈には与えられているという意味だよ。それに対して、他の人々の解釈は何ら法的拘束力

を持たないから、裁判所への「解釈提案」ということになるのだよ。

⑤　立法者意思の探求方法

学生：そもそも、「立法者意思」とは、どのようにして確認するのですか?

先生：典型的な「法律」について考えてみよう。法律は立法者すなわち国会の「意思」の「表明」です。その法律は憲法第四一条、同第五九条、同第五六条、同第五七条にもとづき、国会の審議と議決によって成立します。したがって、まず、第一に、国会の議事録を見れば当該法文はどのような意味を付与されたか、すなわち、どのような「立法者意思」をもって作られたのかが解かります。もっとも、国会が、いちいち細かい条文の意味を「審議」し確定し議決することは、ほとんどなく、原案を、そのまま通すことが一般的で（立法の趣旨説明で終るのが普通でしょう）、このときは、この「原案」に込められた「意味」が「立法者意思」ということになります。すなわち「国会」は、それを自己の「意思」として受容し議決したのですから。この原案は委員会の議事と表決によって確定します（国会法第四〇条以下。衆議院規則、参議院規則）。とすると、この委員会の議事録から、その「意味」すなわち「立法者意思」が明らかとなります（その好例は、川島武宜『注釈民法（五）』（一九六七年、有斐閣）三一四頁（北川善太郎））。さらに、そこでも特に議論なく審講されずに表決された場合は原案の起草段階（例えば、法制審議会）の議事録を見れば「立法者意思」が明らかになります。何故ならば、委員会は、この起草案の「意味」を委員会の「意思」として受容し、委員会の「意思」すなわち「立法者意思」として受容し表決したのですから。審議会でも議論がなく採決された場合は、その起草案作成者（例えば、民法典の場合、穂積陳重、富井政章、梅謙次郎の三人の起草委員）の趣旨説明が、その条文の「意味」として「立法者意思」ということになります。このように特に異議なく採決されたときは、その前段階で付与された「意味」をもって「立法者意思」とするのです。勿論、議論が

あれば裁決が行われて多数意見によって決定された「意味」が「立法者意思」となります。

学生：「立法者意思」を、まず調べるということでは、裁判官にとって方法と時間との関係で困難ではないでしょうか？

先生：もし、裁判官にとって史料が手近になく時間的余裕がないとすれば、この仕事は裁判官のみの仕事ではないから、当事者の弁護士を利用すればよいのだよ（民訴法第一五一条）。もっとも、各条文についての立法者意思探求は、まず法学者が行なうべき作業であると考える。そして、それを法曹界に提供すべきだよ（例えば法律意見書、鑑定書、一般的には注釈書や体系書など）。さらにいうならば、裁判官（例えば、最高裁判所調査官）は、この仕事を見事に行なっている。それは最高裁判所判例解説をみればよく解かるよ。

学生：「立法者意思」というのは、どの時点のものですか？

先生：「立法者意思」は、当然、「立法」時の「意思」です。例えば、民法第一七七条の場合は「無制限説」です（五八頁）。後に、民法第一条第二項が制定されて「背信的悪意者排除説」が展開されましたが、それは、民法「総則」の「第一条」として、民法、いや、私法全体において「信義則」の適用があることが、この条文の「立法者意思」であり、それによって民法第一七七条においても「信義則」に反する第三者は保護されないと、「立法者意思」が制限されることになったのです。したがって、民法第一七七条の「立法者意思」自体の変更ではない。それは民法第一七七条の「解釈」が変更されたのだよ。

学生：そうすると、建物保護法、借家法、農業動産信用法などの立法が民法第一七七条の解釈に影響を与えたとされていますが、この場合も民法第一七七条の「立法者意思」の変更ではなく、同条の「解釈」の変更ということですか？

先生：そのとおりだよ。他にも特債法、債権譲渡特例法、動産債権特例法の立法が民法第一七八条、同第四六七条の解釈に影響を与えているというのも、同条の「解釈」の変更であって、立法者意思の変更ではないのだよ。

学生：そうすると「立法者意思」自体の「変更」ということはないのですか？

先生：いや、例えば、民法第一七七条において「善意無過失の第三者」に対抗できないというように条文を改正すれば、それは「立法者意思」の変更にあたるよ。

⑥　「立法者意思」と「法目的」

学生：「立法者意思」というのは解釈の対象たる条文自体の「立法者意思」ですか？それとも、その法文を含む法制度あるいは当該法の全体をも含むのですか？さらには法秩序全体をも考慮するのですか？

先生：条文解釈においては、立法者自身が明白に、そのような法制度、当該法全体、法秩序全体をも考慮していたときは、それも立法者意思といえるよ。しかし、原則として法制度や当該法全体あるいは法秩序といったものは「法目的」という価値判断基準の問題であり、そのような一般的抽象的な判断基準を立法者意思に含めることは立法者意思を曖昧なものにしてしまう危険性があるよ。

学生：ところで、「立法者意思」基準と「法目的」基準の関係ですが、立法者が立法するとき、当然、一定の「法目的」をもって立法するのですから「立法者意思」と「法目的」とは一致するのではないですか？

先生：確かに、そのような一面はあるね。特に、近時は法律を定めるときに冒頭に「目的」として規定することが多い。例えば、割賦販売法第一条　特定商取引に関する法律第一条、住宅の品質確保の促進等に関する法律第一条、消費者契約法第一条などがあげられる（大津地判平成一五・一〇・三消費者法判例百選三二事件「パソコン講座受購契約事件」）。しかし、一般論としては、立法者は、その法文の全ての法目的を正確に意識していたとはいえない

ことが多いし、特に、法律要件との関係で、立法者が想定していない事例についてまで拡げるという場合、すなわち「拡大解釈」や「類推解釈」の基準として、「立法者意思」とは別に「法目的」基準が必要となるのだよ。すなわち、「法目的」は広いから、立法者は、その中から特に典型的な事例を法律要件に規定し、それに典型的な法律効果を付与するという形で立法をするのが通例だよ（民法第一条や同第九〇条のような一般規定は別として）。そこで解釈者は、その「法目的」に入る他の事例に、その法文を「拡大」あるいは「類推」して法律効果を付与するのだよ。民法には、そのような多くの例があるが、ここで一つ面白い例を挙げておこう。民法第四二四条の訴えの相手方の問題です。起草者（法典調査会）は債務者を含む必要的共同訴訟と考えていた。それは債務者の財産から逸失した財産を取り戻すために債務者の法律行為を取り消すのだから、債務者を訴えの相手方としなければならないというものだったのだよ（前田達明監修『史料 債権総則』（二〇一〇年、成文堂）一五〇頁）。しかし、法案として出来上がったときは、誰を訴訟の相手方とするかということは、実体法たる民法の問題ではなく、手続法たる民事訴訟法の問題であるから、民法には規定しないとして削除した。もっとも、起草者は実質を変えるものではない、としていた。そして、立法後、当初は、判例も、このような起草者の意思に従って、債務者・受益者・転得者を被告とする必要的共同訴訟とした（大判明治三八・二・一〇民訴一一輯一五〇頁）[47]。しかし、その後、大連判明治四四・三・二四民録一七輯一一七頁は、それを次のように変更しました。この判決は、民法第四二四条の「法目的」が債権者の「担保権ノ確保」をすることである、としたのです（旧民法債権担保編第一条第一項本文は「債務者ノ総財産ハ動産ト不動産ト現在ノモノト将来ノモノトヲ問ハス其債権者ノ共同ノ担保ナリ」と定めていた）。そこから、次のような結論を導きました。すなわち、

(i) 詐害行為取消訴訟は、担保（権）確保訴訟であるから、責任財産の現所有者（所有していないときは賠償義務

者）である受益者又は転得者を相手とすべきであり（大連判は「其財産ノ回復又ハ之ニ代ルヘキ賠償ヲ得ルコトニ因リテ其担保権ヲ確保スルニ足ルヲ以テ」といっている）、責任財産を現在所有していない債務者を相手とすべきない（被告適格の否定）。

ⅱ　法律行為の「取消」は「相対効」（訴訟当事者間でのみ効力を失う）と考えれば、この点からも、債務者を相手方とする必要性はない、という結論を導いたのです。すなわち「法目的」による解釈変更です。

学生：そもそも「担保」とは何ですか？

先生：〝債権の履行（弁済）を確保する手段〟といわれている。そして、それを債権の『強効』手段という学者もいる（西村信雄編『注釈民法（一一）』（一九六五年、有斐閣）四八頁（椿寿夫））。ところで、債権には種々の「効力」があります（前田達明『口述債権総論　第三版』（一九九三年、成文堂）八六、一〇四頁）。では、「担保」というのは、そのうちの、どの「効力」を強くするのかというと、そのうちの「執行力」、その中でも特に「摑取力」（債務者の一般財産への執行力）（奥田昌道『債権総論　増補版』（一九九二年、悠々社）八二頁）を強化するものです（加賀山茂『債権担保講義』（二〇一一年、日本評論社）二、五七頁）。ですから、〝担保確保訴訟〟である「詐害行為取消訴訟」は「執行認容訴訟」（佐藤岩昭『詐害行為取消の理論』（二〇〇一年、東京大学出版会）二八五、四一五頁）ということになります。

学生：なるほど、判例の立場は良くわかりましたが、先生も判例に賛成ですか？

先生：いや、それでは法律行為の当事者である債務者の利益、すなわち、「財産処分の自由」（高橋眞『入門債権総論』（二〇一三年、成文堂）一七四頁）という憲法第二九条第一項によって保障された「権利」が余りに無視されることになると考えて反対です（前田達明『口述債権総論　第三版』（一九九三年、成文堂）二六七頁）。このように、

学者にとっては判例の批判的研究が大切です。何故ならば、学問とは「疑問」から出発するものだからです。

⑦　法解釈と言語論

学生：現在の哲学的議論の一つの有力な傾向として、〝言語は意思を伝達するための手段ではなく、意思とは切り離され、それ自体として独立的な世界を構成しているもの〟と捉える考えがあります。例えば、紫式部が書いた「源氏物語」の解釈として谷崎潤一郎が「α」、円地文子が「β」、瀬戸内寂聴が「γ」という解釈をしたとき、紫式部が「γ」という意味で書いたと主張しても、「γ」に「特権的地位」を与えるのは適切ではない、というのです。すなわち、「源氏物語」はもはや紫式部の手を離れて、それ自体として独立のものとして存在するのだというのです。従って、憲法第七六条第三項、同第四一条の意味は「裁判官が解釈の際に国会が作成した法文の文言（テクスト）を離れてはならない」ということに留まるのではないか、というのです。

先生：確かに「言語」という記号を用いてはいるが、文芸作品[48]のような「感性の世界」においては、そういえるよね。例えば、他に音楽の世界でも（そこでは「音符」という記号を用いる）、フルトベングラー指揮の「第九（α）」とカラヤン指揮の「第九（β）」は違うし、ベートーベンが初演したとき（一八二四年）の「第九（γ）」は、それらと大いに違っていたであろう。しかし、その「γ」が「特権的地位」すなわち価値的により高いというものではない。[49]しかし、「理性の世界」では、言語の機能は、あくまで「意思」の伝達手段と考えなければならない。もし、「理性の世界」でも言語が自律的存在だとすれば、人類の歴史において文明の継承は不可能であり科学技術の発展は存在しなかったと思うよ。同じく、法文解釈のような「理性の世界」においては、言語の自律性に重きをおくならば、すなわち立法者（国会）が「γ」という意味を付与した法文を、裁判官が、それを無視して自由勝手に「β」という解釈を採用できるとすれば、憲法第七六条第三項と同第四一条（しかも国会は国権の最高機関！）の意

義は失われ、現行憲法の根本原則である「三権分立」と「法の支配」は崩壊してしまうよ。

学生：〝法文の文言（テクスト）から離れてはならない〟という〝歯止め〟は、どうでしょうか？

先生：それは〝歯止め〟にはならないと思うよ。このような「命題」は誠に曖昧であり、その証拠に、今、憲法第九条の解釈について国中で〝百花争鳴〟の大論争になっているだろう。(50)このように、これまた論争の火種を増すだけでしょう。従って、法文の解釈においては、まず「γ」を採用し、それでは具体的事件の解決において「憲法がより守ろうとする価値」の保護に欠けるとき、憲法第九九条によって裁判官は「β」を採用するという方法論の方が優れていると思うよ。

学生：ところで、「立法者意思」は、〝法概念の内容をなす要素の「ひとつ」に過ぎないのであって、「形成過程、存在理由、他の事柄との関連など」が他にもある〟、という意見がありますね。

先生：これは先述の言語論に繋がる問題だが、私は、常識的に、〝言語とは発信者の意思を伝達する手段〟であると考えているから、憲法第四一条から出てくる結論は「立法者意思説」ということになる。だから「存在理由」は「法目的」、「他の事柄との関連」は「歴史的変化」ということになるのだろうね。「など」は何だろうね。「など」は〝解釈者個人の価値判断を忍び込ませる危険性〟の格好の方法となるだろうね。それら全てが「法文」の「意味」であって、しかも憲法第四一条内の「意味」であるとするならば、前述の形式的側面の多くは、「文言（文理）解釈」で終わってしまうだろう。その上、「法の趣旨」について立法資料等を参照することが現在では当然とされているわけではなく、(51)「客観的解釈」に対して「過度の警戒」は不要と言い切るだろうか？

⑧　裁判官の価値判断過程

学生：裁判官の価値判断は「直観的」に行なわれる、という考えがありますね。

先生：そうだね。熟達した裁判官ほど、〝事件の筋を読む〟のに慣れているから、そういうこともあるだろうね。しかし、他方で、訴状を読み口頭弁論も終結し判決書を書くまでの間に、熟慮に熟慮を重ね、種々の利益考量を行なって、結論としての価値判断を判決主文に生かすということもあるから、一概に「直観的」とはいえない。しかも、その「直観」による価値判断は、法解釈学的には「形式的側面」を通じて検証されるのだから、「直観」か否かという法社会学的考察は必要でなく、端的に「形式的側面」から「実質的側面」を検証する、といえばよいと考えるね。

第九　この方法論の適用範囲

学生：これまでの説明で、法解釈方法論の基本的なところは理解できたのですが、そこで挙げられた例は民法でした。この方法論は民法特有のものなのですか？

先生：いや、そうではなくて、原則として、全ての法文解釈に適用される方法論です。その理由は、この方法論の基本的な法的根拠である憲法第七六条第三項、同第四一条、同第九九条は、民事裁判に限らず、全ての裁判に適用されるものだからです。

2　各論的疑問

①　憲法の解釈

ⅰ　基本的問題

学生：では、憲法解釈にも適用されるのですか？

先生：そうだよ。ただ、憲法の場合は価値判断基準としての「合憲性基準」の適用はない。それは、形式的にいえば、この法的根拠である憲法第八一条が「憲法」を含めていないからだよ。他の「立法者意思」（例えば、後述の

集団的自衛権問題）、「歴史的変化」（例えば、先述の最大決平成二五・九・四民集六七・六・一三二〇）や「法目的」（例えば、後述の最大判平成四・七・一民集四六・五・四三七）の適用はあるよ。

ところで、憲法は、人権保障と統治機構に二大分されますが（入門四七頁）、前者については、拡大あるいは類推解釈して、保護の範囲を広げることは原則として望ましいでしょう。後者についても、権力機構を抑制するという方向で拡大あるいは類推解釈することは原則として許されるべきでしょう。もっとも、前者の場合において憲法第一三条や同第一四条をはじめ基本権の規定は広大無辺な書き方です。例えば、憲法第一三条の幸福追求権（right to the pursuit of happiness）には、なんでも入りそうです。だから、プライバシーも環境権（判例では認めていませんが。）も、ここに入れるというのが通説です（佐藤幸治「日本国憲法論」（二〇一一年、成文堂）（以下、佐藤・前掲書という）一八二、一八六頁）。また、憲法第二三条の学問の自由は「大学の自由」を当然の前提としています（佐藤・前掲書二四〇頁）。

学生：憲法解釈で「人権規定」と「公共の福祉」の解釈がむつかしいですね（入門一五四頁）。

先生：その通り。憲法第一一条、同第九七条が規定する「基本的人権」は、〝水は高いところから低いところへ流れる〟のように「存在（在る）の世界」すなわち「天然自然」の問題ではなく、「当為（在るべき）の世界」の問題なのだ。「人権」、特に「自由、平等」（憲法第一三条、同第一四条）は、せいぜい、二〇〇年あまり前のフランス革命によって法的に認められたものだし、アメリカでは五〇年ほど前まで黒人差別が法的に認められていたし（「キング牧師暗殺事件」。一九六八年）、アフリカでは二〇年ほど前まで黒人差別の法が存在した（「マンデラ投獄事件」。一九九一年）。さらに、最近、アメリカでは富裕層と貧困層の格差が拡がり、両者の対立が激しくなっている。したがって、今や「自由」とは何か「平等」とは何か、について真剣に議論しなければならないと思うよ。さらに

「存在」でなく「在るべき」ものだからこそ「人類の多年にわたる努力の成果」(憲法第九七条)として今後とも守っていく〝努力〟をしなければならない。このことを念頭において「解釈」をしなければならないと思うよ。

ⅱ　形式的側面

学生：では、形式的側面で、憲法解釈においても「拡大解釈」や「類推解釈」はあるのですか？

先生：あるよ。「拡大解釈」の例としては最大判平成二〇・六・四民集六二・六・一三六七があるよ。

学生：どんな事件ですか？

先生：これは、国籍第三条旧第一項が「準正子」にのみ日本国籍の取得を認め「非準正子」には認めていなかったのだよ(以下、「本件区別」という)。そこで「非準正子」が、この規定は憲法第一四条第一項の「法の下の平等」に反し違憲だと訴えたのだ。

学生：「準正子」とは、なんですか？

先生：「嫡出子」は知っているね？

学生：はい、「法律上の婚姻関係にある男女(夫婦)の間に生まれた子」(民法第七七二条)です。

先生：そう、そして「準正子」というのは、「嫡出でない子」(非嫡出子)が後に「嫡出子」になった場合なんだよ。その方法は父の「認知」によって親子関係が確定した後に父母が「婚姻」するという方法(婚姻準正。民法第七八九条第一項)と父母が「婚姻」した後に父の「認知」によって親子関係が確定するという方法(認知準正。民法第七八九条第二項)があるのだよ。ところで、「認知」については民法第七七九条が父又は「母」が「認知することができる」と定めているが、今、私は「父」のみを挙げたね。どうしてか解かるかい？

学生：それは、「母」の場合の親子関係は「分娩」という事実によって明らかとなるから「認知」という「意思

表示」は不要であるといわれています。

先生：話を本題に戻そう。先の訴えに対して、最高裁は、国籍法の成立した当時（昭和二五年）は、「本件区別」は合理性があって違憲ではなかったが、その後の「歴史的変化」（わが国の社会経済環境の変化等に伴って家族のあり方や意識が変化し、国際的にも子供の権利保護の条約も出来た）によって「本件区別」は「不合理な差別」となったとして憲法第一四条第一項に違反すると判示したのだよ。このように、かつては憲法第一四条第一項に違反しないとされていたのに、今や違反する、すなわち「法の下の平等」の解釈が「拡大」したということだね。[52] 以前の最大決平成二五・九・四民集六七・六・一三二〇も同様に憲法第一四条第一項の拡大解釈の例といってよい。

学生：他にも拡大解釈の例はありますか？

先生：憲法第九条を例に採りあげよう。「立法者意思」は〝自衛のための戦争（交戦権）を放棄する〟、そのために戦力（軍隊）は持たないというものだった。[53]

学生：でも「自衛隊」を持っていますね。

先生：そう。朝鮮戦争勃発（昭和二五（一九五〇）年六月）を契機として「警察予備隊」（〝軍隊でない!?〟。迫撃砲や対戦車砲なども装備していた）を設置し（昭和二五（一九五〇）年八月）、さらに昭和二七（一九五二）年「保安隊」（戦車二〇〇台なども装備していた）と名を改め、昭和二七（一九五四）年に「自衛隊」になったのだよ。そして、今や日本の防衛費（軍事費）は世界第七位になり、〝自衛隊は軍隊ではない〟などといっても世界中の誰も信じてくれない。だから、〝憲法第九条は自衛のための交戦権は禁止していない〟、したがって、〝自衛のための必要最小限の実力は保持できる〟と解釈を変更したのだ（政府見解）。正に立法当時に比して世界そして日本の状況の変化という「歴史的変化」という基準に基づくものだよ。

学生：最近は「集団的自衛権」も認められるという主張がありますね。

先生：そうだね。「歴史的変化」の〝最先端〟だね。

学生：でも、反対論がありますね。

先生：そう。その根拠は「立法者意思」よりも（それだけでは弱い）、憲法第九条の「法目的」だね。

学生：それは、どういうことですか？

先生：それは憲法前文の平和主義を具体化した憲法第九条は、自衛のための交戦権の名の下に、満州事変・日中戦争・大東亜戦争を起こした反省に基づいて立法されたものであり、「集団的自衛権」を認めるという仕方で「自衛」の意味を拡大することは〝歯止め〟を失うことになって、この「法目的」に反することになるというのだよ。

学生：しかし今、主張されている集団的自衛権は具体例を挙げて〝限定的〟なものであるといわれていますね。

先生：具体「例」といっても「例示」だから、それ自体が「拡大解釈」や、「類推解釈」の可能なことは、「大学湯事件」で学習したよね（五九頁）。

学生：この問題が裁判所へ持ち込まれる可能性はありますか？

先生：例えば、「集団的自衛権」が行使できるように自衛隊法が改正されて、それにもとづいて具体的に命令が下り、命令を受けた自衛官Aが拒否したとき「職務上の義務に違反」したとして「免職」（自衛隊法第四六条）になったとしよう。Aが異議の申し立てをしたが（自衛隊法第四九条）認められなかった。そこで、Aが憲法違反の自衛隊法の命令は「職務上の義務」でないから、違反はなく「免職」は無効であると訴えることができるだろう（憲法第三二条）。もっとも、そこで、裁判所としては「統治行為論」（「入門」一五二頁）を持ち出す可能性はあるね（最大判昭和三四・一二・一六刑集一三・一三・二二二五、最判平成五・二・二五民集四七・二・六四三の第二審判決）。

学生：さらに、「集団的自衛権」は憲法を改正しないと認められないという意見もありますね。

先生：これは「立法論」と「解釈論」の限界という困難な問題なのだよ。特に「立法論」と「類推解釈」の限界設定ということだ。形式的にいえば、国民の代表たる国会の議決（憲法第五九条）を必要とするほど重要事項（立法）か否（解釈）かという基準によるのだよ。そして、憲法については、さらに国民の承認（憲法第九六条）が必要か否かという基準が付け加わるのだよ。

学生：ところで、現行憲法は〝押し付け憲法〟だから無効だという主張がありますね。

先生：日本は「ポツダム宣言」を受諾し、昭和二〇（一九四五）年八月一五日「無条件降伏」したのだから、連合国のGHQの提示した憲法を採択せざるを得ない。だから〝有効〟に成立したといわざると得ない。そして、昭和二六（一九五一）年九月八日にサンフランシスコ平和条約を締結して、主権を回復した後も改正することなく国の基本法として堅持しているのだから〝有効〟に存続しているというべきだよ（主権回復時（平和条約発効日）に「法定追認」したという学者もいる）。

学生：でも、改正の動きはありますね。うまくいっているとはいえませんが…。

先生：それは憲法第九条や人権規定を改正しようとするからだよ。まず、抵抗の少ない規定を〝ちょっとずつ〟改正して改正の実績をつんで（〝外堀を埋めて〟）、それから〝本丸〟に攻め込むというのが一番だろうね。

学生：もっとも、改正以前の問題として、憲法においては基本的人権保障規定や憲法第九条は改正することはできない、という考えがありますね。

先生：確かに、これらの規定は世界に誇る素晴らしい規定で、我々は、それを今後とも維持していく義務があると考えるべきだね（日本国憲法「前文」、同第一一条、同第九七条）。しかし、それは政治論であって、法律論ではな

い。憲法も法である限り、全ての法文が改正可能であり、憲法第九六条は別に例外を設けていない。

学生：そもそも、大日本国憲法から日本国憲法に変わったのは、改正ではなく、「革命」だという見解がありますね（佐藤・前掲書六六頁）。

先生：確かに「天皇主権」から「国民主権」に変わったのは「国の在り方」を根本的に変更したのだから、実質的判断からは「革命」といえるね。しかし、法形式的には、日本国憲法の「上諭」に明らかなように大日本帝国憲法第七三条にもとづく改正なのだよ。我々法律家は「実質的利益考量」に重きを置き過ぎて「形式的側面」を軽視することは慎むべきことであり、それに対しては近時も警鐘が鳴らされており（平井宜雄『著作集Ⅰ』（二〇一〇年、有斐閣）二六〇頁）、正に、それは「裸の利益考量論」につながる方法論として警戒しなければならないと思うよ。

学生：次に憲法の「類推解釈」の例は、ありますか？

先生：類推解釈の例としては最大判平成四・七・一民集四六・五・四三七があるよ。

学生：それは、どんな事件ですか？

先生：憲法第三一条は、国家権力が、生命自由の侵害をはじめとして刑罰を科すためには、法律の定める手続が必要である、と規定しているが、これは元々は「罪刑法定主義」の規定です。そこで、その「法意」すなわち〝法目的〟を用いて、これを類推解釈し〝一定範囲で行政手続〟についても適正手続（due process）が要請されるという法命題を導き出し、「東京国際空港の安全確保に関する緊急処置法」の合憲判断をしたという事件なのだ。

学生：その緊急処置法とは、どのような内容ですか？

先生：これは、成田空港の安全確保をはかるため、過激派集団の出撃拠点である「団結小屋」の使用禁止命令を当時の運輸大臣が出せる、という内容だった。そして、これにもとづいて命令が出されたので、前述のように憲法

第三一条に違反すると訴えたのだ（他にも論点がある）。なお、調査官解説（裁判所判例解説民事編平成四年度第一二事件（千葉勝義））では、これを憲法第三一条の準用としている。もっとも、「法文」において「準用」と書かれているときは〝ある事項に関する法規に適当な修正を施して〟〝ほかの事柄に適用すること〟とされているが、解釈上は、「準用」も、「類推解釈」と同義と考えてよい。[54]

学生：法文において、「準用」という言葉が用いられる、というのは？

先生：例えば、民法第三六九条第二項は「地上権及び永小作権も、抵当権の目的とすることができる」と定めている。このとき、「第一〇章　抵当権」の規定を「準用」する、としている。それは、抵当権は、元来「不動産」を目的とするものであるから（民法第三六九条第一項）、民法第三六九条第二項で、「不動産」を「地上権」あるいは「永小作権」と読み替える（修正する）としているのだよ。[55]

② 刑法の解釈

ⓘ 類推解釈禁止

学生：刑法では、どうですか？

先生：刑法でも適用があるよ。ただし、憲法第三一条に基づく罪刑法定主義から導かれる「類推解釈禁止」があるよ（「入門」三六頁）。しかし、これは、国民（被告人）の人権擁護のためであるから、国民（被告人）にとって有利な方向での類推解釈は許されるんだよ。それは判例（大判昭和六・一二・二一刑集一〇・八〇三）[56]通説（大谷実『新版刑法講義総論追補版』（二〇〇〇年、成文堂）六八頁）の認めるところだ。

学生：でも、最高裁判所は違った判決をしていると聞いたのですが…。

先生：確かに最判平成一八・八・三〇刑集六〇・六・四七九は、刑法第二四四条第一項は〝刑の必要的免除を定

めるものであって免除を受ける者の範囲は明確に定める必要があることなどからして内縁の配偶者に適用または類推適用されることはないと解するのが相当である〟、と判示しているね。

学生：どんな事件ですか？

先生：同居している男性（六三、四歳）が同居している女性（七六歳）のお金七二〇万円を窃取したという事件です。この時、被告人が、刑法第二四四条第一項の「配偶者」は内縁関係ないし準婚関係も含むと解すべきだし（拡大解釈）、含まれないとしても同条が準用されるべきである（類推解釈）、と主張しました。

学生：確かに、民法上は、内縁（事実婚）の場合は、相続権（民法第八九〇条）以外は、配偶者に準じて扱うことが判例学説上確立している（窪田充見『家族法（第二版）』（二〇一三年、有斐閣）一二六頁、犬伏由子ほか『親族・相続法』（二〇一二年、弘文堂）一〇五、一〇九頁）、と習いました。

先生：そう、さらに、社会法においても、婚姻届けを出していないが、事実上、婚姻関係と同様の事情にある者は、配偶者と同じ法的扱いをしている（例えば、健保法第三条第七項第三号、国民健康保険法第五条第八項、労災法第一六条の二、厚生年金法第三条第二項）。そこで、被告人は、前述のように広く類推適用（準用）を主張し、親族間の特例は血縁関係よりも〝同居していること〟が重要であると主張した。しかし、本件の認定事実によれば、具体的な事案としては同条の適用ないし準用は出来なかったと考えられるね。

学生：本条の類推適用は、例えば、どのようなときでしょう？

先生：例えば、他人の子を養子にはしていないが、幼いころから自分の子同然に同居して育てている、といった場合だろうね。まあ、これも「親族」の拡大解釈といえるかもしれないね。

学生：最後に、先生は、この判決に賛成ですか？

先生：いや、「免除を受ける者の範囲は明確に定める必要がある」というのは、疑問がある。およそ刑法の規定は限界を明確にする必要があるというのだろう。しかし、それは罪刑法定主義（憲法第三一条）からくる要請であり、罪刑法定主義は被告人の人権保障という「法目的」から来るものであるから、刑法第二四四条第一項のように被告人にとって有利な規定については類推適用を認めるべきだと思うよ。だから、この判決としては、類推解釈をする余地はあるが本件は該当しない、と判示してほしかったね(57)。

学生：ところで、罪刑法定主義は被害者や社会共同体にとっても「予見可能性」が問題となるから、刑法においては一般的に「類推解釈」はできない、という人もいますね（例えば、高橋則夫『刑法総論』（二〇一〇年、成文堂）三六頁）。

先生：確かに、そのような考えもある。しかし、被害者や社会共同体の「予測可能性」ということは「全て」の法についていえることであり、そのことは、刑法においては、特に憲法第三九条で遡及処罰禁止（ex port facto law）と、一事不再理が定められて、被告人に不利な「予測不可能性」などを禁止しているのだから、ここからも逆に有利な方向の「類推解釈」は許されると考えるよ。しかも、被告人に有利な〝事後法〟は禁止されていない（例えば、刑法第六条）。さらに、判例においても、不利益については不遡及が主張されているよ（例えば、佐藤・前掲書六七一頁）。

ⓘⓘ　刑法総論の構築

先生：刑法の解釈には、もう一つ、特徴的な作業があります。それは、刑法の体系化（「入門」三八頁）ということです。具体的にいえば、刑法「総論」の構築です。

学生：刑法典の「第一編　総則」の解釈ですか？

先生：それも含まれますが、それよりも「第二編　罪」の「体系化」、すなわち犯罪論の体系化です（「入門」四〇頁）。典型的には、構成要件（Tatbestand）、違法性（Rechtswidrigkeit）、有責性（Shuld）といった法概念の作出です。

学生：そのような法概念は、刑法典には、ありませんね。

先生：そうです。これらの法概念では、刑法典の各規定を説明し体系化するのに有益な概念です。例えば、構成要件は主として「第二編　罪」の体系化ですし、刑法第三五条、同第三六条、同第三七条などは「違法性」によって体系的に把握され、刑法第三九条、同第四一条などは「有責性」によって体系的に把握されます。

学生：このような解釈の法的根拠は何ですか？

先生：それは刑法の「法目的」だよ。刑法は生命、身体（の自由）、財産を国家権力によって奪うのだから、まず、罪刑法定主義（憲法第三一条）によって構成要件を厳格に明確に定めることが要求される。さらに、刑罰を科すのだから、その法目的は「応報」、「予防」、「矯正」といえよう。以上のことから、構成要件、違法性、有責性ということが出てくる。すなわち、どのような行為が違法とされ、その違法行為が何故に行為者に帰責されるのか、という問題と、それを、どのように厳格かつ明確に規定するのかということがテーマとなるのだよ。

学生：このような「総論」の構築も「解釈」という限りは、単に理論的整理というのではなく、現実の判決に影響を与えるのでしょうか？

先生：解釈である限りは、「総論」についても判例学説の対立があって、実際の判決に影響を与えることがあります。例えぱ、「事実の錯誤」について「具体的符合説」と「法定的符合説」の対立があり、判例（最判昭和五三・七・二八刑集三二・五・一〇六八）は「法定的符合説」を採用しているといわれています。その違いは刑法総論の教

科書で勉強してください。

学生：〝民法の体系化〟はどうですか？

先生：民法でも「総則」がありますが、そこでは、権利主体（人、法人）、権利の対象（物）、権利取得行為（法律行為）というように、重要な規定が一応は十分に体系化され、規定されています。

学生：そうすると、それらの条文の具体的解釈をすればよい、ということになるのですね。

先生：そうだね。これは一九世紀ドイツ（普通）法学の成果で、我々は、その「遺産」を継承しているわけだよ。特に「法律行為」(58)はドイツ普通法学の〝華〟だよ。

学生：どういう意味ですか？

先生：これは、当時ヨーロッパで輝かしい成果を収めつつあった自然科学の方法論を真似たものだったのです（例えば、ラボアジェ（一七四三～九四年）やドールトン（一七六六年～一八四四年））。例えば、貴方と私の土地売買契約を「隅田川の水」といった段階の問題と考えると、「売買契約」という抽象化は「水」といった段階の問題、「契約」という抽象化は「無機化合物」といった段階の問題、「法律行為」という抽象化は「分子」といった段階の問題、「意思表示」という抽象化は「原子」といった段階の問題、「効果意思」や「表示意思」そして「表示行為」という抽象化は「素粒子」といった段階の問題、に対比し得るでしょう。

学生：その実益は、なんですか？

先生：それは、土地の売買であろうがビールの売買であろうが「売買契約」といった分類に入られる社会現象（経済取引）の全てに民法第五五五条から同第五八五条を適用し得るし、売買であろうが賃貸借であろうが「契約」という分類に入れられる社会現象（経済取引）の全てに民法第五二一条から同第五四〇条の「契約」の「総則」規

定を適用し得るし、契約であろうが単独行為であろうが「意思表示」については民法第九三条から民法第九八条の規定を適用し得るし、さらに「法律行為」という分類に入れられる社会現象（経済取引）の全てに民法第九〇条から同第一三七条の規定を適用し得る、というように多種多様な社会現象（経済取引）を、ごく限られた数の条文で規制することができるというメリットがあるのです。

（法学教室四〇五、四〇六号二〇一四年六、七月）

第四節　憲法第九条の解釈について

一　本稿の目的

(1)　現在、集団的自衛権[59]は憲法第九条の認めるところであるという考え（合憲説）と憲法第九条に違反するという考え（違憲説）が、激しく対立している。しかし、両説共に、その依って立つ法解釈方法を明示せずしては、単なる感情論、あるいは政治論に堕する恐れをなしとしない。

(2)　そこで、本稿において、両説の依って立つべき法解釈方法を提示することによって、法解釈論争としての意義を明らかにしようとするものである。

二　法解釈の方法

(1)　法解釈の最終決定権限は裁判所（の裁判）にあることは言うまでもない（「有権解釈」。憲法第七六条第一項）。

そして、裁判所の「裁判」においては、法解釈は裁判（法的）三段論法の大前提たる「法の確定」において行なわれる。ところで、裁判は「憲法及び法律」に拘束される（憲法第七六条第三項）。その意味は、集団的自衛権が合憲か否かという法解釈の「内容」について（憲法第七六条第三項の「実体法的意義」）のみならず、その法解釈の「方法」も「憲法及び法律」に拘束される、すなわち「法的根拠」を持たなければならない（憲法第七六条第三項の「手続法的意義」）ということである。

(2) さて、周知のように、憲法や法律は自然科学法則（一＋一＝二）とは異なって「価値判断」の表明である。ということは、法解釈の最重要課題[60]は、その法文の価値判断を明らかにすることである。そこで、まず、考えるべきは、法文とは何か、ということである。いうまでもなく、法文は「言語」である。「言語」とは、〝話し手〟の「意思」を〝聞き手〟に伝える手段、すなわち、「意思」の伝達手段である（新村出編『広辞苑第六篇』二〇〇八年八九八頁）。したがって、法文は〝話し手〟すなわち「立法者」の「意思」の〝聞き手〟すなわち「国民」に対する伝達手段である。とすれば、法文の「解釈」においては、必然的に「立法者」の「意思」、すなわち立法者の「価値判断」を、まず、探求すべきことになる。そして、憲法第四一条が、「国会」が「国の唯一の立法機関」である、と定めているところから、法律については国会の「意思」[61]＝「価値判断」を探求しなければならない。そして、憲法第九条の立法者意思（大日本帝国憲法第七三条。[62]日本国憲法上諭参照）は、侵略戦争のみならず、自衛ないし制裁のための戦争までも放棄し、その具体的裏付けとして軍備を廃止するというものである（法学協会『注解日本国憲法上巻』一九五三年二〇三、二五四頁）。したがって、立法者意思からすれば集団的自衛権は、勿論「違憲」ということになる。[63]しかし、法文「解釈」においては、立法者意思が唯一の価値判断基準ではない。何故ならば、社会の情勢は時々刻々と変化するものであり、法文制定時とは様相が異なる時は、法解釈が〝今〟の問題解釈のための作業

であることに鑑みて、他の価値判断基準を求めるべきこととなる。それが「歴史的変化」という価値判断基準である。この基準は、立法資料から、まず、立法者意思を確定し、立法時の社会的諸条件を究明して、その条文の射程距離を設定し、それと現在の社会状況と対比して、後者における問題解決に合致した価値判断を行なうというものである。憲法第九条の解釈における個別的自衛権は合憲である、というのは、正にこれである。[64]そして、集団的自衛権は、その最たるものであり、現在のグローバル化した世界情勢の中で、ここまで、拡大すべきであるというのである（合憲説）。

(3)　これに対して、憲法第九条は、前文の趣旨、すなわち日本国憲法の「法目的（趣旨）」を具体化したものであり、自衛とはいえ、他国の戦闘行為に参加することは、この憲法の「法目的（趣旨）」に反するものであるという考えもある（違憲説）。さらに、そもそも憲法とは国家権力を制約するためのものであり（憲法一般の「法目的」。佐藤幸治『立憲主義について』（二〇一五年、左右社）、同『世界史の中の日本国憲法』（二〇一五年、左右社））、国家権力＝政府による解釈変更は慎重の上に慎重でなければならない（後述の改憲論につながる）という考えもある（違憲説）。もっとも、憲法の「法目的」は国家や国民を守るものであり、その存立が危うくなり、外国との共同戦闘行為も止むを得ないときは、憲法も、これを許容するという考えもある（合憲説）。このような「法目的（趣旨）」という価値判断基準も存在する。

(4)　さて、以上のような「歴史的変化」や「法目的」という価値判断基準の法的根拠は何であろうか。それは憲法第四一条（あるいは大日本帝国憲法第七三条）という法的根拠を持つ「立法者意思」基準を制限するものであるから、当然、憲法に、その法的根拠を求めなければならない。何故ならば、憲法は法形式の中で最も強固なものだからである。それは、丁度、ダイヤモンドを研磨できるのはダイヤモンドしかないのに類似する。そこで挙げられる

べきは憲法第九九条である。すなわち、同条は裁判官の憲法尊重擁護義務を定めている。そこで、「立法者意思」に従って解釈したのでは憲法が実質的に保証する〝利益〟を守ることができない場合は、「歴史的変化」や「法目的」という判断基準を裁判官は採用しなければならないということになる。したがって、これらの法的根拠は憲法第九九条ということになる。

三　解釈の限界と法改正

(1)　以上の両説の最終結論は、違憲説は集団的自衛権を認めたければ憲法第九条を改正すべきである（憲法第九六条）ということになり、合憲説からは、当然、その必要はないということになる。ここに法解釈論と立法論の境界、すなわち前者の限界という難問が浮上する。形式的な解答としては、法律については国会の議決（憲法第五九条）を必要とするほどの重要事項か否か、憲法については憲法第九六条の要請する要件を必要とするほどの重要事項か否かということになる。しかし、これでは〝問い〟に対して〝問い〟をもって答えるの類となる。

(2)　そこで、内容的基準の一つとして考えられるのは、〝「立法者意思」からの距離〟ということである。すなわち、立法者意思から左程遠くない解釈は解釈の枠内であるが、立法者意思から余りに遠い解釈は解釈の限界を超えたものとして「立法論」である、という結論になる。一般的に云うならば、私法の場合は、私法行為の多様性に鑑みて、比較的遠くまで許容されるが、公法の場合は、行政行為の画一性、統一性に鑑みて、その距離を狭く解すべきであろう。当該解釈が何れであるかを決めるのは、法律の場合は国会議員の叡智であり（憲法第四一条）、憲法の場合は国会議員と国民の叡智であり（憲法第九六条）、裁判において裁判官の職業的「良心」である（憲法第七六条第三項）。

四　結びに代えて

(1)　以上から、両説における法解釈方法の法的根拠の大枠を明らかにし得たと考える。今後は、両説の他の多くの細かい立論について、以上のような考察が必要であると考える。なお、国連憲章第五一条やサンフランシスコ平和条約第五条（C）と憲法第九条の関係（国際法と憲法の関係）については、本稿においては留保した。

(2)　思うに、古来より、我々法律家には、warm heart と cool head が求められている。warm heart、すなわち豊かな感情量の持ち主でなければならない。他方、cool head、すなわち、今、社会で何が実現されるべきかを見切る冷静な政治的判断力とそれを法的構成に乗せる能力が求められるのである。そのような思いのもとに、本稿を執筆した。

（未公表、二〇一五年）

第五節　法の解釈

第一　本稿の目的

一　法学者にとって、最大の課題は、法解釈とは何か、ということである。[65] 一般には、法解釈とは法文の〝意味内容〟を明らかにすることである、といわれている。ところで、法律の条文は、通常、一定の法律要件の存在を原因として一定の法律効果が発生する、[66] と定めている。ということは、法解釈とは法文の法律要件と法律効果の〝意味

内容〟を明らかにする、ということになる。それでは〝意味内容〟を明らかにするとは何か。それは、法文の〝適用範囲〟を明らかにすることなのである。[67] 例えば、法律要件では、[68] 民法旧第七〇九条の[69]「権利侵害」について、裁判所は、「桃中軒雲右衛門事件」[70] において「権利侵害」でない事件には同条は適用されない、と解釈した。しかる後、「大学湯事件」[71] において「権利侵害」でなくても〝法律上保護される利益〟の侵害があれば同条は適用される、と解釈した。

二　ところで、右両判決は、共に、同じ民法旧第七〇九条の「権利侵害」の解釈について、当該事件に対しては法的拘束力を有するという意味で、いずれも「正しい解釈」（有権解釈）なのである。このように、法解釈は一義的ではない。それは、国文学における古典の解釈[72] のような「事実（sein）の究明」ではなく、「かくあるべき」という「当為（sollen）」の究明だから、当然に多義的であり得る。何故ならば、「当為」は価値判断であるから、価値判断の〝基準〟が異なれば、自ら結論が異なるのである。したがって、法解釈においては、この価値判断の基準を明らかにすることが、まず第一に不可欠の作業となる。次いで、第二に、それを言語によって表明する必要がある[73]（民訴法第二五三条第一項第三号）。

第二　「立法者意思」基準

一　法律は言語である。言語とは〝話し手〟の「意思」の伝達手段[74] である。では、法律は誰の「意思」の伝達手段なのか。それは「立法者」である。立法者とは、憲法第四一条が、国会が「国の唯一の立法機関である」と定めているから、法律とは立法者すなわち国会の意思を国民に向かって伝達する手段なのである。とすれば、法解釈は、まず、立法者の意思[75] を確定することである、といえる。すなわち、立法者の価値判断は、どうであるかを究明しな

ければならないのである。それを「立法者意思」基準と呼ぶ。例えば、民法旧第七〇九条の「権利侵害」については、立法者は「権利」といえるほどの法益でなければ保護されない[76]、としていたから、先の「桃中軒雲右衛門事件」は「立法者意思」基準に従った判決といえる。また、憲法第九条第二項の「戦力」の解釈において、〝自衛のための軍隊も該当する[77]〟というのが、それである。

二　①さらに、立法者は、個々の法文の解釈のために、あらかじめ、「解釈基準[78]」として〝一般的法文〟を定めておくことがある。これも「立法者意思」基準の一つである。例えば、民法第一条、同法第二条[79]が、それである。

②その他にも、立法に際し、立法目的あるいは立法趣旨を一般的に規定する場合[80]があるが、これも個々の法文の解釈基準としての「立法者意思」基準である[81]。

第三　「歴史的変化」基準

それでは、先の「大学湯事件」は、どのような価値判断基準を採用したのであろうか。それは、こうである。民法旧第七〇九条の立法時（一八九六年）と判決時（一九二四年）を比較すると、判決時には、日清戦争（一八九四〜一八九五年）、日露戦争（一九〇四〜一九〇五年）、第一次世界大戦（一九一四〜一九一八年）に〝勝利〟し、国際連盟の五常任理事国の一つとなり、領土も四一八万㎢から六七五㎢に拡大し、〝欧米に追いつき追い越せ〟の目的を、〝形〟としては達成し、しかも昭和大恐慌（一九二九年）も未だ発生しておらず、正に〝大正デモクラシー〟の時代ということになる。そこで、この時代の大きな変化から観て、制定時の「権利侵害」要件は〝時代遅れ〟で狭過ぎて、「権利侵害」でない場合でも、不法行為による救済を必要とする社会的要請があった、ということである。そこで「大学湯事件」は、立法者意思からすれば救済されない事件において、解釈変更によって救済した、というわ

けである。このような方法で「立法者意思」基準による解釈を変更する基準を「歴史的変化」基準と呼ぶ。

第四　「法目的」基準

一　確かに「立法者意思」基準も立法者が想定した「法目的」（広義の「法目的」）であるが、それとは違った「法目的」、すなわち解釈者（裁判所）の考えるところの、当該法文によって実現しようとする価値（狭義の「法目的」）が存在する。例えば、詐害行為取消訴訟（民法第四二四条）[82]において、立法者は「責任財産の保全」と「私的自治原則（債務者の財産管理権）」の調和をはかっていた（債務者を「必要的共同被告」と考えていた）[83]。しかし、その後、裁判所は債務者を被告とする必要はない[84]、とした。その実質的利益衡量は、ほとんどの場合に、債務者を被告とする実益がなく（ほとんどの場合に債務者は〝夜逃げ〟している）、ただ、債権者にとって、現実に財産を握っている者から責任財産を取り戻すのが詐害行為取消訴訟の「法目的」である、というのである。このような方法で「立法者意思」基準による解釈を変更する基準を「法目的」基準と呼ぶ。

二　他にも「法律意思」や「体系的解釈」という基準が主張されている[85]。「意思」とは「目的」のことであり、したがって、「法律意思」＝「法律目的」＝「法目的」である。また「体系的解釈」は他の条文との論理的関連であるから、結局は、当該法文の法全体において果たすべき役割、すなわち「法目的」である。したがって、いずれも「法目的」に集約されるであろう。

第五　「合憲性」基準

「裁判」は憲法第八一条の「処分」に該当するから、当然、「法解釈」も「合憲性」のテストを受けなければなら

ない。例えば、「謝罪広告事件[86]」において、判決は、民法第七二三条[87]の「名誉を回復するのに適当な処分」として、新聞に謝罪広告の掲載を命ずることは憲法第一九条に違反しない、とした。

第六　法的根拠

一　ところで、裁判官が判決するとき「憲法及び法律」に拘束されるのだから（憲法第七六条第三項）、判決中で「法解釈」が行なわれるときは、当然、その法解釈方法自体も「憲法及び法律」にもとづかなければならない。この点、「合憲性」基準は憲法第八一条、「立法者意思」基準は憲法第四一条であるから、「歴史的変化」基準と「法目的」基準も憲法にもとづかなければならない[88]。それは、憲法第九九条の「裁判官」の〝憲法尊重擁護義務〟である、と考えられる。それは、「立法者意思」基準に従ったのでは、憲法がより強く保護しようとする利益を保護することにならない、と判断したとき、「歴史的変化」や「法目的」といった基準によって判決しなければならない、ということである。そして、いずれの価値判断基準を採用すべきかを決断するのが憲法第七六条第三項にいう「（裁判官の職業的＝客観的）良心[89]」である。ここにいう「良心」（リーガル・マインド）は、例えば、一千万円やるから無罪にしてくれといわれたとき（＝ワイロ）、一千万円という価値を選定するのか、正しい判決をするという価値を選択するのかという価値選択の決断において働く。さらに、例えば、憲法第九条の解釈において、「立法者意思」の求める〝自衛のための軍隊も持たない〟という価値を選択するのか、「歴史的変化」の求める〝自衛（集団的!?）のためならば軍隊を持つ〟という価値を選択するのか、さらに、憲法前文をはじめとする法体系全体（「法目的」）の「平和主義」から前者を選択するのか、逆に国民の生命、身体、自由、財産を守るという法体系全体（「法目的」）から後者を選択するのか、あるいは〝統治行為論〟によって判断を回避するのか、という価値選択の決断

において働くのも、この「良心」なのである。したがって、この法解釈方法論は民法に限るものではない。

二　以上のような価値判断を言語によって表明することが法的に求められている（民訴法第二五三条第一項第三号）。それは、憲法第三二条が、国民に〝裁判を受ける権利〟を認めており、そして、そこで求められるのは、「盟神深湯」のような裁判ではなく、論理的に〝筋の通った〟言語表明による裁判だからである（民訴法第三一二条第一項、同第二項第六号、同第三項、同法第三一八条、同法第三三八条第一項第九号）。

さらに、憲法第八二条第一項は「公開法廷」での「対審及び判決」を求めている。これは、当事者と裁判所の言語による〝意思表明〟を国民全体にも理解させて、その批判に耐え得るものとするためである。したがって、〝良い法律論〟[90]こそ憲法第八二条第一項の求めるところである。

三　そこで、ここでは、この〝良い法律論〟、すなわち、〝筋の通った〟言語表明とは、どのようなものかを検討する。それには、まず、法文の内部における解釈と法文の外部における解釈が存在する。

第七　法文内解釈

一　「文言（文理）解釈」は、〝立法者意思通り〟に適用範囲を確定する解釈で、先の「桃中軒雲右衛門事件」や憲法第九条において、〝自衛のための〟軍隊を持たない、という解釈である。

二　「宣言的解釈」[91]とは、立法者意思が不明[92]かあるいは抽象的[93]であるとき、裁判所が具体的事件において、「法目的」や「歴史的変化」（例、判例変更）をもって、それを明確化あるいは具体化して法文の意味内容を〝宣言〟することである。例えば、民法第七〇九条の「過失」について、立法者は〝為すべきことを為さぬ〟、〝為し得べからざる事を為す〟、〝為すべきことを為すにあたって其方法が当を得ない〟と説明している。[94]そして、公害、[95]製造物責

任[96]、医療事故[97]などの具体的事件において、〝為すべきこと〟、〝為すべきでないこと〟の具体的内容を〝宣言〟して「過失」を認定している。

三　「拡大（拡張）解釈」は、〝言語の意味が許容する範囲内〟で「法目的」や「歴史的変化」をもって、立法者意思よりも広い適用範囲を確定する解釈である。例えば、凍結保存した夫の精子を用いて妻が夫の死後に人工授精し出産したとき、その「子」は認知の訴えができるか。民法第七八七条[98]の「子」の解釈である。第一審は否定したが、第二審は肯定し（「法目的」あるいは「歴史的変化」）、第三審は否定した（「人工授精子事件[99]」）。このときの第二審は同条の「子」を拡大解釈したのである。

四　「縮小解釈」は、「法目的」や「歴史的変化」をもって立法者意思よりも狭く適用範囲を確定する解釈である。例えば、憲法第九条第二項の「戦力[100]」は〝自衛のための〟軍隊には適用されない（「歴史的変化」による縮小解釈）とか、民法第七一五条第一項本文の「第三者」について、「重過失ある」第三者には適用されないと解釈することである[101]。これは民法第一条第二項の「信義則[102]」という「法目的」によって同条の適用範囲を縮小した解釈なのである[103]。

第八　法文外解釈

一　「反対解釈」は、当該法文を「文言解釈」して、それに当てはまらないところは「法の空白」として当該法文を適用しない、と解釈することである。例えば、「桃中軒雲右衛門事件」である。他にも、民法第七三七条は「未成年の子が婚姻をするには、父母の同意を得なければならない」と定めており、他方、成年の子の婚姻について父母の同意を要するか否かの明文規定はないが、民法第七三七条の反対解釈として、同意は不要と解釈するのであ

る。[104]

二　「類推解釈」は、法文が予定している事件とは異なるが、その「法目的」から観て、事件の〝類似性〟により、〝類似〟した法律効果を認めるべき場合に、言語の意味が許容する範囲を越えて適用範囲を定める解釈である。例えば、「義姉」にとって「義妹」は「子」ではないが、具体的事件において、民法第七一一条の「子」に類似するものとして、妻の死につき夫の妹に対して、同条を〝類推〟適用し遺族固有の慰謝料を認めるといった場合である。[105]拡大解釈との差は先の「人工授精子事件」と比較すれば理解し得る。

三　「勿論解釈」は、β事件に適用し得る法文は存在しないが、β事件と類似したα事件に適用し得る法文が存在し、しかも、より強い理由で、β事件にも適用すべきという解釈である。[106]例えば、憲法第二九条第三項は「財産権」侵害について「補償」しているから、財産権よりも重要な生命自体の侵害については「勿論解釈」によって憲法第二九条第三項が適用されるという解釈である。[107]「勿論解釈」は「類推解釈」の「一亜種」[108]であるが、刑法解釈において有益である。すなわち、刑法解釈においては〝類推解釈禁止〟であるが[109]〝勿論解釈〟は許されるというのである。[110]例えば、適法な時間外労働に割増賃金を支払わないときの罰則規定（労基法第一一九条第一号）[111]を違法な時間外労働に割増賃金を支払わなかった場合にも適用するというものである。[112]

四　他に「法意（解釈）適用」という類型を主張する見解がある。[113]しかし、具体例において、「帰責性の小さい（外観作出に自ら積極的に関与していない）」事件が「類推解釈」であり、[114]「法意解釈」の方が「帰責性のより大きい（外観作出に自ら関与している）」事件であり、[115]「類推解釈」よりも法文から遠い「法意解釈」が、法文により近い具体例に適用されるのは矛盾である。しかも「法意」による解釈とは拡大解釈も縮小解釈も類推解釈も、そうである。したがって、法意解釈は、論理解釈といった用語などと同様に議論を混乱させるから、不要の概念というべき

である。そして、右の「不動産管理者事件」のような場合も類推解釈で十分である。

第九　反制定法的解釈（contra legem）

一　「反制定法的解釈」は、法文の法的拘束力の全部または一部を否定して不適用とする解釈である。[116]その第一は、憲法違反（憲法第八一条）である。これには二つの類型があって、まず、(1)「明示的憲法違反」で、例えば、非嫡出子の相続分が嫡出子の半分と定めた民法第九〇〇条第四号但書前段[117]は憲法第一四条第一項に違反して無効である、という判決がある。[118]次に、(2)「実質的憲法違反」と呼ぶべきもので、例えば、利息制限法に違反して超過利息を支払ったとき超過部分の返還請求はできなかった（利息制限法第一条旧第二項、同法第四条旧第二項）。[119]曲折を経て、[120]裁判所は超過分が元本に充当され完済したときは、残っている超過分は返還請求できる、と判決した。[121]その理由は①元本が不存在だと利息は生じない、②利息がなければ、それを不知で給付したのだから不当利得（民法第七〇三条）[122]で返還請求できる、③右の利息制限法の法文は元本の存在を前提としているのだから不存在のときは適用がない、というのである。しかし、右の法文は〝高利貸し〟の〝うま味〟を残して金融の円滑化をはかろうとしたもので、この解釈に「空文化」であり「事実上解釈による立法」とされている。[123]そもそも、借主が〝任意で（自由意思で）〟超過利息を払うわけがなく、貸主が借主の経済的困窮に付け込んだのだから、借主の経済活動における「自由」（憲法第一三条）を侵害するものとして実質的には違憲判断である、と解すべきである。

二　第二のものとして、「立法者の明白な誤解」がある場合である。例えば、民法第五一三条第二項旧後段は手形法理論（「無因性」）についての立法者の明白な誤解にもとづくもので、解釈上「空文化」されていて（不適用）、現在は削除されている。[124]

このような「反制定法的解釈」は、司法権（憲法第七六条）による立法権（憲法第四一条）の制約であり、「三権分立」の根幹にかかわることである。したがって、このような解釈、特に「実質的憲法違反」や立法者の誤解の場合は慎重でなければならない。そこで、①その法文を適用すれば常に不当な結論（憲法がより強く保護しようとしている利益を保護できない）になり、②したがって本来は立法者が改廃の処置をすべきであるのに放置（立法者の憲法第九九条違反）しており、③そこで司法府が緊急避難的処置（立法者の代行）として、その法文を「空文化」し得る、と考えるべきである[125]。

第十　結びに代えて

一　戦前は言語表明の側面が中心課題であったが、戦後になって、価値判断の側面が強調されるようになった（利益衡量論は、その最たるものである）。しかし、立法者意思説（憲法第四一条）を否定したために、この側面の内容は不鮮明なものとなり、さらに、両側面の関係をも不透明なものとした。加えて、憲法第七六条第三項があるにも関わらず、それぞれの法的根拠の解明は、ほとんど行われなかった。

二　そこで、立法者意思[126]を、両側面の中心に据えることによって、両側面の内容と両側面の関係を明確にし、加えて、それぞれの法的根拠を明示することによって、法解釈方法論の視界を開くことができた、と考える。

（1）　前田達明「法解釈について」法曹時報第六四巻第一号（二〇一二年）一頁（前田・展開四二頁（書斎の窓六四七、六四八号二〇一六年九月、一一月））。以下、前田・前掲論文という。

（2）　これまでの日本民法学界における法解釈方法論の全般にわたって詳細な検討を行なった最高水準の論文である瀬川信久「民法

の解釈」（星野英一ほか編『民法講座別巻1』〔一九九〇年、有斐閣〕。以下、瀬川・前掲論文という）一頁においてさえ、「立法者意思説」については、来栖三郎が（法律意思説と共に）否定（〝物神崇拝〟）しているのを引用するのみである（同論文二九頁）。

なお、「法源」と「法」は異なるという来栖三郎の主張（来栖三郎「法の解釈における制定法の意義――その㈠　法と法源」法協第七三巻第二号〔一九五六年〕一二一頁（一三〇頁））は妥当である。すなわち、裁判において「法律」は「法源」であり、当該事件に妥当する「具体的法規範」（前田達明「主張責任と立証責任について」（前田・展開六九頁））が「法」である。そして正に、この観点からいえば、「法解釈」とは「法律」から「具体的法規範」を導き出す作業である。この場合において、法源（例えば、法律）の意味を明らかにしなければ、そこから「具体的法規範」を導き出すことはできない。そこで、前田達明は、後述の如く、憲法第四一条から「立法者意思」こそが「具体的法規範」を導き出す第一の〝手懸り〟であるとし、加えて憲法第九九条から「法目的（法律意思に相当する）」や「歴史的変化」という〝手懸り〟を用意しているのである。しかるに、来栖三郎は、前述の如く、「立法者意思」も「法律意思」も〝物神崇拝〟であると否定したために、法源と法の関係が不明確となり、結局、「法解釈」は「擬制」であるという誤謬に陥ったのである（来栖三郎「文学における虚構と真実――『法における擬制』論の準備のための学習ノートのつづき」国家学会百周年記念論集第三巻〔一九八七年、有斐閣〕二八七頁）。

なお、「擬制」は有用な場合もあるが（来栖三郎「モデルと擬制――『法における擬制』論の準備のための学習ノート――」法学協会百周年記念論集第一巻〔一九八三年、有斐閣〕一頁。来栖・前掲論文という）、「法解釈」は明白に実体のあるものであるから、あえて「擬制」とする必要性は毛頭ない。

（3）　石田穣『法解釈の方法』（一九七六年、青林書院新社）。以下、石田・前掲書という。五十嵐清『法学入門〔第3版〕』（二〇〇六年、悠々社。〔第1版〕一九七九年、一粒社）一四六頁。以下、五十嵐・前掲書という。

（4）　平井宜雄『著作集Ⅰ法律学基礎論の研究』（二〇一〇年、有斐閣）二六〇頁。以下、平井・前掲書という。この論争について、星野英一『民法論集第八巻』（一九九六年、有斐閣）（以下、星野・前掲書第八巻という）。はしがきⅲ頁は、次のように述べて

いる。

「『議論』と法学教育」は、副題にあるとおり、平井宜雄教授による壮大な構想のもとに執筆された、『法律学基礎論覚書』について検討したものである。同教授の論稿には、一方で、教授が『戦後正統理論』と呼ばれる、筆者の考え方を含めた発想に対する詳細な批判、他方で、教授の理論の提示がなされていたが、前者に対する反論と後者に対する疑問の提起を行なったのが右の論文である。後記にあるとおり、その後者の部分に対し、平井教授の考え方に対する基本的誤解があるという趣旨の教授による再反論がなされた。それにより、同教授の発想が筆者の考えていたところ（そして『戦後正統理論』のそれ）と全く違うこと（したがって、同教授の言われるとおり、筆者に誤解があったこと）がわかった。そうなると、議論はいわば『すれ違い』であり（それ故、この議論は『第二次法解釈論争』などと呼ばれることもあるが、かつての『法解釈論争』とはいわば次元を異にする論争であると考えられる）、同教授に答えるためには、もう少しその基本的立場（や依拠された外国文献）について学ぶ必要がある。教授の再反論に答える準備を少しずつ始めているところであるが、当分は書けそうにない。

（5）民法の教科書で、要件事実論について言及したのは、遠藤浩ほか『民法7』（一九七〇年、有斐閣）九六、一二〇、一五頁などが最初で、次いで、平井宜雄『債権総論』（一九八五年、弘文堂）五、五八頁などであると記憶する。

（6）「判例通説によれば……」というのが慣用句となっているが、その判例の動揺については、前田達明「主張責任と立証責任について」（前田・展開六六頁）。なお、前田達明は、主張責任は憲法第一三条に、立証責任は憲法第三二条に根拠を有するものであり（憲法第七六条第三項）、両責任の所在が一致するという通説には、法的根拠がないと主張する。

（7）平野哲郎「新体系・要件事実論」龍谷法学第四四巻第四号（二〇一二年）一八五頁は、例外的に、少数説にも詳細に検討を加えている。

（8）本稿は学術論文である（と前田達明は考えている）。故に、敬称、敬語は一切省略する。しかし、本稿登場の人々に対する前田達明の尊敬、というより崇拝の念は人後に落ちない。

（9）「これからの民法学〔座談会〕」ジュリスト第六五五号（一九七八年）一四一頁〔淡路剛久発言〕。

(10) 勿論、他にも数多くの検討すべき学説、例えば、「動的システム論」(山本敬三「民法における動的システム論の検討――法的評価の構造と方法に関する序章的考察」法学論叢第一三八巻第一＝二＝三号〔一九九五年〕二〇八頁。もっとも、山本敬三自身は、この理論に疑問を抱いている)。あるいは「正義論」(亀本洋『法哲学』〔二〇一一年、成文堂〕四二頁、同『格差原型』〔二〇一二年、成文堂〕)が存在するが、前田達明に許された時間と能力(体力も含めて)からして、これ以上は不可能であり、さらに第一章の趣旨からしても、それは今後の論争に期待する。

(11) 山本敬三は、裁判官は「基本権保護義務」を負っており、法に「空白」あるときは、これを補充して、権利を保護すべきであると主張する(山本敬三「前科の公表によるプライバシー侵害と表現の自由」民商第一一六巻第四＝五号〔一九九七年〕六一五頁、同「基本権の保護と私法の役割」公法研究第六号〔二〇〇三年〕一〇〇頁、同「人格権」『民法の争点』ジュリスト臨時増刊〔二〇〇七年〕四四頁、同「人格」『民法判例百選Ⅰ〔第6版〕』〔二〇〇九年〕一〇頁)。民法の解釈においても、憲法的視点が不可欠であることを明らかにしたのは、山本敬三の功績である(山本敬三「基本法としての民法」ジュリスト一一二六号〔一九九八年〕二六一頁、同『公序良俗論の再構成』〔二〇〇〇年、有斐閣〕、同「憲法システムにおける私法の役割」法律時報第七六巻第二号〔二〇〇四年〕五九頁など)。

(12) 山本周平「不法行為法にみる法的評価の方法と構造(一)(二)(三)(四)(五)」法学論叢第一六九巻(二〇一一年)第二号二六頁、第三号二五頁、第四号四五頁、第五号三六頁、第六号三六頁は、動的システム論によれば、「ミクロレベル」において、賠償されるべき損害における「利益」や過失の前提である行為義務の決定「因子」(前田達明『判例不法行為法』〔一九七八年、青林書院新社〕二二〇頁)を「要素」という上位概念をもって分析することになる、という。そして、いずれの「利益」あるいはいずれの「因子」にウエイトを置くかという価値判断が重要である(前田達明・判例時報一八八五号〔二〇〇五年〕一九四頁)とし、「マクロレベル」において、「原理」としての「要素」として、帰責「原理」(過失責任、危険責任、使用者責任。前田達明は、意思原理、信頼原理、危険原理を帰責原理であると考えている。)を抽出することになるという。もっとも、山本周平自身は、「動的システム(bewegliches System)論」に必ずしも賛同しているものではないと思量される。

（13）基本的人権を認めないとか侵略戦争を認めるということは、「憲法を超えるもの」によって許されないと主張すれば、他方において、別の価値が絶対的であるという主張もあるであろう。例えば、日本国成立以来二千六百有余年、天皇制は日本国の根幹、いや天皇制即日本国であり、天皇制を認めないということは日本国にとって絶対に許されないと考える人も少なくないだろう。そして、それは憲法を超えるものによって認められた価値であると主張するであろう。さらに、政争に明け暮れて重要な決定のできない現在の日本の政治状況に鑑み、かつてのように天皇に強いリーダーシップを与えて日本を救済すべきである（現に太平洋戦争は〝御聖断〟によって終結できた）と主張する者も出て来るであろう。結局のところ、本文に述べた批判者の〝基準〟では何も解決しないであろう。実は、このような問題をも「法解釈」の問題に抱え込もうとしたことに、収拾のつかない不毛の議論を巻き起こした原因がある。したがって、我々法律家は、「法解釈」と「立法論」を区別すべきであり（法律家が立法論や政治運動をしてはいけないというのでなく、勿論、大いに発言すべきである）、我々法律家は、「法解釈」によって全ての社会問題を解決できるといった〝幻想〟から〝覚醒〟すべきである。

勿論、基本的人権、平和主義は守らなければならないという〝心情〟については前田達明も異存はない。しかし、この〝心情〟は、利益考量論において生かされるべきであり、法解釈方法論にまで持ち出すことは厳に慎むべきである。何故ならば、このようなことが法学の学問性を揺るがし、他の分野の社会科学者から〝法学は科学ではない、神学である〟と揶揄される一因となっているからである。

なお、憲法改正には限界があるのか否か、あるとすれば、何が改正できないものかについては、周知のように争いがある（宮沢＝芦部・前掲書七八五頁）。通説は限界があるとし、例えば、基本的人権や平和主義が挙げられるが、加えて改正権の根拠である制定権が挙げられ、これのみが法理論的に認められる限界であるとする説もある（松井茂記『日本国憲法』〔一九九九年、有斐閣〕七五頁）。この考えからすれば、現行日本国憲法は大日本帝国憲法の改正法ではないことになる（佐藤幸治『日本国憲法論』〔二〇一一年、成文堂〕四一頁）。しかし、極右や極左あるいは狂信的宗教集団が物理力をもって日本を征服し、彼等の新憲法を制定した場合と現行日本国憲法の制定は、実質において同じであるから法理論的にも同様に扱うべきである（〝革命〟）とい

うのは妥当であろうか。法理論において「形式性」を軽現することに対しては、いわゆる「裸の利益衡量論」に対すると同様の批判が妥当すると考える。したがって、法理論的には「憲法のいずれの法規も、憲法の定めた憲法改正の手続によりさえすれば変更」できる、すなわち「現に憲法として存在する法規は皆国家の憲法改正作用の対象となり得る」（佐々木惣一『憲法学論文選　一』〔一九五六年、有斐閣〕一九九頁。なお、同二六八頁）と考えるのが妥当である（日本国憲法「上諭」参照）。

蛇足ではあるが、主権者の交替についても、他の国にも例はあるであろうが、日本においては神話時代から平和的主権交替はあったとされ（〝国譲の神話〟？）、さらに将来「世界連邦」が出現し平和裏に、日本国が、その地方公共団体（州？）になったとき、その国家主権は「世界連邦」に譲るわけであるから、法形式的には、その手法を憲法第九六条（この条文が存在していると仮定して）によることは可能であると考える。

(14)　旧民法については、施行に備えて起草者ボワソナード自身が「理由書」を執筆していた（Code civil de l'Empire du Japon accompagné d'un exposé des motifs. その復刻版が『民法理由書第一～五巻』〔二〇〇一年、雄松堂出版〕である）。また、現行民法についても「理由書」が執筆されていた（その復刻版が、広中俊雄編著『民法修正案（前三編）の理由書』〔一九八七年、有斐閣〕である）。いずれも政府によって正式に公刊されなかったのは誠に残念なことである。そこで、今回の民法（債権法関係）の改正作業は、前二者の民法制定事業にも匹敵するものであるから、法務省の担当者は、内田貴参与をリーダーに、法制審議会民法部会の委員の協力を得て、詳細な「理由書」を作成し公刊されることを強く希望する。

(15)　林田清明「ポストモダンと法解釈の不確定性」（瀬川信久編『私法学の再構築』〔一九九九年、北海道大学図書刊行会〕一六二頁）。なお、この論文は、内容豊富な優れた論文であり、誠に含蓄深い。しかし、ここでは「立法者意思」説の面のみで反論する。例えば、「テクストを読んだこと（目的や意思の発見）から法的な結論に至るというのは、読者の読みであり、いいかえるなら読者である解釈者の選択つまり価値判断にほかならないのである。このように、脱構築や文学批判理論は、法解釈が書かれたテクストのなかに存在する、客観的で確定的な意味によって支配されているという主張が誤りであることをあばいているのである」。（一七四頁）というが、もし、そうであるならば、そもそも「言葉」の機能すなわち「意思」の「伝達手段」は失われ、

情報化社会は、というより人類の歴史は成立しなかったであろう。したがって、それをもって、「立法者意思」は確認できないという根拠であるというのならば、本文のように誤りである。

さらに、脱構築自体は、ルールや原則の正当性の否定を意味しない（一七五頁）というが、その「正当性」の根拠は何であろうか。

(16) この観点からも潮見佳男『債権各論Ⅱ〔第2版〕』（二〇〇九年、新世社）、同『債権各論Ⅰ』（二〇〇五年、新世社）、山本敬三『民法講義Ⅳ1』（二〇〇五年、有斐閣）、同『民法講義Ⅰ〔第3版〕』（二〇一一年、有斐閣）は、誠に優れた教科書であると評価すべきである。

(17) もっとも、石田・前掲書一三頁は、憲法第七六条第三項にもとづいて、憲法第四一条が「立法者意思」の法的根拠であると主張する。前田説もこれに負う。

(18) このような〝法的三段論法〟は、論理学者に云わすれば、〝三段論法でない〟とされているとする見解がある。また裁判過程が〝法的三段論法〟に従って進行しているかは疑問のあるところである（例えば、リアリズム法学）。ただ、この法的三段論法は、現行憲法が「三権分立」と「法の支配」を裁判所に要求していること（憲法第七六条第一項、同第三項）に応えて、裁判がそれに従って行われている、と説明するための道具概念であり、その故に〝法的〟という修飾語が加えられているのである。

(19) 前田・展開四五頁は、法解釈を「具体的法規範の設定作業」としているが、これは「結論」の問題であって、「大前提」の問題ではないので訂正する。高橋・書評五六六頁の指摘に負う。

(20) 小前提においても同様のことがいえる、と考えている。すなわち、事実認定手続において重要な役割を果たす要件事実と主張責任そして証明責任についても、当然に法的根拠が必要である。この点については、司法研修所さえも、殆ど〝黙して語らず〟である（司法研修所編「増補民事訴訟における要件事実第一巻」（一九九八年、法曹会）。以下、「司研・前掲書」という）。もっとも、中野貞一郎『民事裁判入門第三版補訂版』（二〇一二年、有斐閣）二六九頁は証明責任の法的根拠を憲法第三二条にもとめている。前田説も、これに負う。前田説は次の如くである。①要件事実の法的根拠は憲法第七六条第三項（実体法的意義）、

②主張責任の法的根拠は憲法第一三条、同第八二条第一項で、その分配基準は法律要件分類説（憲法第七六条第三項の実体法的意義）、③証明責任の法的根拠は憲法第三二条で、その分配基準は憲法第一四条から導かれる公平原則である。詳細は前田達明「要件事実について―主張責任と証明責任を中心として―」法曹時報六五巻八号二〇一三年一頁以下（本書一三一頁）。

(21)　中野貞一郎ほか『新民事訴訟法講義（第二版補訂二版）』（二〇〇八年、有斐閣）二頁は、これを「判決三段論法」と呼んでいる。

(22)　この点、ローマ法以来二千年の歴史を持つ法解釈方法が現行憲法に拘束されるのは疑問であるとする見解がある。本文において論じているのは、現行憲法下において裁判官が裁判手続内において法解釈をする手続は憲法に拘束されるという規範的意義を述べたものであり、しかも、現実には二千年来の法解釈方法が現行憲法下においても採用されている、と考える。

(23)　広中俊雄『民法解釈方法に関する十二編』（一九九七年、有斐閣）一〇頁は、これを「類推解釈」として「歴史的解釈」の例とする。前田説の「歴史的変化」は、これに負う。

(24)　前田・展開五五頁に「法意」や「歴史的変化」という基準によって「立法者意思」を変更（修正・訂正）するとしているが、立法者意思〝自体〟は歴史的事実であって、変更し得るものではなく、別の価値判断基準を採用して立法者意思という判断基準を採用しない、と論述するのが正確である。高橋・書評五六八頁の指摘に負う。勿論、法改正が行われ、新しい立法者意思による古い立法者意思の「変更」は当然のことである。

(25)　この点については、既に、ある程度は説明をしている（前田達明「法解釈方法論序説」民商法雑誌一四六巻三号（二〇一二年）（本書二七頁）〔第一〇疑問〕）。

(26)　類推解釈については、近時の好個の論文として道垣内弘人「いくつかの最高裁判決に見る『〇〇条の類推と〇〇条の法意に照らす』の区別」田原睦夫先生古希・最高裁判所判事退官記念論文集「現代民事法の実務の理論上巻」（二〇一三年、きんざい）一〇四頁がある。この論文から学ぶべきことは、次の二点である。第一点は、「類推解釈とは何か」ということについて、今後、研究を深める必要があるということである。すなわち、「類推解釈」とは〝規定Xが予定する事態Aと事態Bが本質的に同一で

あるとき〝事態Bにも規定Xが適用されることであり、その判断は〝規定Xが事態Aについて、どのような根拠から法律効果を付与しているのか〟による（佐久間毅『民法の基礎Ⅰ総則第三版〔補訂二版〕』（二〇一二年、有斐閣）一三二頁）というのであれば、全ての「法意（法理）解釈」は「類推解釈」といえるのではないだろうか。従って、そこでは法律要件の〝類似性〟も必要ではないだろうか（さしあたり、Larenz, Methodenlehre der Rechtswissenschaft, 3. Aufl., 1975, S. 366ff.）。第二点は、法理解釈が、類推解釈と「類似したものということを越えた意味が込められているように思われる」（同論文一二五頁）とすれば、このように法文外解釈を拡大していくことは、憲法第四一条に鑑みて、危惧の念を抱かざるを得ない。他方、立法府における憲法第八一条の軽視（一票の格差是正、民法第九〇〇条第四項但書前段の改正に異論があると聞く。）が危惧されているが、これでは、両府において現行憲法が三権分立制度を採用して三権に要請しているチェック・アンド・バランスを揺るがすことになるのではないだろうか。

(27)　有権解釈という用語は前田達明の〝造語〟ではなく、法学辞典（竹内昭夫ほか『新法律学辞典（第三版）』（一九八四年、有斐閣）一三〇一頁）は勿論のこと、国語辞典（新村出編『広辞苑第六版』（二〇〇八年、岩波書店）二八五五、九三五頁は「公権的解釈」と同義で、「権限のある機関による法の解釈。学説とは異なり拘束力をもつ」と説明している。）にも登載されている用語である。

(28)　人類の〝普遍的〟原理とは何か。〝人の命は地球より重い〟か？しかし、敵兵を殺せば勲章が与えられるではないか。他方、〝人のみならず全ての生きとし生きるものは等しく尊い〟という思想もある。では、〝基本的人権の尊重〟か？しかし、ほん二〇年前に南アフリカ共和国では人種差別の法制度が存在し、現在も女性に学校教育を受けさせるのは〝神の法〟に反すると考える人も多い。したがって、これを主張するならば、まず、人類の〝普遍的〟原理とは何かという問いに答えなければならない。

(29)　なお、この「良心」について前田説を補足しておく。この「良心」は立法者意思と異なった価値判断をするときの法的根拠であるから、憲法第四一条の働かない「法の空白」（したがって「否定型空白」は異なる。「法の空白」については、前田・前掲書二二頁）を「法の目的」や「歴史的変化」といった価値判断基準によって補充する場合は「良心」を法的根拠とする必要はな

く、憲法第九九条を持ってすれば足りる。

（30）本書二九頁の［第一二疑問］にも同様の批判がある。

（31）本書三〇頁において、最大判昭和三七・六・一三民集一六・七・一三四七（一三四八）を引用して、〝利息制限法第一条旧第二項の立法者意思は過払い金を残存元本に充当する〟ということであるとしているのに対して疑問が提起されているが（高橋・書評五七六頁）、それは前田説による立法者意思からして（本書二三頁の［第六疑問］）、横田喜三郎最高裁判所判事が述べているように、政府委員がそれを繰り返し説明しており、何ら異論が述べられなかった（第一九回国会衆議院法務委員会議事録第四六号（一九五四年四月二七日）一、二頁）ことによる。

（32）平野哲郎「新体系・要件事実論」龍谷法学四四巻四号二〇一二年一八五頁は、このテーマについて新しい提案をなすものであるが、それは今後の研究課題にしたい。

（33）例えば、最高裁平成二五年九月四日大法廷決定（判例時報二一九七号一〇頁）においては「昭和二二年民法改正以降、我が国においては社会経済状況の変動に伴い、婚姻や家族の実態が変化し、そのあり方に対する国民の意識の変化も指摘されている」、そして非嫡出「子に不利益を及ぼすことは許されず、子を個人として尊重し、その権利を保障すべきであるという考えが確立されてきている（傍点筆者）」として、民法九〇〇条第四条但書前段は「遅くとも平成一三年七月当時において」憲法第一四条第一項に反するといい、大阪地判平成二五年一一月二五日（平成二三年（行ウ）第一七八号）では、女性の就労者の激増という変化に伴い、「共働き世帯が一般的家庭モデル」となった現在は遺族補償年金受給権者の範囲の決定は「男女差を解消する必要（傍点、筆者）」があるという意見も出ており（平成二三年一二月一日第七回社会保障審議会年金部会）、本件は憲法第一四条第一項に違反するとしている。

さらに、最高裁平成二五・一二・一〇平成二五年（許）第五〇号決定は、「性同一性障害特例法」によって表明された新しい家族観という新しい立法者意思を「歴史的変化」の一つの基準として民法第七七二条の新しい解釈（恐らく「空白」補充）を行ったと考えるのが妥当であろう（「マイノリティーの利益保護」の議論に通じるものである）。なお、この決定によってＡＩＤの

子は法的に民法第七七二条の適用のあることが確立したと解すべきである（従来は、不明であったから受理されていたが）。

(34) 奥田昌道教授からは「大人しい前田が、どうしたのか」と御心配いただき、高橋眞教授からは「前田は乱心したのではないか」と御心配いただいている。

(35) 亀本洋『法哲学』（二〇一一年、成文堂）三四頁は、一連の利息制限法判決について「法的思考」の観点から見事な分析を行った傑作である。

(36) 違憲判決の詳細は、新正幸『憲法訴訟論（第二版）』（二〇一〇年、信山社）四一五頁。

(37) 裁判過程は「法的三段論法」（『入門』三頁）によって行なわれる。そして、その「大前提」では、適用すべき法の確定（法の適用範囲の確定）すなわち「法解釈作業」が行われる。そして、「小前提」では、その法の要求する事実が存在するか否かという「事実認定」が行なわれる（法律要件該当事実の有無）。そして、その事実が存在するときは「結論」として、その法の定める「法律効果」の発生が認められる。以上のように、この法的三段論法は現行憲法の採用する三権分立制度に従って裁判が行われている、という説明概念なのである。

(38) Larenz,Methodenlehre der Rechtswissenschaft,3,Auflage,1975,S.417ff 磯村哲編『現代法学講義』（以下、磯村・前掲書という。）（一九七六年、有斐閣）八五頁、広中俊雄『民法解釈方法に関する十二講』（一九九七年、有斐閣）（以下、広中・前掲書という。）一〇六頁に負う。

(39) 他方、石田・前掲書一九頁は「立法者意思」と「準立法者意思」を区別しないのは「フィクション的性格を免れない」とするが、国会においての議論は、当然、委員会や起草者会議の議論を前提としているのであるから、特に変更を加えない限り、それを「立法者意思」とすることは「フィクション」ではないと考える。すなわち、国会から、そのような「委任」があるとみるべきで、事実、国会議員の意識もそうであろう。

(40) 「法の空白」については、石田・前掲書二九頁に負う。

(41) 「ワイロをもらって不当な裁判をすること」（二〇一三年私法法学会での五十嵐清発言）を禁止することも当然含まれる。

(42) 笹倉秀夫『法学講義』（二〇一四年、東京大学出版会）六六、九九頁に負う。

(43) 類推解釈については、広中・前掲書四〇頁、道垣内弘人「いくつかの最高裁判決に見る『〇〇条の類推と〇〇条の注意に照らす』の区別」田原睦夫先生古稀・最高裁判所判事退官記念論文集『現代民訴法の実務と理論上巻』（二〇一三年、きんざい）一〇四頁に優れた論述がある。

(44) 〝占有している〟という事実状態を、その占有が適法な権原（juste titre）に基づくか否かを問わずに、法的に保護するという法政策（実力行使による紛争を防止）に由来する権利で、権利ではないと主張する学説もある（舟橋諄一『物権法』（法律学全集一八）（一九六〇年、有斐閣）二七八頁）。

(45) 前田・展開四二頁。

(46) 「有権解釈」という用語は法学辞典（竹内昭夫ほか『新法律学辞典第三版』（一九八四年、有斐閣）一三〇一頁）は勿論のこと、国語辞典（新村出編『広辞苑』（第六版）（二〇〇八年、岩波書店）二八五五、九三五頁。「権限ある機関による法の解釈。学説とは異なり拘束力をもつ」）にも登載されている用語である。

(47) 明治二三（一八九〇）年に公布され明治二四（一八九一）年に施行された旧旧民事訴訟法五〇条「総テノ共同訴訟人ニ対シ訴訟ニ係ル権利関係カ合一ニノミ確定ス可キトキ」、大正一五（一九二六）年に公布され昭和四（一九二九）年に施行された旧民事訴訟法六二条「訴訟ノ目的ガ共同訴訟人全員ニツキ合一ニノミ確定スベキ場合」、平成八（一九九六）年に公布され平成一〇（一九九八）年に施行された現行民事訴訟法第四〇条「訴訟の目的が共同訴訟人の全員について合一にのみ確定すべき場合」と定めている。本件は旧旧民事訴訟法五〇条の必要的共同訴訟にあたるとしている。

(48) こんな話がある。昭和一六（一九四一）年九月六日の御前会議で、昭和天皇は明治天皇の和歌「四方の海　皆はらからと　思ふ世に　など波風の　立さわぐらむ」を詠まれた。昭和天皇の「意思」は〝波を立てないでおこう〟、すなわち〝戦争をしないでおこう〟というものであった。しかし、軍部は〝どうしても波風は立つものである〟すなわち〝戦争も止む無し〟と解釈して、アメリカ（英、蘭）との戦争に突き進んだ。ちなみに、この和歌は明治三七年（一九〇四）年二月四日の御前会議で対露戦

争を決定した後に、明治天皇が昭憲皇太后に対して〝自分は戦争はしたくなかった〟と言われて詠まれたと聞く。

(49) 前田・展開一八頁注一四。

(50) 本書一九頁。

(51) 例えば、豊泉貫太郎「法の姿を求めて」慶応法学第二一号（二〇一一年）一頁以下。

(52) この判決は「文言上の一部違憲」という類型に入る（佐藤幸治『日本国憲法論』〔二〇一一年、成文堂〕六五七頁）。この判決では「準正子」という文言が違憲で、この部分は適用できないが、残りの法文は有効であり、したがって、〝非準正子〟も同条項の定める要件を充たせば日本国籍が取得できるとしたのである（多数意見）。法解釈上重要な論点であるが（少数説）、肯定すべきであろう。それは丁度、前述の最大決平成二五・九・四民集六七巻六号一三二〇頁が民法第九〇〇条第四号但書旧前段を違憲として適用できないから有効な同条項本文を〝非嫡出子〟にも適用したというのと同様である。

(53) 法学協会「注解日本国憲法上巻」（昭和二八年（一九五三年）、有斐閣）二三四、二五四頁。

(54) 竹内昭夫ほか・前掲『新法律学辞典（第三版）』七〇三頁。

(55) 他にも物権法では民法第二六七条、同第二七三条、同第二七九条、同第二九四条、同第三〇五条、同第三五〇条、同第三四一条、同第三六二条第二項、同第三七二条などがあり、総則では第一九条第二項、第一三一条第三項、第一六五条など、債権法では第四〇二条第三項、第四五八条、第四六三条、第四六五条、第四六五条の二第三項、第四六五条の三第四項、第四七三条、第四九一条第二項、第四九九条第二項、第五三二条第四項、第五三四条第二項、第五四六条、第五五四条、第五五九条本文、第五六五条、第五七〇条、第五七一条、第五八六条第二項、第六二一条、第六三〇条、第六三三条但書、第六三四条第二項、第六四八条第二項但書、第六五二条、第六五六条、第六五八条第二項、第六六五条、第六七一条、第六八四条、第六八六条、第六八七条、第六九四条、第七〇二条第二項、第七二二条第二項など、親族法では第七六四条、第七七一条、第七九九条、第八〇一条、第八〇八条、第八一二条、第八一四条第二項、第八一七条、第八三一条、第八五二条、第八五九条第二項、第八六〇条、第八六七条第二項、第八六九条、第八七二条第二項、第八七四条、第八七六条の二第二項、第八七六条の三第二項、第八七六条の五第

二、第三項、第八七六条の七第二項、第八七六条の八第二項、第八七六条の九第二項、第八七六条の一〇など、相続法では第八八七条第二項、第八八九条第二項、第八九五条第二項、第九二六条第二項、第九三四条第三項、第九三六条第三項、第九四〇条第二項、第九四三条第二項、第九四四条第二項、第九四六条、第九四七条第二項、第九五〇条第二項、第九五三条、第九五七条第二項、第九五九条、第九六五条、第九八二条、第九八九条第二項、第一〇一二条第二項、第一〇一八条第二項、第一〇二〇条、第一〇二三条第二項、第一〇四四条などがある。

(56)　本件は旧薬剤師法第九条に違反し（医師の処方箋により調剤しなければならないのに医師の電話で処方した）、有罪とされたのを、同第一七条を〝緊急を要し、しかも劇毒薬のような危険な薬でない場合は〟「類推解釈」が許されるとして無罪とした。

(57)　最高裁判所判例解説刑事編（平成一八年度）（二〇〇九年、法曹会）三二八頁（芦擇制治）に誠に詳細で優れた解説がある。確かに、立法者は「法律上の配偶者」を念頭においていたといえよう。その後の「歴史的変化」については、「不確定要素も多く」「刑の必要的免除という大きな効果」を定めた刑法第二四四条第一項の拡大解釈あるいは類推解釈は「かなり問題がある」とされる（三三九頁）。しかし、婚姻届を出していないだけで他の面では法が予定している配偶者（社会法のいうところの婚姻届を出していないが「事実上婚姻関係と同様の事情にある者」）の場合、多くの「不確定要素」はあるが、それは具体的事案に促して「刑の必要的免除」を認めるに相応しい関係があるか否かを考えれば良いと考える。現に「内縁の配偶者間」でも種々の要素を考慮に入れて「多くは」不起訴になり、起訴されても「無罪とする余地があると思われる」とか「生活実態と犯行態様とを総合的にみて可罰的違法性、期待可能性の有無等を判断する方がより適切な結論が得られることになると思われる」とされている（三四〇頁）。また、判例の中には、婚姻届を出した配偶者についても〝実質的に配偶者といえない場合〟は刑法第二四四条第一項の適用を認めない（東京高判昭和四九・六・二七高刑集二七・三・二九一）というのもある。結論は確かに実質的には同じことかもしれないが、「裁量」を前面に出さずに、このような利益考量を刑法第二四四条第一項という「法文」の問題として解決する方が、より法的安定性に使するのではないだろうか。さらに刑事関係は、「通常の生活を営むものに対して一定の権利保護を図る」民事関係とは「局面をかなり異にする」とされる（三三八頁）。勿論そうであるが、「刑事罰」という誠に厳しい

法律効果であるからこそ、より保護が必要であり、時には被害者たる配偶者の〝合理的意思〟にも合致する場合もあり得ると考える。また、近時、内縁関係は減少しているから、その「保護」や「強化」は疑問とされる（三四〇頁）。しかし、数が減少しても消滅したわけではなく、現存する限りは、十分に配慮すべき余地はあろう。さらに、相続権の有無（民法第八九〇条）を問題とされる（三四〇頁）が、〝いずれ自分のものになるのだから盗んでも良い〟ということにはならない。相続開始までは、あくまで「他人の財物」「他人の不動産」である。以上のように、「拡大解釈」（「配偶者」という文言は、広く法学上、「内縁」も含むと考えられているから、拡大解釈と考えるが）あるいは「類推解釈」を認める（積極説）か否（消極説）かは互角であると考える。それでも、積極説を支持するのは、刑法の解釈において厳格な解釈が求められるのは罪刑法定主義（憲法第三一条）に由来し、被告人に有利になる場合は「類推解釈」が許されるという大命題（「入門」三六頁）を支持したいからである。しかも、前述のように、実質を見て本条の解釈をすることが許される、というのならば婚姻届を出していない配偶者についても実質を見て本条を適用あるいは準用するという解釈も許され、そして罪刑法定主義（憲法第三一条）から被告人に有利な解釈は広く認められるという命題からすれば、むしろ、この方が支持されるべきであろう。

(58)　「法律行為」というのは、ドイツ法律用語の Rechtsgeschäft の訳である。しかし Rechtsfähigkeit を「権利能力」と訳したことを思えば、「権利行為」という訳語のほうが適切かもしれないという学者もいる（辻正美『民法総則』（一九九九年、成文堂）一八七頁）。確かに、実質的意味からは、この訳のほうが適切である。さらに、加えて「義務負担行為」であるという考えもある。しかし、日本民法典は「権利の体系」であるから（第二編　物権、第三編　債権、と規定している）、端的に「権利行為」という方が妥当である。もっとも、起草者は意思表示は表意者にとっての「法律」を設定することである、ということを知っていたから（旧民法財産編第三二七条。（フランス民法第一一三四条に由来する）。前田・展開一八頁）、形式的には「法律行為」という訳語も不当であるとはいえない。

(59)　〝国家と国民にとって危急存亡のときのみ〟という条件を付しても〝集団的〟自衛権であることには異ならない。

(60)　ここで論ずるのは、いわゆる法解釈の「実質的側面」であり、他に「形式的側面」が存在する。後者については、前田・展開

一〇、三一、三九、五六頁。

(61) 国会の「意思」の内容については、本書二三、四七頁。

(62) 日本国憲法は大日本帝国憲法からは断絶していて、「革命」であるという見解については、本書八九を参照されたい。なお、アメリカからの〝押し付け〟だから〝無効〟であるという見解があるが、〝押し付け〟が事実であるとしても、一九四五年八月一五日に「ポツダム宣言」を受諾したのだから、その占領時は占領軍の〝押し付け〟が有効であり、一九五一年九月八日のサンフランシスコ平和条約締結によって、主権を回復した後も改正を行わず、今日に至っていることは「追認」したものとして有効と解せざるを得ない。なお、憲法第九条の立法者は、本条を何ら異論なく受容した。それは、貧しい中から戦後復興をはからなければならない日本政府としては、軍事費〝零〟ということは、国家財政上、この上ない〝贈物〟だったのである。

(63) もっとも、近時、七〇年も以前の立法者意思は現在においては殆ど機能しないという見解がある。しかし、それは違う。現在、そして未来においても個別的自衛権行使の時、そして集団的自衛権を容認しようとするとき、〝自衛〟の名のもとに〝満州は日本の生命線〟として中国大陸に出兵し〝石油確保〟のために東南アジアにまで兵を派遣した「歴史的事実」を反省して本条を立法した立法者意思を再確認することによって、過去の〝苦い轍〟を再び踏むことにならないかを十分検討すべきである。

(64) 一九四六年一一月三日に日本国憲法が公布されて（施行日は一九四七年五月三日）、一九五〇年六月二五日に朝鮮戦争が勃発し、冷戦が激化し、アメリカは、〝従順な〟日本の再軍備は、第一次世界大戦後のドイツの再軍備と違って、危険ではないと〝見切って〟日本政府に再軍備を促した。その結果、一九五〇年八月一〇日に警察予備隊が設立され、それが一九五二年七月三一日に保安隊に切り替えられ、さらに一九五四年七月一日に自衛隊となった。そして、今や、日本の軍事費は世界第七位である（二〇〇八年度ストックホルム国際平和研究所報告）。このような社会情勢、国際情勢の変化は、当然、法解釈に影響を及ぼさざるを得ない。

(65) ここでは典型例として、「法律」を採りあげるが、他の法形式についても同様のことがいえる。

(66) 勿論、法律の条文の中には「定義規定」（例えば、民法第八五条）のような定めもあるが、結論は同様である。

(67) 石田・前掲書一五頁。

(68) 法律効果についていえば、例えば、「富喜丸事件」は、不法行為によって被害者が「得べかりし利益」を失った（「消極的損害」）場合には〝当該被害者の取得の確実性〟（ドイツ民法第二五二条参照）があるとき民法第七〇九条の「損害」と認められて賠償される、すなわち、同条が適用される、と解釈した（大連判大正一五〈一九二八〉・五・二二民集五・六・三八六）。さらに「帰国旅費請求事件」は、不法行為によって被害者の財産が減少した（「積極的損害」）場合には「不可避性」（ボワソナアド旧民法財産編第三八五条第三項参照）があるとき民法第七〇九条の「損害」と認められて賠償される、すなわち同条が適用される、と解釈した（最判昭和四九〈一九七四〉・四・二五民集二八・三・四四七）。

(69) 民法旧第七〇九条は「故意又ハ過失ニ因リテ他人ノ権利ヲ侵害シタル者ハ之ニ因リテ生シタル損害ヲ賠償スル責ニ任ス」と定めていた（明治二九〈一八九六〉年四月二七日公布）。

(70) 大判大正三（一九一四）・七・四刑録二〇・三六〇。この結論については裁判所も〝正義の観念〟には反することを認めていた。

(71) 大判大正一四（一九二五）・一一・二八民集四・六七〇。そして、その後、これが判例学説となり、ついに、平成一六（二〇〇四）年一二月一日公布の民法第七〇九条は「故意又は過失によって他人の権利又は法律上保護される利益を侵害した者は、これによって生じた損害を賠償する責任を負う」と改正された。

(72) 例えば、「源氏物語」の解釈は、この文章をもって紫式部は何を読者に伝えようとしているのかという「事実」の究明であろう。勿論、立法者意思の究明作業自体は古典解釈と同様であるが、それに従うか否かの判断は価値判断である。

(73) 法解釈の二面性。笹倉秀夫『法解釈講義』（二〇〇九年、東京大学出版会）四頁（なお、同『法哲学講義』〈二〇〇二年、東京大学出版会〉三五九頁）。

(74) 新村出編『広辞苑　第六版』（二〇〇八年、岩波書店）一八九八頁。

(75) 立法者意思については、石田穣・前掲書一六頁。

（76）法典調査会民法議事速記録（学術振興会版）四〇巻一四七丁裏、同一五四丁裏。

（77）法学協会『註解日本国憲法　上巻』（一九五三年、有斐閣）二五四頁。

（78）民法第一条第一項は「私権は、公共の福祉に適合しなければならない」（憲法第二九条第二項）と定めている。そこで、「天の川事件」で、判決は、「河川使用権」が敗戦復興のエネルギーとしての「発電」という「公共の福祉」のために制限されるとした（最判昭和二五〈一九五〇〉・一二・一民集四・一二・六二五）。次に、同条第二項は「権利の行使及び義務の履行は、信義に従い誠実に行わなければならない」と定めている。そこで、「賃料不払事件」で、判決は、少額の不払に対しての賃貸借解除権の行使は「信義則」に反するとした（最判昭和三九〈一九六四〉・七・二八民集一八・六・一二二〇）。義務については、例えば、「乳がん手術事件」で、判決は、医師は診療債務の履行において、信義則上、十分な説明義務を尽さなければならないとした（最判平成一三〈二〇〇一〉・一一・二七民集五五・六・一一五四）。さらに同条第三項は「権利の濫用は、これを許さない」と定めている。そこで、「宇奈月温泉事件」で、判決は、小さい土地の持ち主の引湯管撤去請求は「権利濫用」であるとした（大判昭和一〇〈一九三五〉・一〇・五民集一四・一九六五）。

（79）民法第二条は「この法律は個人の尊厳と両性の本質的平等を旨として、解釈しなければならない」と定めている（憲法第二四条第二項参照）。例えば、民法第九〇条（「公良序良俗違反」）の解釈として、「個人の尊厳」については、例えば「芸妓稼業契約」は無効であるとし（大判大正四〈一九一五〉・六・七民録二一・九〇五「芸妓稼業契約事件」）、「両性の平等」については、例えば「就業規則事件」で、女子の定年を男子の定年より低く定めることは「性別のみによる不合理な差別」として無効である（最判昭和五六〈一九八一〉・三・二四民集三五・二・三〇〇）。

（80）例えば、消費者契約法第一条は「この法律は消費者と事業者との間の情報の質及び量並びに交渉力の格差にかんがみ、事業者の一定の行為により消費者が誤認し、又は困惑した場合について契約の申込み又はその承認の意思表示を取り消すことができる……ことにより、消費者の利益の擁護を図り……」と定めている。他にも、割賦販売法第一条、借地借家法第一条、製造物責任法第一条、自賠法第一条など。

(81) 右の消費者契約法第一条を引いて、事業者の説明義務を肯定した判決がある（大津地判平成一五〈二〇〇三〉・八・一五『別冊ジュリスト　消費者法判例百選』三二事件〈「パソコン講座受講契約事件」〉七八頁）。

(82) 民法第四二四条第一項は「債権者は、債務者が債権者を害することを知ってした法律行為の取消しを裁判所に請求することができる。……」と定めている。

(83) 前田達明監修『史料債権総則』（二〇一〇年、成文堂）一三九、一五〇、一五七頁。

(84) 大連判明治四四（一九一一）・三・二四民録一七・一一七「詐害行為取消訴訟事件」。

(85) 笹倉秀夫・前掲『法解釈講義』四頁。

(86) 最大判昭和三一（一九五六）・七・四民集一〇・七・七八五。

(87) 民法第七二三条は「他人の名誉を毀損した者に対しては、裁判所は、……名誉を回復するに適当な処分を命ずることができる」と定めている。

(88) 憲法は、法形式の中で最も強固な法であるから、憲法規定（憲法第四一条）を制限できるのは憲法規定以外にはない。丁度、ダイヤモンドを研磨できるのは、ダイヤモンドしかないのに類似する。

(89) 民訴法第二条にいう「公正」でもある。

(90) 平井宜雄『著作集1　法律学基礎論の研究』（二〇一〇年、有斐閣）一七〇頁。

(91) 笹倉秀夫・前掲『法解釈講義』四四頁。もっとも、そこに掲げられている「買戻し特約付売買契約（民法第五七九条）事件」（平成一八〈二〇〇六〉・二・七民集六〇・二・四八〇）は、民法第一条第二、三項による契約意思の「縮小解釈」（「担保目的」であるから清算義務があり〝文言通りの〟丸取りは許さない）の例である（最判昭和四二〈一九六七〉・一一・一六民集二一・九・二四三六の「代物弁済予約事件」も同様である）。なお、「契約」は当事者間の〝法律〟である（仏民第一一三四条、ボアソナアド民法財産編第三二七条）。前田・展開一八頁。

(92) 本書二五頁。

(93) いわゆる「規範的要件」と呼ばれるものである。前田・展開六八頁。

(94) 法典調査会民法議事速記録四〇巻一四五丁。

(95) 大判大正五（一九一六）・一二・二〇民録二二・二四七四（「大阪アルカリ事件」）、熊本地判昭和四八（一九七三）・三・二〇判時六九六・一五（「熊本水俣病事件」）。

(96) 東京地判昭和五三（一九九八）・八・三判時八九九・四八（「キノホルム事件」）。

(97) 最判昭和三六（一九六一）・二・一六民集一五・二・二四四（「梅毒輸血事件」）。

(98) 民法第七八七条は「子……は、認知の訴えを提起することができる」と定めている。

(99) 第一審は松山地判平成一五（二〇〇三）・一一・一二判時一八四〇・八五、第二審は高松高判平成一六（二〇〇四）・七・一六判時一八六八・六九、第三審は最判平成一八（二〇〇六）・九・四民集六〇・七・二五六三である。

(100) 民法第七一五条第一項本文は「ある事業のために他人を使用する者は、被用者がその事業の執行について第三者に加えた損害を賠償する責任を負う」と定めている。

(101) 最判昭和四二（一九六七）・一一・二民集二一・九・二二七八（「支店長手形割引事件」）。前田達明『判例不法行為法』（一九七八年、青林書院新社）一二九頁。

(102) 四宮和夫『不法行為』（一九八五年、青林書院）六九八頁。

(103) 「目的論的制限解釈」（本書九、六八頁）は「縮小解釈」として扱うのが妥当であろう。

(104) 林修三『法令解釈の常識』（一九七五年、日本評論社）（以下、林修三・前掲書という。）一二五頁。

(105) 最判昭和四九（一九七四）・一二・一七民集二八・一〇・二〇四〇（「義妹慰謝料請求事件」）。

(106) 笹倉秀夫・前掲『法解釈講義』一四、九六頁。

(107) 大阪地判昭和六二（一九八七）・九・三〇判タ六四九・一四七（「大阪予防接種事件」）。もっとも、予防接種事故に憲法第二九条第三項の直接適用を認めることには否定的な判例が多く、むしろ公務員の「過失」を認めて国賠法第一条第一項の適用を認め

る方向にある（東京高判平成四〈一九九二〉・一二・一八判時八〇七・七八など）。

(108) 林修三・前掲書一三四頁。

(109) 判例は〝許容される拡大解釈〟の範囲を越えて適用を認めることが多い（例えば、最判平成八〈一九九六〉・二・八刑集五〇・二・二二一〈「マガモ捕獲事件」〉）。

(110) 笹倉秀夫・前掲『法解釈講義』九六頁。

(111) 労基法第一一九条第一号は、同法第三七条（時間外労働の割増賃金）違反について罰金を科すことを定めている。

(112) 最判昭和三五（一九六九）・七・一四刑集一四・九・一一三九（「超過勤務事件」）。

(113) 佐久間毅『民法の基礎Ⅰ　第三版〔補訂二版〕』（二〇一二年、有斐閣）一三七頁。なお、笹倉秀夫・前掲『法解釈講義』一四三頁（「比附」については別稿に譲る）。

(114) 最判昭和四五（一九七〇）・六・二民集二四・六・四六五（「融資協力事件」）。

(115) 最判平成一八（二〇〇六）・二・二三民集六〇・二・五四六（「不動産管理者事件」）。

(116) いわゆる「変更解釈」である（林修三・前掲書一二〇頁）。

(117) 民法第九〇〇条第四号但書旧前段は「ただし、嫡出でない子の相続分は、嫡出である子の相続分の二分の一とし」と定めていた（平成二五〈二〇一三〉年法律第九四号が二〇一三年一二月一一日に公布施行されて削除された）。

(118) 最大決平成二五（二〇一三）・九・四民集六七・六・一三二〇（「非嫡出子相続事件」）（「歴史的変化」）。

なお、裁判所法第一〇条は憲法違反事件については大法廷で裁判すべきことを定めている。ちなみに、日本国憲法施行（昭和二二〈一九四七〉・五・三）後に、「法律」が違憲であるとされたのは次の一〇件である。

① 最大判昭和四八（一九七三）・四・四刑集二七・三・二六五（「尊属殺事件」）。

② 最大判昭和五〇（一九七五）・四・三〇民集二九・四・五七二（「薬事法事件」）。

③ 最大判昭和五一（一九七六）・四・一四民集三〇・三・二二三（「第一公職選挙法事件」）。

④最大判昭和六〇（一九八五）・七・一七民集三九・五・一一〇〇（「第二公職選挙法事件」）。
⑤最大判昭和六二（一九八七）・四・二二民集四一・三・四〇八（「森林法事件」）。
⑥最大判平成一四（二〇〇二）・九・一一民集五六・七・一四三九（「郵便法事件」）。
⑦最大判平成一七（二〇〇五）・九・一四民集五九・七・二〇八九（「第三公職選挙法事件」）。
⑧最大判平成二〇（二〇〇八）・六・四民集六二・六・一三六七（「国籍法事件」）。
⑨最大決平成二五（二〇一三）・九・四民集六七・六・一三二〇（「非嫡出子相続分事件」）。
⑩最大判平成二七（二〇一五）・一二・一六民集六九・八・二四二七（「再婚禁止期間事件」）。

(119) 利息制限法第一条旧第二項は「債務者は、前項の超過部分を任意に支払ったときは、同項の規定に関わらず、その返還を請求できない」、同法第四条旧第二項は「第一条第二項の規定は、債務者が前項の超過部分を任意に支払った場合に準用する」と定めていた。

(120) 亀本洋『法哲学』（二〇一一年、成文堂）三四頁に優れた分析がある。

(121) 最大判昭和四三（一九六八）・一一・一三民集二二・一二・二五二六（「利息制限法事件」）。

(122) 民法第七〇三条は「法律上の原因なく他人の財産又は労務によって利益を受け、そのために他人に損失を及ぼした者……は、その利益の存する限度において、これを返還する義務を負う」と定めている。

(123) 宍戸常寿ほか『法解釈入門』（二〇一三年、有斐閣）二一六頁。

(124) 民法第五一三条第二項旧後段は「債務ノ履行ニ代ヘテ為替手形ヲ発行スル亦同シ」と定めていた（すなわち旧債務は「更改」によって「消滅」する）。平成一六（二〇〇四）年法律第一四七号で削除された。

(125) 広中俊雄『民法解釈方法に関する十二講』（一九九七年、有斐閣）一〇六頁。

(126) したがって、法解釈においても、まずは、「立法者意思」の究明（「事実」の究明）を行うべきであろう。

第二章　証明責任論

第一節　要件事実について
——主張責任と証明責任を中心にして——

一　本稿の目的

(1)　ロースクール教育が始まって以来、実体法学者も、要件事実そしてそれと密接に関連する主張責任及び証明責任という概念に、講義においても著述においても常に対峙することとなった。ただ、それぞれの内容、定義、両責任の分配基準といった根本問題については、殆どの場合、司法研修所の〝教科書〟[1]に依拠している。しかし、司法研修所のそれぞれについての説示は、まったく疑問の余地がないのであろうか。前述のように、法学界においても、この三概念が最重要テーマの一つに浮上した現在、このような問題提起は不可欠のことであると考えられるので、再度[2]、このテーマを検討することとした。

(2)　その際、この三概念は民事裁判のプロセスと不可分の関係を有していることに鑑み、前稿[3]と同様に、憲法第七六条第三項に基づいて、それぞれの法的根拠は如何、そこから導かれる結論は如何という点に留意して論述を進

めることとする。

二　要件事実と主張責任について

一　「要件事実」とは「法的要件に該当する事実」（司研・前掲書二頁）である。[4] そして、このような概念は法文にないものであるが（民訴法第二五三条第一項第二号には「事実」とある）、裁判に不可欠の用語であるから、憲法第七六条第三項によって、当然に法的根拠が必要である（憲法第七六条第三項の手続法的意義）。それは、同じく憲法第七六条第三項が、裁判は憲法と法律に従ってなされるべきであると定めていることに基づく（憲法第七六条第三項の実体法的意義）。例えば、民法第四一五条は「債務者がその債務の本旨に従った履行をしないときは、債権者は、これによって生じた損害の賠償を請求することができる」と定めている。すなわち、損害賠償請求権発生という「法律効果」発生のためには、債務不履行という「法律要件」に該当する事実すなわち「要件事実」が存在しなければならないと定められているからである。[5]

二(1)　ところで、法律要件には「事実的要件」と「規範的要件」が存在する。前者は具体的事実を当て嵌めるとき裁判官の価値評価が介在しないか、殆ど介在しない法律要件である。例えば、民法第一六七条第一項は、「債権は、十年間行使しないときは、消滅する」と定めており、この一〇年は権利行使可能時（民法第一六六条第一項）から民法第一四三条によって定めるのであって、裁判官の価値評価の介在は（殆んど）ない。他方、「規範的要件」とは具体的事実を当て嵌めるとき裁判官の価値評価が介在する法律要件である。例えば、民法第七〇九条の「過失」が代表例である。現在、過失は「行為義務違反」と置き換えられている。この「義務」は、当然に〝道徳的〟義務ではなく〝法的〟義務である。したがって、まず、具体的事件において、どのような法的行為義務を負うかが裁判

官の価値評価によって定められる。そして、どのような具体的事実が存在すれば、この法的「行為義務違反」があったと認定されるのか、すなわち「過失」という法律要件該当事実が何かは裁判官の価値評価に委ねられる。そして、この価値評価によって法律要件該当事実とされるものが、要件事実なのである。それは「評価根拠事実」と呼ばれる事実である。(6) 他方、そのような評価を妨げる事実を「評価障害事実」と呼ぶ。例えば、「過失」の場合には、このような法義務を設定することによって犠牲となる利益である。ここで、留意すべきは、「要件事実」とは「法律要件に該当する事実」であるから「評価障害事実」は「要件事実」ではないのである。「要件事実」ではないということは、後述の証明責任は「評価障害事実」については発生しないということに注意すべきである。(7)

(2)　次に、「違法性」という法律要件について言及しておこう。その法的根拠は何か。それは、民法第三編第五章の題号「不法行為」である。「不法行為」すなわち「違法行為」とは何か。民法第七〇九条によれば「故意または過失によって他人の権利又は法律上保護される利益を侵害」しこれによって損害を発生させる行為である。そして、そのような行為の法的性質が「違法性」であるから、「違法性」という「法律要件」は、以上の〃故意又は過失によって他人の権利又は法律上保護される利益を侵害しこれによって損害を生じさせる〃である。そして、それに該当する事実が要件事実であり、これは、勿論、「規範的要件」であるから、その該当事実は「評価根拠事実」である。ところで、他方において、「違法阻却事由」あるいは「違法減少事由」がある。前者の例としては民法第七二九条、後者の例としては民法第七二二条第二項がある。これらの場合に、それぞれの法律要件該当事実は、それぞれの法律要件にとっての「評価根拠事実」である（加害者がそれぞれについて主張責任を負う）。そして、その法律要件が充足されると、その法律効果として損害賠償責任が免責されたり、減責されたりする。これを法理論的に「違法性」が阻却されるとか、「違法性」が減少されるという。(8) したがって、「故意又は過失」、「権利侵害」を評価

根拠事実、「正当防衛、緊急避難」を評価障害事実と表現するのは、以上の法論理構造を見失わせ誤解を招く恐れがある。[9]すなわち、民法第七二〇条や同第七二二条第二項に該当する事実は当該法文の「評価根拠事実」であり、その存在が認定されることによって、当該法文の法律効果が発生し、その法律効果が「違法性阻却」あるいは「違法性減少」の効果をもたらすのである。

(3)　以上と関連することであるが、民法第四一五条について次のような論述がある。「債権者に『履行期に履行がないこと』の主張責任があり、債務者に『履行期に履行したこと』の証明責任があるという。しかし、この場合には、債権者の主張すべきであるのは、債務が履行されていないという『法律状態』であるのに対し、債務者が証明すべき債務の履行は、特定の日付・場所で行われた事実である行為（例えば、弁済）であるから、同一事実について主張責任と証明責任とが不一致になるというのは正確とはいえない」。[10]ここで述べている証明責任は「主観的証明責任であろうか（「証明すべき」）。ところで、この点について前田達明は次のように述べている。「履行遅滞に基づく損賠賠償請求（民法第四一五条）において、私見によれば、原告たる債権者が『履行期に履行がないこと』について主張責任を負い、被告たる債務者が『履行期に履行がないこと』について立証責任を負う。すなわち、右の例の場合、履行期に履行があったか否か不明の場合に、『履行がない』という『不利益』を被告たる債務者が負わされるという事実を指して、その立証責任を被告たる債務者が負うと表現するのである」。[11]すなわち、前述のように民法第四一五条の法律要件は「履行しない」ということであり、したがって、要件事実は「履行しない」という事実であり、「履行」すなわち「特定の日付・場所で行われた事実」は「要件事実」でないのであるから、それについて「証明責任」を債務者が負うということはないのである、と主張するのである。ただ、ここで問題なのは、前田達明のいう「証明責任」の定義が通説と異なることであり、この点については後述する（実は、この点こ

そ、本稿の主眼なのである)。

三(1)　①主張責任とは「法律効果の発生要件(法律要件)に該当する事実(要件事実)が弁論に現れないために、裁判所がその要件の存在を認定することが許されない結果、当該法律効果の発生が認められないという訴訟上の一方の当事者の受ける不利益」と定義されている(司研・前掲書一一頁)。これは、まず、憲法第一三条(同第一二条)に基づく「私的自治(自己責任)原則」からくる。[12]すなわち、法律効果の発生を望む、望まないは当事者の意思に委ねられ(私的自治原則)、それを望むときは、当然に、その前提として、要求される法律要件に該当する事実(要件事実)を弁論において主張すべきであるということが法論理的に帰結する。すなわち、それを主張しなければ、その事実は存在しないものとして、「不利益」を受けるというのは私的自治原則と表裏一体にある「自己責任原則」であり、主張責任は自己責任原則の民事裁判における一つの発現形態なのである。逆にいえば、そのような「不利益」を回避したければ主張しなければならないということであって、その法律効果発生によって不利益を受ける当事者の側の主張である私的自治原則から帰結することである。もっとも、法律効果発生を望むという「自由意思」によるであってもよく(主張共通の原則)、これも正に「自己責任原則」から来るものである。すなわち、自己の行為によって自己が不利益を受ける(相手方が利益を受ける)のは自己の行為の「結果」として、引き受けなければならないのである。このように〝敵失〟が相手方の有利に働くことが認められるのは、サッカーの〝own goal〟に代表されるように、多くの〝競技において認められるルール〟である(前田・展開九一頁)。なお、ここで「主張」としたのは、当事者が「要件事実」として「明確に意識し、かつ表示して主張することを要求するもの」でなく、「何らかのかたちで、弁論にあらわれていればよい」(田辺公二・判タ七一号一九五七年四六頁)という意味である。その理由は、こうである。すなわち、適用すべき法の確定は裁判所の職権事項である、という命題からくる。[13]そして、法

解釈が法の適用範囲の確定作業であるとすれば（前田達明・展開四四頁）、法解釈も当然に裁判所の職権事項である。そして、法解釈の主たるテーマは法律要件の内容の確定であるから（勿論、法律効果についても。例えば、民法第九六条の無効は絶対的無効か相対的無効か）、それに該当する要件事実は何かと云う問題も裁判所の職権事項となる。したがって、当事者にとって何が要件事実かは必ずしも明確ではないが、当該事件において自己に有利と思われる事実を全て陳述することが一般であるから（実務上、訴状、答弁書や準備書面において、「要件事実」や「間接事実」あるいは「補助事実」や「事情」を区別して記述されていることはほとんどない）、実務上は、大きな問題ではないであろうが、ときには、法解釈という面から裁判所は釈明権（民訴第一四九条）を行使すべき場合もあろう。例えば、民法第七一一条の「父母、配偶者および子」の類推解釈として「義姉」にとって「義妹」が「子」に類推する者として、妻の死について夫の妹にも遺族固有の慰謝料を認める（最判昭和四九（一九七四）・一二・一七民集二八・一〇・二〇四〇）といった場合、釈明権を行使して、当事者に「義姉」と「義妹」の具体的関係についての事実の提出を求めるべきであろう（どのような場合に「子」に「類推」する者といえるかという意味で、その具体的関係は、まさに要件事実である）。

②次に、この主張責任の法的根拠として、もう一つ挙げられるべきは憲法第八二条第一項である。すなわち、〝裁判は対審をもって行われる〟ことが要請されている。「対審」とは、いうまでもなく、「相手方当事者を対立関与させて行う訴訟の本格的な審理の場面」[14]あるいは「裁判所において、対立する両当事者を関与させてそれぞれの主張を行わせたうえで審理すること」[15]であり、民事裁判においては「口論弁論」を指す。何故に、この「対審」が要請されるのか。それは「民事紛争は対立当事者の間での法的利益の衝突・抗争である。公正な判決のためには、当事者双方にその言い分を十分につくす機会を平等に与えなければならない。これを双方審尋主義（当事者対等の

原則・武器平等の原則）という。当事者双方を同時に対席させて弁論・証拠調べを行う必要的口頭弁論は、この双方審尋を実施する審理方式（対審。憲八二）である」（中野他・前掲書二二三頁）。すなわち、双方当事者に言い分を十分に尽す機会を与えるというのが「対審」の目的であるとすれば、そこには、少なくとも要件事実について主張がなされ双方当事者がそれについて十分に言い分を尽すことが当然に含まれているはずである。それは正に、いわゆる「反論可能性テーゼ」が憲法第八二条第一項の求めるものであることが解かる。(16)

以上のことから、この「反論可能性テーゼ」は、単に「理論」（平井宣雄説）の局面のみならず、「事実」の局面においても要請されるわけであり、このことは、いわゆる「手段説」が説くように「主張責任」が「不意打ち防止」の機能を与えられたものであることを明らかにする。

したがって、「主張責任」の法的根拠は憲法第一三条（私的自治（自己責任）原則。対裁判所）と憲法第八二条第一項（対審構造に基づく不意打防止。対相手方当事者）の二つであるというべきである。

そして、その分配基準は、憲法第七六条第三項（実体法的意義）から、法律要件分類説ということになる。

(2)　ところで、以上の通説的見解に対して、次のような異説（石田穣説）がある。

「しかし、右の通説の見解には次のような疑問がある。まず、第一に、裁判所が当事者双方の主張しない事実を取り上げられないとすれば、裁判所は当該事実につき存在するとも存在しないともいずれにも取扱いえないはずである。しかし、通説は、裁判所は当該事実につき存在しない旨の取り扱いをする、とする。第二に、判例は、当事者双方の主張しない事実でも場合により裁判所はこれを取り上げうるとしている。即ち、判例は当事者双方がある事実につき実質的に攻撃防御を尽しこれを取り上げても当事者に対し不意打にならない場合、裁判所は当事者双方の主張しない事実でもこれを問題にしうる、としている（2）。通説によれば、この判例を説明できない。以上の

ように、通説のいう弁論主義については種々の疑問がある」。

この文中の（2）として大判昭和九（一九三四）・三・三〇民集一五・五・四一八、最判昭和三三（一九五八）・七・八民集一二・一一・一七四〇が引用されている。そして、さらに次のように展開する。

「通説のいう『裁判所は当事者双方の主張しない事実を取り上げられない』という命題は、区別して取り扱われるべき三つの場合を含んでいる、と思われる。まず、第一は、当事者双方がある事実の存否につき争いがないためこれをあえて主張していないという場合である。例えば、当事者間では時効の完成が全く問題とされていないため、当事者双方ともこれを主張しない、というのがこれである。この場合、ある事実の存否につき当事者間に合意＝自白が成立しているのであり、この自白の効果として裁判所の事実認定が拘束されるのである（民事訴訟法第二五七条）。そして、右のケースで多くの場合事実の不存在の合意があると考えられるが、しかし、事実の存在の合意も当然ありうるのである。このいずれであるかは、具体的な事案に応じて決定される。以上の場合、当事者は裁判所（厳密には裁判長）の釈明要求があればその旨答えるのであろう。なお、裁判所は、当事者双方がある事実を主張せずある事実の存否につき自白が成立しているとみれる場合、必ずしも判決理由中でその旨を判示しなくてもよいであろう。例えば、当事者間で時効の完成が全く問題とされず当事者双方ともこれを主張しない場合、裁判所は、時効の完成の不存在を前提にして判断することができるが、しかし、判決理由中でその旨を判示しなくてもよいであろう。第二は、当事者双方が裁判所の釈明要求を受けてもなお事実を主張しない場合である。この場合、当事者間に当該事実の存否につき自白が成立しているとみることはできない。この場合は、次のように扱うのが妥当であろう。当事者は、すでに述べたように、訴訟追行責任としての事実主張責任を負担している。当事者双方が裁判所の釈明要求にもかかわらず、事実を主張しない場合、結局、当事者双方とも事実主張責任を尽さないことに

なる。この場合、通説にように、客観的主張責任という形で当事者の一方にのみ不利益を負わせるのは妥当でない。それゆえ、当事者双方とも訴訟追行の熱意にかけるとして民事訴訟法第二三八条を類推し、釈明要求から三か月以内に事実を主張しない限り訴の取下げを擬制すべきであろう。第三は、当事者双方が裁判所の釈明要求を受ければ当然事実を主張するケースで当事者間に自白が成立しているとはみれない場合である。これは、例えば、原告、被告がうっかりしていてある事実を主張していない場合である。この場合、裁判所は、当事者に対し、釈明を求めることなく事実主張がないとして処理することは許されない。なぜなら、裁判所も訴訟の主宰者として事案解明の責任を有しているからである。そして、右の場合、当事者双方は釈明要求があれば当然事実を主張するであろう。なお、裁判所は、右の場合、一定の事案につき職権で事実を取り上げてもよいと解すべきであろう。例えば、当事者双方がある事実につき実質的に十分攻撃防御を尽したただ形式上当該事実を主張していない場合、裁判所は職権をもって当該事実を取り上げてよい、と考えられる。この場合、裁判所が職権で当該事実を取り上げても当事者に対し不意打にならない。以上のように、弁論主義に関する通説の命題には区別して取り扱われるべき三つの場合があるのである。

さて、以上の検討から導かれる結論はこうである。まず、第一に、『裁判所は当事者双方の主張しない事実を取り上げられず、その結果、当該事実はないものとして扱われる』という通説の命題は維持できない。第二に、客観的主張責任という概念を維持する必要はない。なぜなら、当事者双方が主要事実という重要な事実を主張しない場合、裁判所は釈明を求めるべきであり、当事者双方がそれにもかかわらず事実を主張しなければ訴の擬制取下げとして処理されるべきだからである。この処理においては、客観的主張責任は存在意義を有しない。

以上のような検討に立てば、弁論主義の内容は次のように考えられるべきであろう。弁論主義とは、当事者が事

実主張につき第一次的責任を負う原則である。裁判所も事実主張につき第二次的責任を有しており、当事者が事実を主張しない場合これに対し釈明を求めたり、場合により職権で事実を取り上げるのも可能である。当事者双方が釈明要求にもかかわらず事実を主張しない場合、訴の擬制取下げとして処理される。このように考えれば、弁論主義と職権探知主義の間に質的差はなく、単に量的差、つまり、程度の違いがあるだけである」[17]。

確かに、当事者の要件事実の主張を裁判所が釈明権を行使してリードすべき場合もあるであろう（例えば、本人訴訟や複雑な法解釈適用）。しかし、要件事実の主張は、前述のように私的自治（自己責任）原則が基礎となっている当事者の訴訟行為の領域内の問題であり、「不意打ち防止」の観点から、裁判所が〝手助け〟するとしても、それはあくまで〝補助的〟なものであって（そして、その場合にも、後述の「公平原則」（憲法第一四条）が働く）、職権により事実を取りあげるということは賛成できない。

そこで、まず、異説について個別的に検討する。第一に、当事者の双方が、ある事実の存否につき争いがないため、これをあえて主張しないという場合である。このときは、私的自治（自己責任）原則が、そのまま適用される。何故ならば、当事者双方の意思で存在しないことにする、と決定しているのであるから、裁判所はそれに従うだけで特に消極的自白という迂回な構成をとる必要はない。第二に、「当事者双方が裁判所の釈明要求を受けてなお事実を主張しない場合である」。このときも、正に第一の場合と同様に当事者が自己の意思に基づいて「事実を主張しない」のであるから私的自治（自己責任）原則から、裁判所は、そのような事実が存在しないものと扱わざるをえないのである。したがって、「訴えの却下の擬制」（民訴第二六三条）といった迂回な構成を取る必要はない。もし、その要件事実が請求原因事実ならば訴え棄却、被告の決定的な抗弁の該当事実ならば勝訴判決をすればよいだけのことである。そして、第三に、「原告、被告がうっかりしていてある事実を主張してない場合である」。この

ときは、裁判所が釈明権を行使し、それでも当事者が主張しなければ第二の場合と同様の結論を取ればよいのである。そして当事者双方が、ある事実につき実質的に攻撃防御をなしたが、ただ、形式上当該事実を主張してない場合は、裁判所は、まず釈明権を行使して事実主張を促すべきである。それに当事者が応じなければ第二の場合と同様である。異説のいうように職権をもって当該事実を取りあげるというのは私的自治（自己責任）原則に反し許されないと考える。

そこで、異説の最初の命題に戻る。すなわち、「第一に、裁判所が当事者双方の主張しない事実を取り上げられないとすれば、裁判所は当該事実につき存在するとも存在しないともいずれにも取扱いえないはずである」、という。しかし、これは誤解である。裁判所が、当事者の事実主張がない場合は、私的自治（自己責任）原則と不意打防止に基づいて、「存在しない」としか扱うことはできないのである（この点が証明責任と異なるのである）。何故ならば、「存在するとも存在しないともいずれにも取り扱いえない」ということでは裁判が出来ない。しかし、それでは憲法第三二条（裁判不可避）に違反する。したがって、裁判所は、いずれかを選択しなければならない。だが、当事者が事実主張するか否かは当事者の訴訟行為であり、それは私的自治（自己責任）原則と不意打防止の働く領域の問題であり、当事者が事実主張していないのに裁判者は「存在する」と取り扱うことは出来ない。したがって、残された選択肢は「存在しない」という取り扱い以外にはないのである。

第二に、当事者双方の主張しない事実でも場合により裁判所はこれを取りあげうるとしている、という。すなわち、判例は当事者双方がある事実につき実質的に攻撃防御を尽くし、これを取りあげても当事者に対し不意打にならない限り裁判所は当事者双方の主張しない事実でも、これを問題にしうるとしている、というのである。この点については、こうである。明治以来これまで下された最上級審判決が全て妥当なものであるというものではない

（だからこそ裁判所法第一〇条第三号がある）。そこで、まず、この二つの判決の妥当性を検討する。昭和九年の大審院の判決でも昭和三三年の最高裁判所の判決でも〝契約が代理人によってなされたとの当事者の主張がない〟のに、控訴審がそれを認定したことが争点になった事件である。昭和九年判決は「主張ニカカル具体的請求（訴訟物ノ意）ノ同一性ヲ動カサザル限リ」裁判所は当事者の主張自体と異なる事実を認定し、それが「訴訟資料」に基づく認定である以上は違法ではないとしたのである。[18]〝訴訟物が同一であれば裁判所は当事者の主張しない事実を認定してよい〟という論理は異説からも肯定できないであろう。

また昭和三三年判決は契約が当事者本人によってなされたか、代理人によってなされたかは、その法律効果に変わりはないのであるから、代理人によって契約されたと判示しても違法でないとした。[19]このように〝「法律効果」に変わりがないから、裁判所は当事者の主張しない事実を認定してもよい〟という論理は異説からも肯定できないであろう。以上のように両判決共に異説の云うような理由付けをしていないし、そして、異説が云うように、この二つの判決において当事者が十分にその事実について攻撃防御を尽したかは判決文からは不明であって異説のように断定できない。したがって、この二つの判決が実際に当事者双方が実質的に十分攻撃防御を尽し、ただ、形式上に当該事実を主張していない場合であったならば、先の第二の場合と同様に扱うべきであったと考えるものであり、もし、そうでないならば、通説のみならず、異説にも反すべき判決ということであって、通説への批判の材料とはなし得ないものである。なお、現在の司法研修所教育においても「契約が代理人によってなされたという事実」は「要件事実」であると教えている。

三　証明責任について

(1)　証明責任とは「要件事実の存在が真偽不明に終ったために当該法律効果の発生が認められないという不利益」と通説は定義する（司研・前掲書五頁）。

この定義の前提として、次のような「ドグマ」が存在する。すなわち、「法律効果の発生が認められるためには法律要件に該当する要件事実がすべて認められる必要がある。そして、民事訴訟においてその存在が争われるときは、これをすべて証明しなければならず、これを証明できなかったときは当該法律効果の発生が認められない。したがって、ある要件事実の存在が真偽不明に終った場合には当該法律効果の発生は認められないということになる」「実体法の法律効果の発生によって利益を受ける当事者が一定している以上、この当事者に法律効果発生の要件事実についての証明責任と主張責任が帰属すること、すなわち、証明責任と主張責任は同一当事者に帰属し、両責任の所在は必ず一致する」「このことは、証明責任と主張責任の意義から導き出される論理的帰結であると考える。例外を認めないのであるから、原則貫徹説といえよう」（加藤・前掲論文）（新堂・前掲書二九頁、三〇頁）[20]。しかし、この「ドグマ」には誤解がある。

確かに、前述のように権利の発生すなわち法律効果の発生を望む者は、その前提たる法律要件に該当する事実（要件事実）を主張しなければないということが私的自治（自己責任）原則から法論理的に導き出される（また、不意打防止の観点からも）。そして、その当事者は、その要件事実が真実である（存在する）ことを明らかにすべく証明活動を尽すのである。他方、相手方当事者はその要件事実が偽（不存在）であると明らかにすべく証明活動（訴訟行為）を尽すであろう。これも私的自治（自己責任）原則の領域の問題である。ところが、両当事者が証明活動を尽したのにも関わらず、その要件事実が真偽（存否）不明に終った場合は、民事訴訟は、どうなるのか。すなわち、当事者の訴訟行為が尽され終了した後の訴訟行為ということになるから、これは当然に裁判所の訴訟行為の領

域の問題となる。そして、当該事実については、既に当事者の訴訟行為は尽されているのだから、最早、私的自治（自己責任）原則や不意打ち防止は働く余地はないのである。すなわち、その領域は、当然に、私的自治（自己責任）原則や不意打防止の働く領域ではなく、裁判所の訴訟行為の領域である。しからば、裁判所は、この要件事実の真偽（存否）不明に如何に対蹠すべきなのか。それについては次のように述べられている。

「裁判は、事実を認定して、その認定した事実に法律を適用するのだから、事実が真偽不明なら、裁判できないのではないか。裁判所はどうすればいいのだろうか。ずっと昔には、裁判官が『私にはどっちが本当かわからない』といって身を引くことが認められた例もある、という（竜嵜喜助・証明責任論（一九八七年、有斐閣）七頁以下参照）。しかし、これでは、紛争は永久に片付かないばかりでなく、『裁判の拒否』は国民の『裁判をうける権利』（憲第三二条）の侵害になって許されない。そんなことをしなくても、裁判はチャンとできるのだ。事実は真偽不明でも、権利は真偽不明にはならない。それは、真偽不明の事実の『証明責任』をどちらか一方の当事者が負うと定まっているからである」（中野・前掲書二六九頁）。すなわち、裁判所は要件事実の真偽（存否）不明の場合にも憲法第三二条によって裁判をしなければならないのである。そこで、「証明責任」という概念が登場し、これは前述のように、私的自治（自己責任）原則の領域外のことであるから、主張責任の場合のように、「その要件事実が真（存在）とは認められない」と認定しなければならないものではないのである。逆に、その要件事実は偽（不存在）とは認められないとすることも可能なのである。すなわち、憲法第三二条は〝裁判を下せ！〟と要請しているだけあって、認定内容までも定めているのではなく、以上のいずれの認定を採用しても裁判することは可能だからである。このように、証明責任は、私的自治（自己責任）原則の領域外の問題であるとともに、憲法第三二条は、その要件事実を真（存在）あるいは偽（不存在）のいずれに認定することも許容するものなのである。ということは、

証明責任の分配は、憲法第一三条（私的自治（自己責任）原則）からも憲法第三二条からも出て来ないのである。

(2)　そこで、まず、証明責任の内容、すなわち定義は如何になすべきか、そして、その分配基準は、どこに求めるべきか。

たしかに、刑事裁判においては「疑わしきは罰せず」であって、「真」と認定されない限り構成要件該当事実は「不存在」であり、法律効果（有罪判決）発生を認めることは許されない。これは、刑事裁判は国家権力（警察、検察、裁判所）から国民（の基本的人権）を守るという憲法の根本法理（憲法第一三条、それは憲法第三七条、同第三三条、同第三四条、同第三五条、同第三六条、同第三八条等に発現している。）に基づく手続きであることによる。しかし、民事裁判は違う。民事裁判は相争う複数の私人の権利関係に決着を付ける手続きである。そして、民事裁判では、国家権力（裁判所）は私人間の法的紛争に対して如何に対応すべきかについては憲法第一四条（そして憲法第三二条、同第二五条、同第二六条、同第二七条に発現している。）の「法の下の平等」すなわち〝「公平」に扱うべし！〟という根本法理が働くのである（石田・前掲書一四一頁）。このことを証明責任に当て嵌めてみよう。象徴例として「真」という心証度は五〇％、「偽」という心証度五〇％という場合に、それを常に一方的に「偽」とするのは不利益を負わされる当事者にとって、余りに不公平ではないか。もしかすると、「偽」と積極的に認定するのではなく「真」とは認められないと消極的に認定するのであるから不公平でないとする反論があるかもしれない。しかし、このように〝言い方〟を変えても、結論として法律要件が充足されない故に法律効果の発生は認められないとするのであるから実質は変わらない。すなわち、「真」という心証度五〇％の場合に「真とは認められない」と認定するのと、同じウエイトをもって、他方において、「偽」という心証度五〇％の方について「偽とは認められない」と認定する可能性があるのに、常に一方的に前者のみを採用するというのは不公平であろう。

このような「不公平感」は実務においても行きわたり、例えば、いわゆる「間接反証」理論が生じた（新潟地判昭和四六（一九七一）・九・二九下民集二二・九＝十別冊一九八。このような「不公平感」に対応するための実務の努力については前田・展開七七〜七九頁）。

そこで、「証明責任」は真偽（存否）不明の場合にも裁判をしなければならないという憲法第三二条を法的根拠とするものであるから、その定義は「訴訟上一定の事実の存否が確定されないとき、不利な法律判断を受けるように定められている当事者の一方の不利益」とすべきで、そして「いずれの当事者がこの不利益を負うか」を定めるのが証明責任の「分配」なのである（三ヶ月章・民事訴訟法（法律学全集三五）（一九五九年、有斐閣）四〇五頁）。それでは、その分配の基準は何か。それは、裁判所の訴訟行為の規準として定められたところの憲法第一四条の要請する「公平原則」である。さらに、それが「結果責任」（三木他・前掲書二二八〇頁）であれば、なおのこと「公平原則」が妥当すべきである。

そこで、第一に、それを具体化した証明法規定が存在すればそれに従うのは当然である（例えば民法第三二条の二、同第一一七条第一項、同第一八一条、同第七一九条第一項後段など）。第二に、公平原則を一般的に想定した「信義則」規定（民法第一条第二項）は裁判上の権利行使や義務の履行にも適用される（例えば禁反言、証拠隠滅、民訴第二二四条等。さらに、これは単に手続法のみならず、実体法上も考慮される（石田・前掲書一〇四、一五二頁））。最後に、第三として、以上の第一、第二の存在しないところでは「抽象的な公平原則」そのものが適用される（正に憲法第一四条が要請するところの裁判の指導原理である。例えば、いずれの当事者が証明が容易か、証拠に近いか）。

(3)　以上のように、主張責任と証明責任は、その法的根拠も異なり（前者は憲法第一三条、後者は憲法第三二条と同第一四条）、その働く領域も異なり（前者は当事者の訴訟行為の領域、後者は裁判所の訴訟行為さらに職権主義の領域で

も)、その機能も異なり(前者は不意打防止、後者は真偽(存否)不明でも裁判可能)、その分配基準も異なり(前者は法律要件分類説、後者は公平原則)、したがって、〝両責任の所在は必ず一致し「このことは」両「責任の意義から導き出される論理的帰結である」〟という〝ドグマ〟は到底維持することは出来ないのであり、故に、「原則貫徹説」は勿論のこと「例外許容説」にも賛同できない。両責任は別々の分配基準によって分配されるのであるから、〝偶一致することはあっても、そこには何ら〝法則性〟はない。

四　結びにかえて

1　以上のことを要約すれば、次のようになる。

(1)　「要件事実」については、こうである。

憲法第七六条第三項によって、裁判所は憲法及び法律に拘束されるのであるから(憲法第七六条第三項)当事者が権利発生を求めて提訴してきたとき、裁判するには、その権利発生たる法律効果発生の法的前提たる法律要件を充足する具体的事実が必要となる。そこで、「要件事実」という概念が必要となる。さらに、裁判所は、最終的に、必ず憲法と法律に拘束されて裁判しなければならないのであるから、具体的事実に適用すべき法(解釈)の確定が、裁判所の責務となる。すなわち、裁判の三段論法における大前提は裁判所の訴訟行為の領域なのである。[21]

(2)　主張責任については、こうである。

まず、憲法第一四条によって、私権の行使は当事者の私的自治(自己責任)原則に委ねられているから、権利行使を望む者は、その法律効果発生の法的前提たる法律要件該当事実すなわち要件事実の主張は当事者の責務であり(自己責任原則)、言い換えれば、要件事実の収集は当事者の訴訟行為の領域であり、ここに要件事実が弁論に現れ

ない限り裁判所はそれを存在しないものと扱わなければならない。次に、憲法第八二条第一項の「対審」構造の要請から「不意打防止」ということも根拠となる。そこで、「主張責任」という概念が必要となる。そして、この分配は、法律効果発生を望む当事者が原則として主張すべきであるから（相手方の弁論に現れてもよいが）、法律要件分類説による（憲法第七六条第三項の実体法的意義）。

(3)　証明責任については、こうである。

要件事実が真偽（存否）不明となったとき、それにも拘わらず、裁判所は、裁判をもって決着をつけなければならない（憲法第三二条）。そこで、「証明責任」という概念が必要となる。すなわち、それは、私的自治（自己責任）原則の支配する当事者の訴訟行為の領域外の問題であって、裁判所の訴訟行為の領域の問題であり、そこでは憲法第一四条が支配している。したがって、その分配は憲法第一四条の公平原則による（勿論、そこには、より具体化した基準が存在する。証明責任法規範）。

2　以上のことを表にすれば次のようになる。

民事裁判	憲法第七六条第三項（手続法的意義）の世界			
		裁判所	憲法第七六条第三項（実体法的意義）の世界	1）憲法及び法律に従って裁判をすることが要請される 2）法構造＝権利（法律効果）発生←前提たる法律要件該当事実の存在 3）法律要件該当事実＝要件事実
		↓		
		当事者	憲法第一三条（私的自治〔自己責任〕原則）（対裁判所）と憲法第八二条第一項（対審＝不意打ち防止）（対相手方当事者）の世界	1）権利（法律効果）発生を望む当事者は要件事実の主張が要請される 2）主張がないと要件事実は不存在（偽）と認定される←自己責任原則→主張責任 3）主張責任分配は法律要件分類説（憲法第七六条第三項の実体法的意義） 4）対審構造→議論を尽くさせるため→不意打ち防止 5）主観的説明責任（説明の必要）←民訴法第二条「信義則」 6）証明活動を尽くし存否（真偽）不明に終る
		↓		
		裁判所	憲法第三二条（裁判不可避）と憲法第一四条（公平原則）の世界	1）存否（真偽）不明でも裁判をすることが要請される（憲第三二条、民訴第二四三条） 2）証明責任の登場 3）「真」と認定しても「偽」と認定しても裁判はできる 4）証明責任（真と認定するか偽と認定するか）の分配基準＝公平原則（民訴第二条「公正」←憲第一四条） 5）分配基準→第一順位「個別法規」、第二順位「一般法規（民訴第二条）の信義則」、第三順位「（抽象的）公平原則（民訴第二条の「公正」）」

（法曹時報六五巻八号二〇一三年）

第二節　権威への挑戦

一　ロースクールの現状

古来、日本の法学界は権威に弱い。例えば、ある法学者がドイツの高名な法学者ヘルビッヒを引用して「ヘルビッヒ氏余ト又同説ナリ」と書いたというエピソードが今に伝わっている。そして、このような傾向は現在も変わっていない。例えば、ロースクール教育が始まって以来、ロースクールの教員は、否応なく、講義においても著述においても、要件事実や主張責任そして証明責任（立証責任、挙証責任、Beweislast）といった法律用語について語らなければならなくなった。しかし、それぞれの内容、定義、両責任の分配基準と、云った根本問題については、殆どの場合、司法研修所の〝教科書〟（『増補　民事訴訟における要件事実　第一巻』（一九九八年、法曹会））に依拠するに止まっている（司法研修所余ト又同説なり（?·））。このように司法研修所という〝権威〟に依拠しているだけで良いのであろうか。思うに、それでは、到底、法学の発展は望めない。そこで、仮にそれが「蟷螂の斧」であるとしても、私は〝王様ハ裸ダ！〟と声を上げたいのである。

そこで、非法律家の読者諸賢にもご理解いただけるように、議論の前提を明らかにしておきたい。

二　憲法と法律の立場

周知のように、日本国憲法は三権分立制度を採用しているが、司法権の担い手たる裁判所は（憲法第七六条第一

項)、裁判をするにあたって、「憲法及び法律にのみ拘束される」と憲法第七六条第三項は定めている。この憲法第七六条第三項には二つの意義がある。すなわち、裁判をするには、その裁判の内容は憲法も含めて民法をはじめとする実体法の定めるところに合致していなければならず(憲法第七六条第三項の実体法的意義)、また、裁判手続自体が憲法も含めて民事訴訟法をはじめとする手続法に合致していなければならない(憲法第七六条第三項の手続法的意義)、というのである。

このことを民法第四一五条を例にして見てみよう。民法第四一五条は「債務者がその債務の本旨に従った履行をしないときは、債務者は、これによって生じた損害の賠償を請求することができる(以下略)」と定めており、債務不履行にもとづく損害賠償請求権を認める規定である。すなわち、債務者が債務を履行しないために債権者が損害を受けたということを法律要件として、債権者に損害賠償請求権が発生するという法律効果が定められているのである。そこで、裁判所は、この法律要件に該当する具体的事実(この事実は一般に「要件事実」と呼ばれている(司法研修所・前掲書三頁))の存在が認められるとき、この法律効果の発生を認めることができる、というのが憲法第七六条第三項の「実体法的意義」なのである。そして、「法律効果の発生に必要な要件事実は当事者が口頭弁論で主張したものに限られ、主張がなければ、たとえその事実が証拠によって認められるときでも、裁判所がその事実を認定して当該法律効果の判断の基礎とすることは許されない」。「このように、ある法律効果の発生要件に該当する事実が弁論に現れないために裁判所がその要件事実の存在を認定することが許されない結果、当該法律効果の発生が認められないという訴訟上の一方の当事者のうける不利益又は危険を一般に主張責任と呼んでいる」(司法研修所・前掲書一一頁)。この前段を「弁論主義」と呼んでいる。弁論主義も主張責任も裁判手続上の法律用語であるから、憲法第七六条第三項の手続法的意義に鑑み、その法的根拠が必要である。まず、弁論主義について考えて

みよう。それは、損害賠償請求権などという私権の発生・不発生、そして、その行使・不行使は当事者の「自由意思」に委ねられているからである。すなわち、民事裁判では「私的自治原則」が働くのである。そして、「私的自治原則」の法的根拠は憲法第一三条であるといわれている。次に、主張責任は、この弁論主義の論理的帰結であるから、その法的根拠は同じく憲法第一三条ということになる。したがって、民法第四一五条の例でいえば、当事者が「履行をしない」という事実を主張しないときは、損害賠償請求権の発生が認められず（損害賠償請求権の発生を望むのならば主張すればよいのである）、原告（債権者）が不利益を負う（原告が「主張責任」を負う）ということになる。

三　司法研修所の〝ドグマ〟

しかし、司法研修所は、民法第四一五条については、売主甲が買主乙に物を売って、その物を引き渡したのに乙が代金を支払ってくれないという例をあげて、違ったことを述べている。「例えば、売主甲が乙に対して、売買代金とともに代金債務の遅延損害金を請求するには、甲は、請求原因として、①甲と乙とが売買契約を締結したこと②甲が乙に右売買契約に基づいて目的物を引き渡したこと　③甲が乙に対して売買代金の支払いを求める旨の催告をしたこと　④損害の発生とその類額、を主張立証すべきであるが、『乙が右代金債務を弁済しなかったこと』まで主張立証する必要はない」（司法研修所・前掲書二五八頁）。すなわち、司法研修所の立場では、以上のように、「代金債務の履行をしない」ということを原告甲が主張する必要がないということである。何故、このようなことになるのだろうか。それは、司法研修所は「証明責任と主張責任とは同一当事者に帰属するはずのものである」（司法研修所・前掲書二一頁）として、履行の有無についての証明責任は債務者が負う、したがって、履行をしたと

いう事実の主張責任も債務者が負う、と結論付け、前述のように説示するのである。それでは、もし先の乙が①②③は認めるが、④は不知（否認）と答弁したとき、裁判所は④についてのみ審理することになり、①②③は審理の対象にならない（両当事者が争っていないのだから）。そして、もし損害額が金五〇万円と認定したとき、判決主文は〝乙は甲に金五〇万円を支払え〟となるが、判決理由は〝①②③は争いのない事実である。④については云々である〟となる。そこでは民法第四一五条が法律要件として定めている「履行をしない」ということは何ら認定されず、書かれない。このように、法律要件該当事実たる「要件事実」の認定なしに損害賠償請求権の発生を認めることは民法第四一五条に反しており、ひいては、前述のように憲法第七六条第三項（実体法的意義）に違反する判決である、ということになる。では、このような批判があるにも関わらず、何故、司法研修所は〝証明責任と主張責任とは同一当事者に帰属するはずのものである〟というドグマを採用するか。このドグマの根拠として、司法研修所は、次のように説く。「ある要件事実について証明責任を負うということは、その事実を証明できなかった場合に、これを要件事実とする法律効果の発生が認められないという不利益を受けることを意味し、他方、ある要件事実について主張責任を負うということは、その事実が弁論に現れなかった場合に、裁判所がその要件事実を判断の基礎とすることができず、結局、これを要件事実とする法律効果の発生が認められないという不利益を受けることを意味するから」（司法研修所・前掲書二〇頁）、前述のごとき〝ドグマ〟に到達するのである。確かに、弁済（履行）したか否かということは、民法典の立場からして、その証明責任は債務者に負わせるのが妥当であろう。というのは、民法第四八六条は、弁済者（履行者）は弁済受領者に対して受取証書の交付を請求できる、と定めており、もし、後に弁済（履行）の有無が争いになったとき、弁済者（履行者、債務者）が、この受取証書をもって、〝弁済（履行）をした〟という事実を証明すべきであると考えているのである。

ここで、証明責任という法律用語について検討しよう。これは司法研修所の説明によれば、「法律効果の発生が認められるためには、その要件事実が欠けることなく存在する必要があるから、訴訟においてその存在が争われるときは、証拠によってこれを証明しなければならず」「この証明が出来なかったときは、当該法律効果の発生が認められないことになる。このように、訴訟上、ある要件事実の存在が真偽不明に終わったために当該法律効果の発生が認められないという不利益又は危険を証明責任と呼ぶ（客観的証明責任と同義）」（司法研修所・前掲書五頁）というのである。

四　民法の素直な解釈

しかし、民法第四一五条は「履行をしない」と要件事実として規定しているのであるから、その主張責任は甲（原告、債権者）が負い、民法第四八六条に鑑みて、その証明責任は乙（被告、債務者）が負うというのが民法の解釈として素直であると考える。しかるに、司法研修所は、〝ドグマ〟に固執して、民法第四一五条から「履行をしない」という要件事実を放逐し、「履行した」という〝要件事実（抗弁）〟について乙（被告・債務者）が主張責任と証明責任を負うというのである。このような民法の解釈は妥当であろうか。そこで、まず、この〝ドグマ〟が問題であり、そのような〝ドグマ〟の前提として、当たり前に思える証明責任についての定義が疑問である。

五　「証明」の意味

司法研修所のいう〝要件事実が証明できなかった場合には（すなわち、その要件事実は存在しないものとして）法律効果の発生は認められない〟という命題は、一見、当たり前のように思える。しかし、これが〝落とし穴〟なの

である。というのは、ここにいう〝「証明」〟とは、実験に基づくような「科学的証明」ではなく「経験則に照らして全証拠を総合検討し」要件事実があると「是認しうる高度の蓋然性を証明す」ればよい、すなわち、「通常人が疑いを差し挟まない程度に真実性の確信をもちうるもの」なのである（最高判昭和五〇・一〇・二四民集二九・九・一四一七）。そして、この「確信」とは、「八割がた確かであるとの判断」であるとされている（中野貞一郎ほか『新民事訴訟法講義第二版補訂版』（二〇〇六年、有斐閣）三五一頁）。ということは、要件事実の存在について七割がた確かであるとの判断、従って、三割がただけしか不存在の可能性が残されていないという判断のときでも、常に、その要件事実は不存在ということになり、法律効果の発生が認められないのである。しかし、それでは、誠に不公平ではないだろうか。さらに問題なのは、証明責任は裁判手続に関する問題であるから、憲法第七六条第三項（手続法的意義）に鑑みて、当然、その法的根拠がなければならない。しかし、その点については、司法研修所は黙して語らずである。

六　証明責任の機能

この点について、私は、次のように考えている。

要件事実が真偽（存否）不明となったとき、裁判官は〝解らない〟として裁判を拒否することはできない。すなわち、それにも拘わらず、判決を下さなければならない。何故か。それは憲法第三二条が、そのように要請するからである（中野貞一郎『民事裁判入門第三版補訂版』（二〇一二年、有斐閣）二六九頁）。憲法第三二条は、「何人も、裁判所において裁判を受ける権利を奪われない」、と定めている。だから、両当事者、例えば甲は「履行をしない」という事実を、乙は「履行した」という事実を証明しようと懸命に努力するが（当事者の訴訟行為）、最終的に（す

なわち、当事者の訴訟行為が終了した後）、裁判官が、どちらとも確信が得られないという状態になったとき、履行をしないか履行したかが不明だから裁判しないと〝裁判拒否〟は出来ないのである。ということは、どちらかに決断して裁判しなければならないのである（それは裁判所の訴訟行為である）。そのために用意されたのが「証明責任」である。すなわち、「証明責任」とは「訴訟上一定の事実の存否が確定されないとき、不利な法律裁判を受けるように定められている当事者の一方の不利益」であり、そして、「いずれの当事者がこの不利益を負うか」を定めるのが、証明責任の「分配」なのである（三ヶ月章「民事訴訟法」（法律学全集三五）（一九五九年、有斐閣）四〇五頁）。すなわち、「履行をしない」と認定すれば損害賠償請求が認められて乙（被告、債務者）が不利益を負うことになり、もし「履行した」と認定すれば損害賠償請求は認められず甲（原告、債権者）が不利益を負うというのが、「証明責任を負う」ということなのである。

以上のように、どちらに認定しても裁判は可能なのであって、憲法第三二条の要請を満たすことが出来るのである。だから、事実の真偽（存否）不明の場合には、常に、その事実は偽（不存在）としなければならないということは憲法第三二条から出てこないのである。したがって、司法研修所の先の説明は間違っていると考えられている。すなわち、証明責任の定義とその分配を区別していないのである。

確かに刑事裁判では「疑わしきは罰せず」であって、「真（存在）」との確信を得られない限り「偽（不存在）」であって法律効果（有罪判決）発生を認めることは許されない。これは、刑事裁判は国家権力（警察・検察・裁判所）から国民（の基本的人権）を守るという憲法の根本法理（憲法第一三条。それは憲法第三七条、同第三三条、同第三四条、同第三五条、同第三六条、同第三八条等に発現している）に基づく手続であることに由来する。しかし、民事裁判は違う。民事裁判は相争う複数の私人の権利関係に決着をつける手続である。そして、民事裁判では、国家権力

（裁判所）は私人間の法的紛争に対して憲法第一四条の「法の下の平等」すなわち〝公平に扱うべし！〟という根本法理が働くのである。だから、証明責任の「分配」における先の「不公平」は憲法第一四条に違反するのである。そして、司法研修所の説明にも拘わらず、実務においても、このような「不公平」に対しては疑問が提起されて、例えば、間接反証理論が生まれた（新潟地判昭和四六・九・二九下民集二二・九～一〇別冊一九八）。

それでは、この証明責任の「分配」は、どのような基準によるのか。まず、第一は公平原則を具体化した証明法規範が存在すれば、それに従う（例えば民法第三二条の二、同第一一七条第一項、同第一八一条、同第七一九条第一項後段）。第二に公平原則を一般的に規定した信義則規定に依拠する（民法第一条第二項。例えば禁反言、証拠隠滅）。最後に、第三として、第一、第二が存在しないとき、「抽象的公平原則」による（憲法第一四条。例えば、いずれの当事者にとって証明が容易か、証拠に近いか）。

七　主張責任の機能

ここで、一点だけ付け加えておきたいことがある。

この主張責任の法的根拠として、もう一つ挙げられるべきは憲法第八二条第一項である。すなわち、〝裁判は対審をもって行われる〟ことが要請されている。「対審」とは、いうまでもなく、「相手方当時者を対立関与されて行う訴訟の本格的な審理の場面」である（竹内昭夫ほか『新法律学辞典第三版』（一九八九年、有斐閣）九二七頁）。民事裁判においては「口頭弁論」を指す。何故に、この「対審」が要請されるのか。それは「民事紛争は対立当時者の間での法的利益の衝突・抗争である。公正な判決のためには、当事者双方にその言い分を十分につくす機会を平等に与えなければならない。これを双方審尋主義（当事者対等の原則・武器平等の原則）という。当事者双方を同時に

対席させて弁論・証拠調べを行う必要的口頭弁論は、この双方審尋を実施する審理法式（対審。憲第八二条）である」（中野貞一郎ほか・前掲書二二三頁）。そこには、少なくとも、要件事実について主張がなされ、双方当事者がそれについて十分に言い分を尽すことが当然に含まれているはずである。それは、正に、いわゆる「反論可能性テーゼ」が憲法第八二条第一項の求めるものであることをいうことである（法解釈における「反論可能性テーゼ」については、平井宜雄『著作集Ⅰ　法律基礎論の研究』（二〇一〇年、有斐閣）一五五頁）。

そして、裁判所は両当事者の主張した事実だけしか取り上げられないということになれば、当事者にとって予期しない事態となることはない。すなわち、「主張責任」が「不意打防止」の機能を与えられたものであることが明らかとなる。

したがって、「主張責任」の法的根拠は憲法第一三条（私的自治（自己責任）原則）と憲法第八二条第一項（対審構造に基づく不意打防止）の二つであるというべきである。

そして、その分配基準は、憲法第七六条第三項（実体法的意義）から、法律要件分類説ということになる。

八　両責任は無関係

このように、主張責任とは証明責任は、その法的根拠も異なり（前者は憲法第一三条と同第八二条第一項、後者は憲法第三二条と同第一四条）、その働く領域も異なり（前者は当事者の訴訟行為の領域、後者は裁判所の訴訟行為の領域）、その機能も異なり（前者は不意打防止、後者は真偽（存否）不明でも裁判可能）、その分配基準も異なり（前者は法律要件分類説、後者は公平原則）、したがって、〝両責任の所在が一致することは両責任の意義から導き出される論理的帰結である〟というドグマは到底維持することは出来ないのである。両責任は別々の分配基準によって分配さ

れるのであるから、〝偶〟一致することはあっても、そこには、何ら〝法則性〟はない。
以上のように、権威に対して常に疑問を抱き挑戦していく、ということは法学徒が常にモットーとしなければならず、それは、故三ヶ月章先生がいわれた〝通説からの自由〟と軌を一つにするものなのである、と、まあ私も〝権威〟に依拠した言葉をもって締めくくりとしよう。

（書斎の窓六三一、六三二号二〇一四年）

第三節　続・権威への挑戦

一　本稿の目的

(1)　近時、書斎の窓六三一号・六三二号に「権威への挑戦」と題して、主張責任と証明責任[22]について拙見を申し述べさせていただいたところ、早速、恩師であり最高裁判事を務められ現在は学士院会員でいらっしゃり、文字通り「権威」のお一人である奥田昌道先生から反論をいただく光栄に浴した（書斎の窓六三四号三〇頁）。

(2)　奥田先生との出会いは、学生時代に先生の初講義に参加させていただいたことに始まり、京都大学法学部助手になって以来、今日にいたるまで、公私にわたって常に御助力いただいている。
この学恩に報いるには、奥田先生の玉稿に対して、拙見を申し上げる以外はないと考え、ここに再度、筆を執り、本誌に紙面の提供をお願いした次第である。以下、奥田先生のお考えを「奥田説」、拙見を「前田説」として、検討を行う。

二　奥田説の概要

(1)　司法研修所が証明責任と主張責任とは同一当事者に帰属するはずのものである、という根拠として、奥田説によれば「事実を主張するものがその事実の存在を証明しなければならない。もし証明できなければ彼は『嘘つき』ないし無責任な人間とみなされる」のである、「つまり、各人は自己の言葉に責任を持たなければならないのである。これは基本である」、そして、「無い」ことは証明が困難であることが多く、むしろ、「ある」という側に証明させるのが、適切なことが多い。そこで、「法律上も、主張することができても証明することが困難もしくは不可能なことについては、『主張する』ことをも免除しているものと考えられないだろうか（法は不可能なことを強いるものではない）」、とされる（書斎の窓六三四号三一号）

(2)　その顕著な例として、民法第四一五条の「履行をしない」とか、あるいは、自己の債務が不作為である場合（不作為債務を負う）、その履行を証明することは困難なことが多いと思われる。例えば、隣家の息子の受験勉強期間の二週間の間、私がピアノを弾かないこと、その謝礼として金〇〇円をもらうという契約を結んだ。そして、金〇〇円を支払えと請求するとき、二週間の間ピアノを弾かなかったということ、すなわち、自己の不作為債務を履行したことの証明は不可能ないし困難であろう。だから、不作為債務者は、契約の締結と受験勉強期間の経過したことを主張・証明すれば足りる、何月何日何時から何月何日何時までピアノの音が聞こえたという不作為債務の不履行事実の主張・証明は相手方にさせるのが適切である、とされる。すなわち、「履行をしない」とか不作為債務者が自己の不作為の証明は不可能ないし困難であるために、その不履行については相手方が主張・証明責任を負う、とされるのである（書斎の窓六三四号三三頁）。

三　司法研修所の見解

(1)　まず、司法研修所の見解として、「主張責任」とは法律効果発生（民法第四一五条の場合は損害賠償請求権）のために法律が定めた法律要件（民法第四一五条の場合は〝債務者が債務の本旨に従った履行をしない〟）に該当する事実（要件事実）を主張しないと「不存在」とされて法律効果が発生しないという「不利益」、「証明責任」とは要件事実の真偽（存否）が争われ真偽（存否）不明に終ったときは[23]「偽（否）」とされて法律効果が発生しないという「不利益」（書斎の窓六三一号六〇頁）であり、それを「不利益」とするのは法律効果発生を望む当事者であるから、両責任（不利益）を負うのは、その者であり、したがって、両責任の所在が一致する（両責任が同一人に帰属する）のは両責任の概念から導き出される当然の帰結である、とする（司法研修所『増補民事訴訟における要件事実第一巻』（一九八六年、法曹会）（以下、司研・前掲書という）二一頁）。このように司法研修所の立場は〝うそをついてはいけない〟ということには、まったく言及せず、この「徳目」とは無関係なのである。

(2)　次に不作為債務については、確かに、司法研修所も、かつて債務不履行（民法第四一五条）について、その債務不履行の主張・証明は、債権者でなく、「逆に債務者が履行（あるいは提供）の事実を主張・証明すべきもの」とし、「ただ、不作為債権の場合は、不作為の状態が続くかぎり債務は履行されているのであるから、不履行の事実は債権者が主張・証明しなければならない」としていた（司法研修所民事教官室編『民事訴訟における要件事実について』（一九七七年、司法研修所）四二頁）。しかし、現在は「その立証の難易などが総合的に考慮されなければならない」（司研・前掲書一一頁）としながらも、右のような説明は消えて、履行の有無については「本来、履行すなわち弁済が債務消滅原因であることからみて、履行遅滞の発生要件とすべきでなく」「弁済の提供」（民法第四九二条

参照）を抗弁とみるべきである、とする。[24]

他に、現在、司法研修所の見解として主張責任や証明責任について作為債務と不作為債務において差がある、ということは、浅学にして、聞いたことがない。

以上、いずれにしても、奥田説は司法研修所の見解を擁護するものではない。

四　奥田説と前田説の関係

(1) 奥田説のいわれる〝嘘をついてはいけない〟ということは、洋の古今東西を問わず、最大の徳目の一である。例えば、仏教の「徳目」である八正道の一つに[25]「正語」[26]といって、〝正しいことば〟（嘘、粗暴なことば、中傷の悪口、くだらないおしゃべりという四つを断つ）を求めているし、[27]ユダヤ教、キリスト教、そしてイスラム教[28]の「徳目」である「モーゼ（前一三世紀頃）の十戒」でも「隣人に対して偽証してはならない（Du sollst nicht falsches Zeugnis reden wider deinen Nächsten）」とされている（出エジプト記二〇章一六節[29]）。さらに、儒教の聖典「論語」にも「子以四教。文・行・忠・信」（孔子は四つのことを教えた。古典の講義、行（徳の実践）、忠（心の持ち方。誠実）、信）（述而第七　一七二）とあり、「信」すなわち「他人を欺かない信義のまこと」を孔子は教えたと説かれている。[30]「信」とは「人」と「口」と「辛」から成り、〝発言にうそがあれば入墨刑を受けることを誓う〟様子を表し、そこから〝まこと〟という意味になり、さらに〝信じる〟という意味になった、とされている。[31]勿論、前田説も、それに賛同するものである。しかし、それは、司法研修所のいう「証明責任」ではなく、自己の主張する事実が真（存在）であると証明すべき責任、すなわち、民訴学界にいう「主観的」証明責任である。これについて、通説は、次のように述べている。各当事者は自己に有利な裁判を受けるためには、真偽不明になれば自己に不利に判断される

事実（証明責任を負う事実）について、各自がこれを証明しなければならない立場に立たされる。そして、この不利益を免れるために事実を証明しなければならない負担ないし行為責任が「主観的」証明責任なのである、というのである。この説明から明らかなように、通説は〝事実を証明しなければならない負担ないし行為責任、すなわち「主観的」証明責任は証明責任から派生する（三木ほか・前掲書二六一頁）と把握している。この点、前田説は、この「主観的」証明責任を民事訴訟法第二条を法的根拠とする[32]「真実義務」に根拠を求める。すなわち、弁論主義は、当事者に自己の認識に反して虚偽の事実、証拠を提出する自由まで認めているわけではない、言い換えれば、「当事者は自己が真実に反すると知りながら、事実を主張したり証拠を申し出ることは許されない」、このような当事者の訴訟上の義務を「真実義務」という（中野ほか・前掲書二〇六頁）。

このように、通説は「主観的」証明責任の根拠を当事者の〝訴訟に勝ちたい〟という功利主義に求めているが、前田説は徳目の一つである〝うそをついてはいけない〟を法的に表現した民事訴訟法第二条を根拠とするものである。いずれの立論が妥当かは、読者諸賢の判断に委ねたい[33]。

このように、前田説においては、主張責任と「主観的」証明責任の所在が一致する。

(2)　奥田説のいわれる「証明の容易」な方に証明責任を負わせるということは、前田説も賛同するところである（書斎の窓六三二号四六頁）。そして、憲法第一四条第一項に基づく民訴第二条の「公平」に基づくものといえよう[34]。

以上、いずれも、奥田説は前田説を擁護するものである。

恩師とは、いくつになっても、有り難いものである。

（書斎の窓六三六号二〇一四年）

第四節　続々・権威への挑戦
——法規不適用説VS証明責任規範説——

一　本稿の目的

これまで、証明責任についての司法研修所の見解（通説）に対して疑問を提議してきたが[35]、この証明責任については「法規不適用説」（通説[36]）と「証明責任規範説」（有力説[37]）の対立がある。そこで、この両説を批判的に検討し、〝純〟証明責任規範説ともいうべき見解（少数説[38]）を擁護するのが本稿の目的である。以下、前回と同様に、拙見を前田説とする。また、議論を容易にするために、要件事実とは実体法の法律要件該当事実とする。

二　法規不適用説への批判

(1)　通説によれば、証明責任とは「訴訟上、ある要件事実の存在が真偽不明に終ったために当該法律効果の発生が認められない不利益又は危険を証明責任と呼ぶ（客観的証明責任と同義[39]）」とされ、したがって、「真偽不明（ノン・リケット）」の場合は法規が適用されないことになるので、「法規不適用説」と呼ぶ。

(2)　通説に対しては、①このような見解からは「証明責任」という概念は不要ではないか、という批判がある[40]。すなわち〝要件事実の主張が真と認められない限り（確信が得られない限り）、訴訟上、要件事実は不存在と扱われ、法規は適用されない〟といえば良いのであり、「証明責任」という無用の中間概念（法文にない用語）を用いる〝中間的論理構成は可能な限り避けるべきである（素人にもわかる法律学[41]）〟。

②通説は、権利（発生）根拠規定[42]と権利障害規定[43]、権利消滅規定[44]、権利阻止規定[45]という分類によって証明責任が分配される（法律要件分類説）とするが、これは法規不適用の結果[46]として、このような分類がなされるのであって、このような分類によって証明責任が分配されるのではない（原因と結果が逆）。③「ノン・リケット」の場合に法規不適用とする法的根拠は実体法の規定から明らかになると通説はいうが、実体法の立法者は証明責任を念頭において立法していないと明言している[47]。④そもそも実体法が法律効果発生を認めるのは、「事実の証明」（裁判規範）でなく、「事実の存否」そのものであり、訴訟上の証明を離れて「権利は実在」（行為規範）するのであるという根本的批判がなされている[48]。

三　証明責任規範説への批判

(1)　そこで登場するのが有力説である。有力説によれば〝証明責任とは要件事実の主張が真偽不明のとき当該要件事実を存在または不存在と仮定することによって当事者の一方が被告危険ないし不利益〟といい、いずれの当事者が証明責任を負うかが「証明責任の分配」であり、それを定めるのが「証明責任規範」であるという。この規範は実体法規範から〝独立化〟している（証明責任規範と実体法の「二元性」[49]）とする

(2)　そして、明文の証明責任規範や推定規定（証明責任規範の積極的作用）がない限り、「存否不明の要件＝不存在」とする（証明責任の消極的基本原則[50]）。しかし、この原則を貫徹すると、権利主張者はほとんど全ての場合に敗訴を余儀なされるから、公平原則によって「証明責任の分配」が必要であるという。具体的には、権利根拠事実[51]、権利滅却事実[52]・権利阻止事実[53]、権利障害事実[54]であるという（結局は実体法の解釈により決せられるとする）[55]。これに対して、通説から、両説で具体的結論は差異がなく、説明の問題としても、証明責任規範を論ずる意義は希薄である

（結局、法規不適用説と同じである）と批判されている[56]。

四　証明責任規範説の純化

ここで浮上するのが、〃純〃証明責任規範説ともいうべき見解である（少数説）。少数説によれば、証明責任（の機能と定義は有力説と同旨）は憲法第三二条の要請に基づくものであり（憲法第七六条第三項の「手続法的意義」）、優れて訴訟（手続）法上の問題であり、したがって、その分配は実体法とは別の証明責任規定に求めるべきである（「二元性」の貫徹＝純化）。すなわち、この問題は、証明に関するものであるから、証明に関係する事柄を要件として、証拠法をも支配する民訴法第二条（公正＝公平、信義則）を判断基準とすべきである、とする。そして、少数説の提唱する分配基準は次の如くである。第一順位として、憲法第一三条（基準権＝裁判を受ける権利（憲法第三二条）の「公共の福祉」による制限）の要請に由来する「信義則」（民訴法第二条）に基づく具体的証明責任規範（民法第一一七条第一項等[57]）と憲法第一四条第一項（国家機関＝裁判所によって国民＝訴訟当事者を平等＝公平に扱う）の要請に由来する「公平原則」（民訴法第二条「公正」＝公平）に基づく具体的証明責任規範（民法第三二条の二等）と、第二順位として「信義則」に基づく一般的証明責任規範（民訴法第二条。例えば、禁反言、証拠隠滅）第三順位として、「公平原則」に基づく一般的証明責任規範（民訴法第二条。例えば、証明の容易さ、証拠の近さ、事実の可能性）である（なお、「信義則」に基づく証明責任規範も根底には〃信義則上この当事者に証明責任を負担させるのが公平である〃という「公平原則」の概念がある[58]）。

少数説に対しては、証明責任は民事訴訟の「バック・ボーン」を成すもので、訴訟の最初から（争点整理も含めて）分配が決まっていなければならないが、少数説の分配基準では、殆どの場合、訴訟の当初においては不確実で

あるから一般的基準としては機能しないという批判がある。[59] しかし、証明責任は、そもそも訴訟の最終段階の問題であり、〝バック・ボーン〟の役割を果たすのは、「主張責任」であり、それと一致する「主観的」証明責任（証拠提出責任）[60] である。それは、法規不適用説と同様に、実体法によって分類されると少数説はいう。[61] もっとも、こうはいっても通説や有力説からは、問題の解決にはならない。というのは、両説共に「主観的」証明責任は「証明責任」から派生すると考えているからである。しかし、少数説は「主観的」証明責任（証拠提出責任）は「証明責任」から切り離されて民訴法第二条の「信義則」に基づく「真実義務」の一つと考えるから、以上の問題は、立ちどころに氷解すること〝霜に煮え湯を注ぐが如し〟である。

五　結びに代えて

以上、通説そして有力説は、いずれの観点からも支持し得ないことが明らかとなった。しかし、前田説にも思い掛け無い誤謬が隠れていることを恐れている。何故ならば、民事実務界と民事訴訟法学界における通説や有力説を、私ごとき一介の学究者が、かくも簡単に論破できるはずがないからである。したがって、通説や有力説を支持される諸賢、特に民事訴訟法学者諸賢におかれては、前田説を真正面から受け止めて、堂々と〝寄り切って〟くださることを心から希望するものである。

（後記）前田説は可能な限り〝法的根拠〟にこだわった。このことをご教示下さったのはお二人の恩師である。お一人は、民事判決書起案において私の答案の理由部分を真っ赤になるまで手を加えて下さった故中村修三先生であり、今、お一人は、刑事判決書起案において私の答案の適条部分を徹底的に直して下さった故服部一雄先生である。両先生が本稿をご覧になれば、その進歩のなさに苦笑されながら、完膚無きまでに正してくださることであろう。そこで、

両先生に深甚なる感謝の念を込めて本拙稿を捧げる次第である。

（書斎の窓六四〇号二〇一五年）

第五節　要件事実・主張責任・証明責任

一　裁判における「小前提」

1　要件事実

先生：法解釈というのは、裁判における「大前提」の問題ですが、裁判における「小前提」について話をしよう。

学生：「小前提」とは？

先生：「大前提」とは、当該事件に適用すべき法を確定することであり、「小前提」とは、その法に当てはまる「事実」が存在するか否かを調べる「事実認定」と呼ばれるものだよ。

学生：ということは、法が法律効果発生に必要としている法律要件に当てはまる〝事実〟を探せ、ということですね。

先生：その通り。そのような事実を「要件事実」というのだよ。

学生：民訴の講義で「主要事実」という用語を聞いたことがあるのですが……。

先生：確かに、「主要事実」という法律用語が用いられることもある。(62) 説明によれば「主要事実」とは〝法律要件に該当する具体的事実〟であって、それを「法概念を用いて代用している」のが「要件事実」であるという。(63) 例え

ば、〝債務者が債権者に特定の日時・場所において金銭を手渡した〟と表現するのが「主要事実」で、〝弁済した〟というのが「要件事実」であるというのです。しかし、いずれも同じ事実であり、「要件事実」の方が、より意味を明確に伝えるから、「要件事実」に統一する方が良いと思うよ。しかも、同じものを種々の概念を用いて〝垣根〟をつくることは〝素人にも解かる法律学[64]〟に逆行するよ。

学生：解かりました。そして、その「要件事実」の何が問題なのですか？

先生：「小前提」も裁判手続の一部だから、「大前提」と同じく、憲法第七六条第三項によって、法的根拠がなければならない。ところで、「要件事実」という用語は、法文に書いてありますか？

学生：「事実」という用語は民訴法第二五三条第一項第二号にあります。

先生：そうだね。確かに、「要件事実」は、この「事実」に含まれるが、その他にも「間接事実」や「補助事実」も含むのだよ。だから、〝ドンピシャリ〟というわけではないね。では「要件事実」という用語は、どうして必要なのだろうか？

学生：それは、当事者が求める法律効果が発生するためには、その法律要件に該当する事実が存在しなければならないからです。

先生：それは、どうしてかね？　例えば、原告が美人で、被告が〝むくつけき〟男というので、原告の求める法律効果を発生させてはいけないかね？

学生：それはダメです。だって、それこそ憲法第七六条第三項が〝憲法と法律に従って裁判せよ〟と命じているからです。

先生：そうだね。正に〝大岡裁き〟は、いけないのだね。ここで注意してください。憲法第七六条第三項は〝裁判

手続自体が民訴法や民訴規則のような手続法に従え〟ということを定めている（これを憲法第七六条第三項の「手続法的意義」と呼びましょう。）だけではなく、法律効果の発生は民法や商法などの実体法に従って認めなければならない、ということも定めているのです。これを憲法第七六条第三項の「実体法的意義」と呼びましょう。したがって、要件事実の法的根拠は憲法第七六条第三項の「実体法的意義」であるということになります。

2　事実的要件と規範的要件

学生：「要件事実」については、法律要件を「事実的要件」と「規範的要件」にわけて、後者については議論があると習いました。

先生：「規範的要件」とは何かね？

学生：例えば、民法第一条の「公共の福祉」、「信義則」、「権利濫用」、あるいは民法第九〇条の「公序良俗違反」、民法第七〇九条の「過失」、さらには借地借家法第六条・第二八条の「正当事由」などです。

先生：そうだね。このような法律要件の場合は事実を〝当てはめる〟とき、裁判官の価値判断を必要とするのだ。例えば、民法第七〇九条の「過失」が代表例です。現在、過失は「行為義務違反」と置き換えられている。[65] この「義務」は、当然に、〝道徳的〟義務ではなく、〝法的〟義務です。したがって、まず、具体的事件において、どのような法的行為義務を負うか、を裁判官が決めなければならない。「法的義務」だから、それは裁判官の価値判断によって定められる。そして、どのような具体的事実が存在すれば、この「法的行為義務違反」があったと認定されるのか、すなわち「過失」という法律要件に該当する「事実」が何かは裁判官の価値判断に委ねられるのです。そして、この価値判断によって「過失」を根拠付ける「事実」とされるものが、「法律要件該当事実」すなわち「要件事実」なのです。それは「評価根拠事実」と呼ばれる事実です。他方、そのような評価を妨げる「事実」す

なわち「過失」と阻却する「事実」を「評価障害事実」と呼ぶ。「過失」の場合には、例えば、このような法的義務を設定することによって〝犠牲となる利益〟です（加害者や公共の利益など）。ここで、注意すべきは、「要件事実」とは「法律要件に該当する事実」であり、「評価障害事実」は、規範的要権に該当する事実ではないから、「要件事実」ではないのです。「要件事実」でないということは、後述の証明責任は「評価障害事実」については発生しないということです(66)。

学生：「過失の評価障害事実」としては、「法的義務を設定することによって犠牲となる利益」といいますが、それだけですか？

先生：いや、それは「例えば」であって、他にもあることは当然のことだよ(67)。

二　主張責任

1　主張責任の定義と法的根拠

先生：次に「主張責任」は知っていますか？

学生：主張責任とは「法律効果の発生要件（法律要件）に該当する事実（要件事実）が弁論に現れないために、裁判所が、その要件の存在を認定することが許されない結果、当該法律効果の発生が認められないという訴訟上の一方の当事者の受ける不利益」と習いました(68)。

先生：その根拠は何でしょうか？

学生：「私的自治原則」が根拠とされています(69)。というのは、法律効果の発生を望む、望まないは当事者の「意思」に委ねられ（私的自治原則）、それを望むときは、当然に、その前提として、要求される法律要件に該当する事実

（要件事実）を弁論において主張すべきであるということが法論理的に帰結します。すなわち、それを主張しなければ、その事実は存在しないものとして「不利益」を受けるというのは「私的自治原則」と表裏一体にある「自己責任原則」であり、「主張責任」は「自己責任原則」の民事裁判における一つの表現形態なのである、といわれています。逆にいえば、そのような「不利益」を回避したければ、主張しなければならないということであって、結局、法律効果発生を〝望む〟という「自由意思」による「私的自治原則」から帰結することだと習いました。

先生：その通り。それに、ちょっと、付け加えておくと、「主張共通の原則」というのがあって、ここでいう事実「主張」は、その法律効果発生によって不利益を受ける当事者の側の主張であってもよく、これも正に「自己責任原則」からくるものです。すなわち、自己の行為によって自己が不利益を受ける（相手方が利益を受ける）のは自己の行為の「結果」として引き受けなければならないのです。このように〝敵失〟が相手の有利に働くことが認められるのは、サッカーの〝own goal〟に代表されるように、多くの〝競技において認められるルール〟だよね。

学生：この「私的自治原則（自己責任原則）」の法的根拠は何ですか？

先生：民法学者は、憲法第一三条の「幸福追求権」の一つだと考えているよ。なお、ここで「主張」としたのは、当事者が「要件事実」として「明確に意識し、かつ表示して主張することを要する」ものでなく、「何らかのかたちで弁論にあらわれていればよい」[70]という意味です。このことは、適用すべき法の確定は裁判所の職権事項である、という命題から由来します。[71]そして、前述のように、法解釈が法の適用範囲の確定作業であるとすれば、法解釈も当然に裁判所の職権事項です。そして、法解釈の主たるテーマは法律要件の内容の確定です（勿論、法律効果についても。例えば、民法第九五条の無効は絶対的無効か相対的無効か）。だから、それに該当する要件事実は何かという問題も裁判所の職権事項となります。

学生：とすると、当事者にとって何が要件事実かは、必ずしも明確ではないことになりますね。

先生：厳密にいうと、そうだが、原則として、後述の「法律要件分類説」から明らかだし、当事者は、当該事件において自己に有利と思われる事実を全て陳述することが一般であるから（実務上、訴状、答弁書や準備書面において、「要件事実」や「間接事実」あるいは「補助事実」や「事情」を区別して記述していることは殆どない）、実務上は、大きな問題ではないでしょう。しかし、ときには、法解釈という面から裁判所は釈明権（民訴第一四九条）を行使すべき場合もあるでしょう。例えば、民法第七一一条の「父母、配偶者及び子」の類推解釈として「義姉」にとって「義妹」が「子」に類推する者として、妻の死について夫の妹にも遺族固有の慰謝料を認める（最判昭和四九・一二・一七民集二八・一〇・二〇四〇）といった場合、釈明権を行使して、当事者に「義姉」と「義妹」の具体的関係についての「事実」の提出を求めるべきでしょう（どのような場合に「子」に「類推」する者といえるかという意味で、その具体的関係は、正に「要件事実」である）。

2　主張責任と不意打ち防止

学生：「主張責任」、広く「弁論主義」の根拠あるいは機能として「不意打ち防止」ということを習いました。(72)

先生：そうだね。それは「主張責任」の法的根拠として憲法第八二条第一項が挙げられるからだよ。すなわち、〝裁判は対審をもって行われる〟ことが要請されている。「対審」というのは知っているよね。

学生：はい、「当事者を対立関与させて行う訴訟の本格的審理の場面」(73)で、民事裁判では「口頭弁論」のことです。

先生：では、どうして「対審」すなわち「口頭弁論」が要請されるのですか？

学生：それは、「民事紛争は対立当事者の間での法的利益の衝突・抗争」だからです。そこで公正な判断（民訴第二条）が行われるためには「当事者双方にその言い分を十分につくす機会を平等に与えなければならない」、これ

を「双方審尋主義（当事者対等の原則・武器平等の原則）」といい、「当事者双方を同時に対席させて弁論・証拠調べを行う必要的口頭弁論は、この双方審尋を実現する審理方式（対審。憲第八二条）」である、と説明されています。[74]

先生：そうだね。このように双方当事者に言い分を十分に尽くす機会を与える、というのが「対審」の目的であるとすれば、そこには、少なくとも「要件事実」について主張がなされ、双方当事者が、それについて十分に言い分を尽くすことが当然に含まれているはずです。それは正に、いわゆる「反論可能性テーゼ[75]」は憲法第八二条第一項の求めているものであることが解かるね。以上のことから、この「反論可能性テーゼ」は、単に「法解釈理論」（「大前提」）（平井宜雄説）の局面のみならず、「事実認定」（「小前提」）の局面においても要請されるわけであり、このことから、「主張責任」が「不意打ち防止」の機能を与えられたものであることが明らかとなります。[76]

学生：そうすると、「主張責任」の法的根拠は憲法第一三条（私的自治「自己責任」原則。対裁判所）と憲法第八二条第一項（対審構造に基づく不意打ち防止。対相手方当事者）の二つであるということになるのですね。

先生：そういうことだよ。そして、この「主張責任」の分配基準は、先の定義からして、憲法第七六条第三項（実体法的意義）に基づいて「法律要件分類説」ということになると考えるよ。

三　証明責任

1　証明責任の定義と法的根拠

学生：「主張責任」と合わせて、「証明責任」というのを習いました。古い本を見ると「挙証責任」や「立証責任」と書いてありますね。

先生：そうだね。どれもドイツ法の Beweislast という法律用語の訳で、内容は同じさ。だから、むしろ証明の

（結果）〝負担〟と訳した方が適切だね。で、その内容はどうですか？

学生：証明責任とは「要件事実の存在が真偽不明に終ったために当該法律効果の発生が認められないという不利益」と習いました（以下、通説という）[77]。ところで、この「真偽不明」ということを解かり易く説明してください。

先生：そうだね。「因果関係」を例にして説明しよう。例えば、ある人が下痢や嘔吐の症状を示したので検診したらサルモネラ菌が検出された。そうしたら、サルモネラ菌が「原因」で先の症状が「結果」ということが〝自然科学的〟に明らかとなる。でもね、多くの事件では、この「因果関係」が簡単には解からないことがあるんだよ。有名な「ルンバール事件」（最判昭和五〇・一〇・二四民集二九・九・一四一七）を見てみよう。これは化膿性髄膜炎の三歳のXがY病院に入院して治療を受け症状が軽快していたが、約一〇日後に治療のためにルンバール（腰椎から注射針で髄液を採取してペニシリンを注入）を実施したところ、右半身麻痺や言語障害や知能障害が発生し、退院後も後遺症となっている、という事件だ。そこで、Xはルンバール施術による脳出血が「原因」で、この後遺症が起こったことが「結果」であるとしてYを訴えた。原審は、「原因」がルンバールによる脳出血か、化膿性髄膜炎またはこれに伴う脳実質の病変の再燃か、判定し難いとして「因果関係」を否定した。これに対して、最高裁は「訴訟上の因果関係の立証は、一点の疑義も許されない自然科学的証明ではなく、経験則に照らして全証拠を総合検討し、特定の事実が特定の結果発生を招来した関係を是認しうる高度の蓋然性を証明することであり、その判定は、通常人が疑を差し挟まない程度に真実性の確信を持ちうるものであることを必要とし、かつ、それで足りる」とし原審を破棄差し戻した。このように原審は「存否（真偽）不明」を理由に因果関係を否定したが（民法第七〇九条でも、民法第四一五条でも「因果関係」の「証明責任」は原告が負うというのが判例通説）、最高裁は自然科学的証明ではなく「高度の蓋然性」でよいとしたのだ。では、そこにいう「真実性の確信」とは何だろう。一般には「八割がた

確かであるとの判断」といわれている[78]（だから逆に「二割がた」の心証度は「偽」ということになる）。したがって、少なくとも二一％以上七九％以下の心証度が「真偽（存否）不明、ノン・リケット（non-liquet）」というわけだ。[79]

学生：なるほど、そのようなこともあり得るのですね。

先生：そうだよ。双方当事者が全力を尽くして証拠を提出し、時には裁判所も職権で証拠調べをしても（例えば、民訴法第一四条・第一五一条・第一八六条・第二〇七条第一項・第二二八条第三項・第二三三条・第二三七条、商法第一九条第四項、会社法第四三四条）、事実が「真偽不明」ということも実際にあり得るよね。それでは、話を戻して、先の「証明責任」の定義の根拠は何だと習いましたか？

学生：それは〝法律効果の発生が認められるためには、法律要件に該当する要件事実が、全て認められる必要がある。そして、民事訴訟において、その存在が争われるときは、これを全て証明しなければならず、これを証明できなかったときには、その要件事実が存在するとは認められない、として、当該法律効果の発生が認められない。したがって、ある要件事実の存在が「真偽不明」に終わった場合は当該法律効果の発生は認められないということになる〟というのです。

先生：その法的根拠は何ですか？

学生：それは憲法第七六条第三項（実体法的意義）によって、それぞれの実体法が、法的根拠であると習いました。すなわち、両責任によって不利益を受けるのは法律効果発生によって利益を受ける当事者であり、そして、〝実体法の法律効果の発生によって利益を受ける当事者が一定している以上、この当事者に法律効果発生の要件事実についての「証明責任」と「主要責任」が帰属すること、すなわち「証明責任」と「主張責任」は同一当事者に帰属し、両責任の所在は必ず一致する〟、〝このことは、「証明責任」と「主張責任」の意義から導き出される論理的帰

結である〟というのです。

先生：ほう。しかしね、実体法、例えば、民法の立法者（起草者）は証明責任（挙証責任）の分配を考慮に入れて条文を作成してはいない、ということを明言しているから[80]、この根拠は疑問だよ。そして、近時は、〝事実が存在しなければ法律効果が発生しない（権利が存在しない）〟というのが「実体法」の〝意味〟であって、〝事実が「真偽不明」のとき法律効果が発生しない（権利が存在しない）〟ということではない、すなわち、訴訟上の証明を離れて「権利は存在する」という「権利現存の観念（実体法は訴訟外において既に権利の発生・消滅を認めている）」を主張する学説もある[81]。

学生：ということは、実体法は「裁判規範」ではないということですか？

先生：いや、実体法は「行為規範」であるとともに、勿論、「裁判規範」でもあるのだよ。でも、そのことと「証明責任」とは直接には関係がないのだ。

学生：それでは「証明責任」の法的根拠は何ですか？

先生：それについては、次のように説明されている。〝事実が「真偽不明」のとき、裁判官が「私にはどっちが本当かわからない」といって裁判を拒否できない〟からだよ。というのは、「裁判拒否」は国民の「裁判を受ける権利」（憲第三二条）の侵害になって許されないのだ。すなわち、裁判所は「要件事実」の「真偽（存否）不明」の場合にも憲法第三二条（民訴第二四三条）によって裁判をしなければならないのだ。そこで、「証明責任」という法技術概念が登場するのだ[82]。

学生：なるほど、「証明責任」の法的根拠は憲法第三二条なのですね。

先生：そうだよ。そして、これは当事者の訴訟行為が終った後の裁判所の訴訟行為だから、私的自治原則（自己責

任原則）の領域外のことなので、「証明責任」は、「主張責任」の場合のように、「その要件事実が真（存在）とは認められない」（＝要件事実は偽〔不存在〕＝法律効果不発生）と認定しなければならないものではない。というのは、憲法第三二条は〝裁判を行え！〟と要請しているだけであって、認定内容までも定めているのではない。裁判さえ行えばよいのだ。だから、「その要件事実は偽（不存在）とは認められない」（＝要件事実は真〔存在〕＝法律効果発生）とすることも可能なのだ。このように「証明責任」は、私的自治原則（自己責任原則）の領域外の問題であるとともに、憲法第三二条は、その要件事実を真（存在）あるいは偽（不存在）のいずれに認定することも許容することから、証明責任の「分配」は、憲法第一三条（私的自治〔自己責任〕原則）からも憲法第三二条からも出てこないということだよ。

学生：それでは、まず、「証明責任」の「定義」はどうなるのですか？

先生：以上のように、「証明責任」は真偽（存否）不明の場合にも裁判をしなければならないという憲法第三二条を法的根拠とするから、その定義は「訴訟上一定の事実の存否が認定されないときに、不利な法律判断を受けるように定められている当事者の一方の不利益」とすべきで、そして「いずれの当事者がこの不利益を負うか」を定めるのが証明責任の「分配」なのです（以下、少数説という[83]）。

2　証明責任の分配

学生：では、その「分配」基準は、何ですか？

先生：それはね、民訴法第二条に裁判所の法律上の義務[84]として「公正[85]」が要請されているが、正に、いずれの当事者に証明責任を負わすべきかは「公正」（公平で邪曲のないこと）すなわち「公平」に定めなければならないのですよ。さらに、それが「結果責任[86]」であれば、なおのこと「公平原則」が妥当すべきでしょう。これが憲法第一四条

の民事訴訟法における具体化です。

学生：ただ、憲法第一四条は「私人相互の関係」に直接には関係するところではない[87]、とされていますね。

先生：それは、私人相互の関係は、原則として、「私的自治原則（自己責任原則）」の領域に属するという意味であって、憲法第一四条は「法律上の差別的取扱い」（傍点筆者）すなわち「国家権力による」差別的取扱いを禁ずるものなのだ[88]。だから、それを受けて民訴法第二条は「民事訴訟が公正」に行われるように努力しなければならない、としていることからも、裁判所（国家権力）は民事裁判において私人たる両当事者を、当然、「公平」に取り扱わなければならないのだよ。

学生：では、具体的には、「証明責任」は、どのように「分配」するのですか？

先生：民訴法第二条（憲第一四条）の「公平」を具体化した法的根拠としては、第一に、証明法規定が存在すれば、まず、それに従うのは当然です（例えば、民第三二条の二・第一一七条第一項・第一八六条・第七一九条第一項後段など）。第二に、公平原則を一般的に規定した「信義則」規定（民訴法第二条の「信義則」。例えば、禁反言、証拠隠滅、民訴第二二四条など）。最後に、第三として、以上の第一、第二の規定が存在しないところでは「抽象的な公平原則」（民訴法第二条の「公正」）そのものが適用される（例えば、いずれの当事者が証明が容易か、証拠に近いか）。以上のように「主張責任」と「証明責任」は、その〝法的根拠〟も異なり（前者は憲法第一三条・第八二条第一項、後者は憲法第三二条・第一四条）、その〝働く領域〟も異なり（前者は当事者の訴訟行為の領域、後者は裁判所の訴訟行為さらに職権主義の領域でも）、その〝機能〟も異なり（前者は不意打ち防止、後者は存否〔真偽〕不明でも裁判可能）、その〝分配基準〟も異なり（前者は法律要件分類説、後者は公平原則）、したがって、〝両責任の所在は必ず一致し「このこと」は両「責任の意義から導き出される論理的帰結である」〟という〝ドグマ[89]〟は到底維持することはできないと

思うよ。

四　「主観的」証明責任

1　「主観的」証明責任の意義と機能

学生：でも、〝弁論主義を介在させて考えると、「証明責任」は、単に、訴訟の最終段階において事実の真偽不明の不利益をいずれの当事者に負担せしめるかの基準として働くだけでなく、むしろ、訴訟の全過程を通じて、当事者の訴訟活動と裁判所の訴訟指揮の指標として機能する。その意味で、「証明責任」は民事訴訟のバックボーン（脊椎）である〟といわれていますね。(90)

先生：そうだね。通説からは、そのような考えを基礎（根拠）として、証明責任から「主観的証明責任」という概念を派生させるのだよ。(91)

学生：「主観的証明責任」とは何ですか？

先生：それはね。弁論主義の下では必ず当事者の申し出た証拠によって事実を認定すべきであり（「弁論主義の第三テーゼ」(92)）、したがって、「真偽不明」になれば自己に不利な判断をされる事実（証明責任を負う事実）については、その当事者が、その不利益を免れるために証拠を出して立証を尽くさなければならない。この立証を尽くさなければならない負担あるいは行為責任を「主観的証明責任」というのだよ。(93)このように「主観的証明責任」は「（客観的）証明責任」から〝派生する〟ものだというのだよ。(94)

学生：なるほど。だから「証明責任」の分配が予め定まっていないと事実主張とその証明活動という訴訟行為の進行ができないというわけですね。すると、少数説のように、「証明責任」は〝当事者の訴訟行為の尽きたところで

定まればよい〟というのでは、当事者の訴訟活動や裁判所の訴訟指揮の指標が失われ、訴訟の進行を妨げると批判されるのですね。

先生：この点についての少数説の考えは、次の如くです。まず、主張責任とその分配は原則として通説と同じです。次いで、事実を主張する限りは、その事実は〝真実〟であることを証明すべきです。すなわち当事者は〝真実〟をもって訴えを起こし訴訟を追行しなければならないのです。[95] それは民訴法第二条の明記する当事者の「信義則」を法的根拠とする義務（法的努力義務）なのだよ。だから、少数説からは、「主観的証明責任」の定義は「自己の主張する事実が真実であることを証明すべき行為責任」ということになり、「証明責任」は「結果責任」となります。

　したがって、主張責任の分配と主観的証明責任の分配は一致し、これが当事者の訴訟活動と裁判所の訴訟指揮の「指標」なのだよ。そして、証明責任は、そのような訴訟進行過程とは無関係に、当事者と裁判所の努力の尽きたところで、「真偽不明」の事態に対して対処するために生み出された法技術概念なのです。このように、少数説は、「証明責任」は「訴訟の最終段階の問題」で、「主張責任」が「全訴訟過程のバックボーン」であり、その「主張責任」を負う「事実」について、その「主張責任」を負う当事者が証明活動を尽くすべきである、すなわち「主観的証明責任」を負うというものであって（民訴第二条）、正に〝コペルニクス的転回〟なのだよ。[96] このように、〝真実探求〟を〝ゴール〟として手続を進めるのが「訴訟」で、それが、民訴法第二条の「法目的」だと思うよ。

2　「うそ」の不効用

学生：しかし、そもそも、どうして、民事訴訟で〝真実〟を探求しなければならないのですか？

先生：それはね、裁判の内容は、結果として、国家権力の「強制力」をもって実現することが認められているから

だよ。それが、虚偽の事実に基づくものであるとすれば、不利益を受ける当事者は納得するだろうか。必ずや裁判に対する不信、そして裁判所に対する不信を起こさせ、そのことは、司法界全体にとって決して望ましいことではないと思うよ。しかも、憲法第三二条が「裁判を受ける権利」を保障しているのだから、当事者そして国民は「実体的真実発見・真実解明」を期待しているはずだよ。(97)

学生：でも、〝うそも方便〟といいますよ。

先生：確かに、〝うそ〟をつくと、一時は、良いこともあるだろうが、長い眼でみれば、〝うそ〟は社会全体にとって有害なことである、と気付いた人間の英知によって、〝うそをついてはいけない〟ということが人類普遍の〝いましめ〟、〝徳目（道徳の細目）〟とされたのです。すなわち、仏教（紀元前四世紀）の「徳目」である八正道(98)の中では、「正語」(99)といって、〝正しいことば〟（嘘、粗暴なことば、中傷の悪口、くだらないおしゃべりという四つを断つ）を求めているし、(100)ユダヤ教、キリスト教、そしてイスラム教(101)の「徳目」でもある「モーゼ（紀元前一三世紀頃）の十戒」でも「隣人に対して偽証してはならない（Du sollst nicht falsches Zeugnis reden wider deinen Nächsten）」とされている（出エジプト記二〇章一六節(102)）。さらに、儒教（紀元前五世紀）の聖典「論語」にも「子以四教。文・行・忠・信」（孔子は四つのことを教えた。古典の教義、行〔徳の実践〕、忠〔心の持ち方。誠実〕、信。述而第七 一七二）とあり、「信」すなわち「他人を欺かない信義のまこと」を孔子は教えたと説かれているよ。(103)「信」とは「人」と「口」と「辛」から成り、〝発言にうそがあれば入墨刑を受けることを誓う〟様子を表し、そこから、〝まこと〟という意味になり、さらに、〝信じる〟という意味になった、とされているよ。(104)

学生：もっとも、「子曰、吾未見好徳如好色者也」（子罕第九 二二三、衛霊公第一五 三九一）とあって、〝色を好むほど道徳を好む人は見たことがない〟と孔子様が二度も嘆いておられますね。

先生：その通り。だからこそ、民訴法第二条が必要なのだよ。

3　民訴法第二条の意義

学生：どうして、民訴法第二条のような法文が立法されたのでしょうか？

先生：実は、以前から、当事者の訴訟行為は「信義則」に従わなければならないということは判例（例えば、最判昭和三四・三・二六民集一三・四・四九三、最判昭和四一・七・一四民集二〇・六・一一七三、最判昭和五一・九・三〇民集三〇・八・七九九、最判平成一〇・六・一二民集五二・四・一一四七）学説[105]の認めるところだった。そして、平成八（一九九六）年の民事訴訟法改正の時に、民訴法第二条が制定されたのだよ。そこで、民訴法第二条についての起草担当者の解説によれば、〝民事に関する紛争を訴訟を通じて公正かつ迅速に解決することを理念とし、そのために裁判所には訴訟が公正かつ迅速に行われるように配慮すべき努力義務を負わせ、当事者に対しては相手方の立証妨害、訴訟の引き伸ばし等の当事者の不誠実な訴訟活動が公正かつ迅速な訴訟の運営の妨げになるから、このような不誠実な訴訟活動を防止して、法の理念が適切に実現するように信義誠実義務を負わせた〟、としている[106]。

さらに立法に参画した人々の座談会である「研究会新民事訴訟法[107]」によれば、

①手続の職権主義的な進め方の支柱になるのではないかという懸念が非常にあったが（馬場英彦発言・二〇頁）、民訴法第二条によれば裁判官も代理人弁護士も「楽はできない」（馬場発言・一五頁）、

②「裁判所に対してもかなり厳しい姿勢を示した規定」（福田剛久発言・二〇頁）、

③「当事者間の衡平といいますか、不誠実な当事者のために困っている当事者をそのまま捨ててはおけない、誠実な当事者が守られるような手続を、裁判所は後見的に確保しなければいけない」（民訴法第二四四条・第二六三条を参照）（福田発言・二〇頁）、

④「公正・迅速・信義則」という最も基本的なルールは、本来、〝日常生活と訴訟に共通するものである〟、この規定は〝ボクシングのボディーブローみたいなもので、やはり、効いてくるのではないか〟（松浦馨発言・二一頁）、
⑤この規定は、いわゆる〝フェアプレーの精神〟を規定したもので、当事者は自己に不利な事実まで訴訟上陳述する必要はないが、自己の主張を基礎づける間接事実などを開示して相手方の反駁の機会を保障することが要求されている（古典的弁論主義からの理念の転換）（伊藤眞発言・二一頁）、
⑥具体的な場面で、どういう解釈になるかという議論をしたことがないと思う。それをやっていたら、恐らく、この条文は全部潰れていたのではないかと思う（福田発言・二二頁）、

と述べられている。

以上のところから解かるように、民訴法第二条は、裁判所と当事者に「楽ではない」義務を課したもので、〝古典的弁論主義〟からの転換を要請しているということになる。だから、主張したくないことを主張することを強要するものではないが（当事者主義＝私的自治原則）、少なくとも、主張したことは〝真実〟であることを証明するべき法的義務が民訴法第二条によって根拠付けられるということは決して奇異な考え方ではないと思うよ。

学生：なるほど。民訴法第二条の立法者意思は、具体的内容については今後の解釈に任せよう、ということで、少数説の法的根拠となる可能性があると考えられますね。

先生：そういうことだね。だから、「公正」とか「迅速」そして「信義則」に従って訴訟を追行せよという「法目的」に沿って解釈することになるね。そのとき、それに沿った「具体的発現」[108]とされる民訴法第一五七条・第二二四条・第二三〇条・第二四四条・第二六三条・第三〇三条など、さらに民法第一条第二項の判例学説も参考になると思うよ。

学生：それに、近々、中教審が道徳教科で〝誠実・公正などを明記し正直を教えよ〟と答申するようですよ。

先生：なるほど、民訴法第二条を〝バック・アップ〟（!?）しようってんだな。

学生：ところで、事実主張は私的自治原則の枠内の問題とすれば、ここでも民訴法第二条の「信義則」は働くのですか？

先生：当然だよ。私的自治原則は「公共の福祉」、「信義則」、「権利濫用」（民第一条）や「公序良俗」（同第九〇条）の枠内で認められるのだから、民事手続きにおいても民訴法第二条の「信義則」の枠内で認められるのだよ。

学生：「主観的証明責任」の法的根拠も民訴法第二条の「信義則」で、証明責任の第二基準も民訴法第二条の「信義則」（禁反言や証拠隠滅など）が法的根拠ですね。

先生：確かに、両方の一部の法的根拠が重複しているね。しかし、そのことから「主観的証明責任」が証明責任から「派生」するというわけではないよ（一四九頁参照）。

五　いくつかの批判

1　主張責任の問題点

(1)主張責任の問題点

学生：ところで、少数説に対しては多くの批判がありますね。例えば、「主張責任」の法的根拠として憲法第八二条第一項を挙げるのはミスリーディングである、という批判がありますね。

先生：「不意打ち防止」は「主張責任」の機能であって根拠ではない、という批判だろうね。しかし、憲法第八二条第一項は、そのような「機能」を「主張責任」に要請しているわけだから、これも、やはり、法的根拠というべ

きだよ。なお、「不意打ち防止」は「裁判所対当事者」のみならず「当事者対当事者」の間でも作用する非常に適用範囲の広い要請であることは一般に認められているよ。(109)

学生：「主張責任」も当事者の訴訟行為の「結果責任」である、という考えもありますね。

先生：いや、「主張責任」は主張するか否かということであって、当事者にとって、主張するだけでよいのだから（勿論、主張したくなければ主張しなくてよい）、これは当事者の「行為」責任なのだよ。そもそも、このように、「行為」責任という用語は、過失責任などと同様に、当事者にとって回避可能なことについて責任を負わされるということであり、「結果」責任という用語は、無過失責任などと同様に、当事者にとって回避不可能なことについて責任を負わされるということであり、証明責任のように、当事者が証明活動を尽した後の「真偽不明」についての責任こそ「結果」責任なのだよ。しかも、「主張したかは否か不明」ということは考えられないよ。(110)

⑵主張責任の作動時

学生：「主張責任」も、証明責任と同様に、当事者の訴訟行為が尽された後の段階の問題ですよね。

先生：その通り。しかし、「主張責任」の場合は、「法律要件分類説」によって「どの」要件事実について「誰」が主張責任を負うかは、予め定まっているから、当事者の訴訟行為が尽されたとき、主張があったか否かによって、主張責任を負わないか負うかが確定するのだよ（自己責任原則）。だから、両責任共に当事者の訴訟行為の終わった段階で問題となるとしても、主張責任と証明責任の働く領域や機能や分配基準などの相違に何ら影響を与えるものではないよ。

⑶主張共通の原則

学生：「主張共通の原則」は、人事訴訟法でも適用があるが、人訴第二〇条は職権探知主義を採用しているから、

この原則の根拠を「自己責任（私的自治原則）」に求めるのはミスリーディングである、という批判がありますね。

先生：人訴第二〇条は「裁判所は、当事者が主張しない事実を斟酌」できると定めているが、別に当事者の主張を禁止したり、主張を（間接）強制できる、とは定めていない。すなわち、「私的自治原則（自己責任原則）」と「職権探知主義」が共存しているのだよ。だから、自己の意思で主張すれば、それは自己の不利に斟酌されることもあるのは「自己責任原則」というわけだよ。

学生：でも、先生は「職権探知主義」の下でも「証明責任」が働くという理由をもって、証明責任は私的自治原則の「領域外」であるといいましたね。

先生：この問題は、職権証拠調べをしても「真偽（存否）不明」の状態は発生するという「現実」と憲法第三二条はそのような訴訟でも働くということであって、「主張共通の原則」の問題とは次元が異なるよ。

学生：「主張共通の原則」については、〝弁論に上程された訴訟資料をどう利用するかは裁判所の専権であることによる〟という批判もありますね。

先生：そういう面もあろうが、要件事実そのものについては、裁判所は、主張があるのに採用しない、ということは出来ないから（そして要件事実についてこそ「主張共通の原則」は重要な役割を果たす）、やはり「自己責任原則」が、その根拠だよ。

(4) 主張すべき要件事実

学生：それから、「主張責任」の分配が憲法第七六条第三項を介して「法律要件分類説」によることについて、自己に不利な法律効果をもたらす法律要件に該当する「要件事実」の「不存在」をも主張しなければならないということも十分考えられるという批判がありますね。まあ、通説に対する批判でもありますが…。

先生：では、自己に不利益な法律効果を発生する要件事実は「不存在」であるという主張の具体例を考えとみよう。例えば、売買契約（民法第五五五条）に基づく代金支払い請求の場合、不利な事実は何だろう？

学生：まず、相手方が支払ってくれないとか、自分は履行の提供（民第四九二条）をした（民法第五三三条）とかでしょう。

先生：まあ、そのあたりは、主張せよ、といってもよいかもしれませんね。他は？

学生：契約に書かれた履行期を延期する特約をしていないとか、時効（民法第一六七条第一項）は未到来だとか、その権利行使は「信義則」に反しないとか、濫用でないとか（民法第一条第二項、同第三項）でしょうか？

先生：他にも、売買契約自体が公序良俗（民法第九〇条）に反しないとか、虚偽表示（民法第九四条）でないとか、法律行為の要素に錯誤（民法第九五条）はないとか、詐欺や強迫による取消（民法第九六条）はないとか、不法条件（民法第一三二条）はないとか、あるいは解除（民法第五四〇条）されていないとか、とにかく、多数あって、それをいちいち主張しなければならないとすれば、裁判上で権利を行使することは困難となり、自力救済を禁止にして代わりに裁判を受ける権利を保障した憲法第三二条を実質的に〝骨抜きにすること〟になってしまうよね。だから、権利行使に有利な要件事実、この場合には民法第五五五条の要件事実だけの主張で良いということになるのだよ。そうすることが憲法第三二条の〝裁判を受ける権利〟を容易にすることになり、憲法第三二条の「法目的」に適うと考えるよ。

2　証明責任の問題点

(1) 証明責任と私的自治原則

学生：先生は、「証明責任」は「私的自治原則」の働かないところであるとされていますが、①民事訴訟では証拠

提出は基本的に当事者の意思に委ねられている、②証拠契約として「自由契約」や「証拠制限契約」あるいは「証明責任分配」の変更合意も有効とされているから「真偽不明」の原因は当事者の自己責任（私的自治原則）ではないのか、という批判がありますね。

先生：いや、証拠法全体が私的自治原則の〝領域外〟というのではないよ。以上のような当事者の訴訟行為が終わった後、あるいは証明責任の負担をどちらかが負うかという合意もなかった後、「真偽不明」になったとき、裁判所は自己の訴訟行為として、〝いずれに証明責任の負担を負わすか〟を決定しなければならない。これは「私的自治」の問題ではない。しかも民訴学界でも「証明責任」の問題は当事者主義（私的自治）とは別の職権探知主義の支配する手続でも発生することは当然のこととされているよ。[111] だから、私的自治原則の働く「主張責任」と私的自治原則の働かない「証明責任」については、当然、その法的根拠が異なり、後者については「法律要件分類説」の適用はないよ。そして、少数説からは、司法研修所や通説の考えている証明責任の機能の一部である主観的証明責任は、証明責任からは切り離されて、「証明責任」そのものは当事者の訴訟行為の尽きた後に「真偽不明」となったときの問題として〝純化〟されるのだよ。

学生：それから、証明責任発生の前提として〝当事者が証明活動（訴訟行為）を尽した〟ということをいわれましたが、証明活動を尽さないで終る、例えば、両当事者が事実主張はするが、まったく証拠を提出しないとか、証拠価値のある証拠をまったく提出しないということはあるでしょう？

先生：勿論、裁判所が釈明しても、そのような場合もあるだろうね。ただ、法学者は極限の状態をもって説明しているだけで、例えば、「当事者の努力や裁判所の能力に限界がある」[112] といい、あるいは「事実の認識手段ないし能力に限界がある」[113] といい、さらに「当事者と裁判所が最大の努力を尽しても、ある事実の存否について、ついに裁

判所が心証を形成できないこともある」[114]といってるよ。

そして、事実主張をしただけならば、正に「真偽不明（心証度は五〇％）」だね。その後、何ら意味のある証明活動をしないならば、その心証度は動かないのだから、証明責任を負う当事者に不利な事実認定をすればよいのだよ。

(2) 証明責任と公平原則

学生：実体法も公平原則に従って規定しているから、証明責任の分配も「公平原則」によるべきであるというのならば、そこでも「法律要件分類説」で良いのではないかという批判がありますね。

先生：確かに、全ての法は憲法第一四条の「公平原則」の枠内でのみ存続し得る。しかし、具体的法規範において、その「内容」が「公平原則」に適っているか、と「主張責任」の「分配」が「公平原則」に適っているか、と「証明責任」の分配が「公平原則」に適っているか、という場合の「公平」の内容は、それぞれ異なるはずだから、それを〝十把一からげ〟に議論するのは、ちと、どうかと思うよ。まず、法律は、より具体的な「法目的」、例えば、債権法では「自由意思」（私的自治原則）により法律効果が発生するということを「法目的」とし、親族法においては「一夫一婦」に基づき、それと〝血のつながりのある子〟と〝血のつながりのない子（養子）〟（家のため、親のため、子のため）による「家族」を守ることを「法目的」とし、その経済的基盤としての「法定相続制度」と財産法の原則としての私的自治原則（意思主義）による「遺言」の承認という「法目的」が「国家意思」なのだよ。そして、その権利発生のために、以上のような「法目的」から要求される要件が定められるわけだ。そこで、この法律効果の発生を望む者は（それこそ自由意思すなわち私的自治原則から）、その要件に該当する事実を主張しなければならないということであって、主張責任の「分配」は、「私的自治原則（広い意味での「公平」）」に基づくと

いうのが正しい。そして、「証明責任」の「分配」は先述の通りだね。

学生：さらに、「証明責任」分配基準が「公平原則」というのでは「明確性」がなく、同種の事案でも受訴裁判所が違えば事実認定も異なるということで、かえって「公平」を欠くという批判がありますね。

先生：確かに「法律要件分類説」によるよりは、抽象的かもしれない。しかし、「法律要件分類説」が、あまりに〃リジット〃のために「公平」を欠くという事例もあるし、「抽象的」というならば、「公共の福祉」や「信義則」（民法第一条第一、第二項）、「公序良俗」（民法第九〇条）といった抽象的な法文も、しばしば裁判所は適用しているよ。しかも「証明責任」で決着をつけなければならない事件の数は殆どないといってよいくらいで、民法第一条や民法第九〇条の事件数より、ずっと少ないと思うよ。さらに、同種の事案ならば、判例の集積による「基準」が出来るし、また、実は、まったく〃同じ〃事案などというものはなく、そこには〃具体的公平〃の観念から〃バリエーション〃を付ける可能性がある方が妥当だと思うよ。

学生：他にも、先生の挙げる「証明責任分配基準」は、具体的でなく〃深刻な争点〃となったり、訴訟の遅延を招いたり、あるいは民事訴訟における「予見可能性」や「法的安定性」を害するのではないかと批判されていますね。

先生：いや、「証明責任」は、全ての訴訟行為の終わったところで問題となるのだから、そんなことはないと思うよ。何度もいうが、両当事者は自己に有利な事実を主張し、それを真（存在）と証明するために努力すべきであり（民訴法第二条の「信義則」）、それによって訴訟が進行するのだから、特に証明責任の所在が決定してないと「予見可能性」や「法的安定性」を欠くということはないと思うよ。それは、通説のように「証明責任」の「分配」に合わせて「主張責任」の「分配」を決めなければならないという〃ドグマ〃に支配された考えから来るものだよ。

学生：ところで、裁判所は、ある事実の主張がないのに、その事実が存在するとは扱えないのと同様に、ある事実を証明するのに足りる証拠がないのに、その事実が存在するとは扱えないはずであるという批判があり、さらに、〝要件事実が存在しなければ法律効果の発生が認められない〟というのは「公平」でないかという意見もありますね。

先生：前者の命題は「主張責任」の問題で異論はない。すなわち、「主張責任」は主張があったか否かが弁論で明白だから（裁判所も時には釈明するだろう）、これについては「法律要件分類説」でよいわけだよ。しかし、後者は、それとは異なるのだよ。足りる証拠がないといっても、二一％以上七九％以下の証明をもたらす証拠はあるのだよ。すなわち、合理性がないのに事実が存在すると扱うことを民訴法は許容しているとはいえないとしても、「証拠がない」のではないよ。逆に、「存在しない」とも言い切れないのに「存在しない」と扱うことが、どうして「公平」として許容されるのかと問いたいね。ちなみに、英米では、「証拠優越の原則（preponderance of evidence）」が採用されていて五一％以上の証明度[115]をもたらす証拠があればよいとされているよ。日本でも、実務家の間で、そのような主張がある[116]。さらに、日本でも八〇％以上の証明度を要求することが妥当でない事案について種々の工夫のなされていることは周知のところだし[117]、そもそも、日本の民事訴訟が「法定証拠主義」を排して「自由心証主義」（民訴第二四七条）を採用しているところからも、少数説は奇異な主張をしているのではないと思うよ。

(3) 証明責任と結果責任

学生：「証明責任」も「自己責任」であるという考えがありますよね。

先生：しかしね。一般に「自己責任」という用語は、行為責任と同義であって、結果責任に対比されるものだよ。だから、証明責任が「結果責任」であって「自己責任」ではない（何故ならばいくら努力しても「真偽不明」に終る

と、「不利益」を甘受しなければならない）、というのは、通説の立場からも認められていることなのだよ。[118]

⑷ 証明責任分配の法的根拠

学生：少数説において、「証明責任」の分配基準に憲法第七六条第三項が関わってこないのは何故か、という疑問がありますね。

先生：いや、「分配」に法的根拠が必要であるということは憲法第七六条第三項に基づくのだよ。さらに「主張責任」も憲法第七六条第三項が法的根拠を要求するから、憲法第一三条（私的自治原則）と憲法第八二条第一項（不意打ち防止）が、その法的根拠なのであり、憲法第七六条第三項が〝直接的〟に「主張責任」の法的根拠ではない。また「証明責任」の働く場面も「裁判」だから法律に従う必要があるが、だからといって、「法律要件分類説」が適用されなければならないというものではないのであって、その「法」は、少数説のいう別の「法」でも良いのだよ。

⑸ 証明責任についてのドイツ判決

学生：中野貞一郎先生は「実体法の実現手段となる訴訟において手続き上平等の原則を理由として実体法の内容ないしその一環としての証明責任分配の内容を決すべきではないであろう」[119]とされていますね。

先生：中野貞一郎先生が、その根拠として挙げておられるのは、ドイツ憲法裁判所の判決（一九七九年一〇月三日。BVerfGE 52, 13）だよね。この事件は、医師の技術過誤（Kunstfehler）は患者側が証明責任を負い「転換」はないとしたシュツットガルト高裁の判断に対して、患者側が「平等原則」（西ドイツ基本法第三条第一項）違反を理由に憲法抗告（Verfassungsbeschwerde）したものだよ。そして八人の裁判官のうち四人（Zeidler, Hirsch, Niebler, Steinberger）は原審を否定したが、他の四人（Rinck, Wand, Rottmann, Träger）は原審を支持した。結局、過半数を

得られず（ドイツ憲法裁判所法第一五条第四項）、原審が推持されたということになったが、学説上は「賛否の論議」が続いている、とされている。だから、この事件は「証明責任分配について平等原則、公平原則の適用がない」と「ある」いうことの論拠としては五分五分ということだよ。

(6) 民事裁判と刑事裁判における証明責任

学生：先生は、刑事裁判においてほ「疑わしきは罰せず」であって「真」と認定されない限り構成要件該当事実は「不存在」であり法律効果（有罪判決）発生を認めることは許されないのは、刑事裁判は国家権力（警察、検察、裁判所）から国民（の基本的人権）を守るという憲法の根本法理（憲法第一三条。それは憲法第三七条、同第三三条、同第三四条、同第三五条、同第三六条、同第三八条等に発現している。）に基づく手続きであることによるのだが、民事裁判は相争う複数の私人の権利関係に決着を付ける手続きであるから、民事裁判では国家権力（裁判所）は私人間の法的紛争に対して憲法第一四条（そして憲法第二二条、同第二五条、同第二六条、同第二七条に発現している。）の「法の下の平等」すなわち〝「公平」に扱うべし！〟という根本法理が働くのであるとされていますね。[120]

先生：そう。証明責任の「分配」という点で刑事裁判と民事裁判は異なると主張しているのだよ。

学生：でも、民事裁判も刑事裁判も〝国家権力の発動〟という点では同じで、したがって、民事裁判においても「疑わしきは罰せず」が適用し得るし、犯罪行為者に被害者が多額の損害賠償請求をする民事訴訟を想定すれば、どちらの裁判も「同様の配慮が必要だ」だという考えがありますね。

先生：勿論、民事裁判も裁判所の同家権力の発動だが、ここで問題なのは、刑事裁判においては民事裁判の原告に対比される「検察」と「警察」は全国組織の「強制力」を持った国家権力であり、被告人は通常一市民であって、訴訟資料収集能力には歴然とした差があるということであり、基本的には、市民対市民の民事裁判とは、まったく

違うということが論点なのだよ。したがって、刑事裁判では「疑わしきは被告人に有利に」ということが妥当するわけだ。そして、裁判所としては、この違いを十分に配慮してほしいね。[121] それから、被害者が犯罪者に民事訴訟を起こしたときは、むしろ、「疑わしきは請求を認めない」ではなく、現実は、過失認定を〝緩やか〟にして、賠償を広く認めるのが一般だよ。

(7) 主観的証明責任の根拠

学生：通説がいうように、主観的証明責任は証明責任から「派生する」というのは、事実ではないですか？

先生：確かに、それは事実だろう。しかし、法学は、事実を追認するものではなく法が何を要請しているかを解明する学問だよ。訴訟に勝ちたいという当事者の功利主義に主観的証明責任の根拠を求める（通説）ことは、ついには自己に不利な証拠を隠したり偽証したりといったことを招きかねないよ。ここは民訴第二条からくる「真実義務」を根拠とすべきだと思うよ。

3　争点整理

(1) 争点整理の意味

学生：あらかじめ「証明責任」の所在が決まっていないと「争点整理」が困難だという批判がありますね。

先生：確かに、そういう意見もあるね。ところで、ここで、まず、「争点整理」について、簡単に復習しておきましょう。「争点整理」とは「争点及び証拠の整理手続」と呼ばれるもので（民訴法第二編第三章第三節）、一般に、[122] 〝当事者の主張が対立し且つ訴訟の勝敗を左右するほど重要な事実（「争点」。それは要件事実のみならず、間接事実や補助事実であることもある）は何か、それを証明するために、どのような証拠調べをすべきかを、裁判所と当事者の間で明確に整理するもので、訴訟を適正且つ迅速に進行させることを「法目的」〟としています。それには三種類

あって、一番目が「準備的口頭弁論」（〝準弁〟と呼ばれるものです。民訴第一六四条ないし第一六七条）、二番目が、弁論準備手続（民訴第一六八条ないし第一七四条）、三番目が「書面による準備手続」（民訴第一七五条ないし第一七八条）です。それぞれの詳細については、民訴の教科書で復習しておいて下さい。

さて、話を元に戻そう。先程の批判について、多数の裁判官や弁護士にお尋ねしたところ、「証明責任」が「争点整理」をリードするとか、「証明責任」が定まっていないと「争点整理」が困難だということはない、そこでは、両当事者の主張事実が事件の重要論点か否かの整理を行い、重要と考えられる事実について証拠提出を求めるのである、とされる。現に司法研修所編『民事訴訟プラクティスに関する研究』（一九八九年、法曹会）においても、「証明責任（立証責任）」という用語が出てくるのは一回だけで、「法律上の見解の表明」というところで「法律の解釈や立証責任分配など法律上の主張について当事者間に対立がある場合に、この問題について確立された通説や判例があるとき、裁判官はこれを指摘してその解消を図るべき」と述べている（八八頁）。ということは「法廷」は勿論、「争点整理」でも証明責任が不可欠の要件ということではないということになる。さらに、東京地方裁判所プラクティス委員会第二小委員会「争点整理の現状と今後の在るべき姿について」判タ一三九六号（二〇一四年）五頁においても、「証明責任」の用語は一度も出てこなくて、むしろ書証について「証拠の偏在が想定される事例の場合」に裁判官が証拠の提出を促すことを「問題がある」とする意見はなく、偏在しない事件でも肯定的な考えを持つ者が多いとされている（一六頁）。その根拠としては「実体的真実の解明」「正義公平」「迅速な審理」が比較的多いということである（同一七頁）。ということは、争点整理手続においても、通説的立場の証明責任分配基準を遵守しなければならないというものではないことの表れだと思うよ。

(2)「ライブ」争点整理

先生：ところで、最近出版された林道晴＝太田秀哉編『ライブ争点整理』（二〇一四年、有斐閣）（以下、「ライブ」という。）を知っているかい？

学生：ええ、買って読んでいます。面白いですね。

先生：この本は、練達の実務家の共著で「争点整理」が、実務上、どのように行われているかを設例をあげて、正に、〝劇場型〟の「ライブ」の形式をとって解説するもので、すごく役立つよ。しかも、単に日本の法実務が、どのように行われているかを知ることが出来る以外にも〝実益〟がある。

学生：それは、どういう意味ですか？

先生：それはね。近時、司法試験の民事系論文式問題で民訴問題の傾向として、訴訟事件の設例で〝弁護士と司法修習生の対話〟という形をとることが多いが、裁判官と両当事者代理人の対話という「ライブ」形式は、その解答ともいうべきものといえるから、司法試験の〝受験参考書〟（失礼！）といってもいいと思うよ。

学生：じゃあ、熱心に読みます。

（ⅰ）　第四事件「美容室設備の空リース事件」

先生：そこで、話を元に戻そう。この本で、明示的に「証明責任」が取り上げられている第四事件「美容室設備の空リース事件」[123]から読んでみよう（第一事件も当然「証明責任」が問題となるが後述）。この事件では、原告は「溜池リース株式会社」という「リース株式会社」で、被告はリース対象物（以下、本物件という。）の販売会社である「メイデン・ロード株式会社」（被告1）とその社長（被告2）だね。そして、本物件の賃借人はＢＰ社という美容院で、ＢＰ社の民事再生手続開始に伴って、原告が本物件を引き上げようとしたら（何故ならば本物件の所有権は原告に当然あるはずだから。民事再生法第五二条）、ＢＰ社は「本物件」は存在しないと回答したので、原告はＢＰ社か

らは本「物件受領証」を受け取り、しかも被告1の確認印もあるので、被告とBP社に騙されたとして、被告1はBP社との共同不法行為（民法第七〇九条、同第七一九条）、被告2は会社法第四二九条にもとづく損害賠償義務があるとして訴えたんだね。

学生：裁判官は、この法的構成に疑問をいだいているようですね（「ライブ」二四二頁）。

先生：法人自身が民法第七〇九条の責任を負うか、という点については、まず、法人自身の「行為」が存在するのか否かという問題がある。[124]それは、そもそも、不法「行為」だからだ。そのとき「意思の力による外界の支配・操縦」を「行為」とすれば、多数の人間の行為が、ある目的達成のために連続的並列的に組み合わされて、一つの大きな行為が出来ている場合（例えば、自動車製造行為やアセトアルデヒド製造行為）、それは「一つの行為」と社会的に評価される。その主体は構成各員を超えた独立の社会的作用を担った団体であり、それは、法的にも各構員とは別の法主体として扱うのが適切とされて、「法人」あるいは「権利能力なき団体」とされるのだよ。

学生：その実益は何ですか？

先生：個々の個人の故意や過失の主張・証明が不要となるし、社会的責任を追及するという意義があるよね。もっとも、その実益からして、大会社のみでなく、新聞社や雑誌社など、それが小規模の会社でも、プライバシー侵害や名誉毀損の事件では、法人自体の民法七〇九条の事件としているね。しかし、本件の場合は、確かにBP社は使用者責任（民法第七一五条）だろうね。

学生：被告は、BP社との今後の関係や、そして、手数料がもらえるということを考慮し「悪い話ではない」と考えて、売ってもいない本物件を売ったとして「物件受領証」に確認印を押したのですよね（「ライブ」二三九、二四五、二九一頁）。これは、明らかに「詐欺」（刑法第二四六条）じゃないですか？　原告を欺いて財物（代金、約二九

○○万円）を交付させて自分も手数料名目で一一六万円を受け取っているのですから。

先生：まあ、まあ、ここは民事事件だよ。第一、被告2は「原告」との関係でも売買契約で定められた物件が、ともかくBP社の店舗に設置されるのであれば問題はないだろうと考えていたので（「ライブ」二九一頁）、「詐欺」と言えるか問題だね。

学生：でも、原告に本物件を売ったのは被告1であり、他の出入り業者から同じ物品が納入されたからといって、どうして原告との関係で〝問題がない〟のでしょうか？

先生：実はね、リース取引というのは通常の「賃貸借契約」とは異なるのだよ。

学生：どういうことですか？

先生：最近の民法改正の動きの中でも、契約類型の一つとして「ファイナンス・リース」というのが提案されているのだよ。[125]「リース」とは「賃貸借」のことだが、「ファイナンス」とは「財源や財政」ということだね。これが組み合わさって、「金融」の一形態、すなわち「賃料」は利用の「対価」ではなく「融資の返済」なのだよ。[126] だから、被告としてはBP社から原告に対して「賃料」（実は借金の返済）が支払われればよいと考えていた、ということだよ。

学生：そこまで「リース」を知っている被告ならば、いざというとき、物件の所有権がどうなるかということも考えたといってよいのではないですか？

先生：さあ、それは、どうかな。そもそも「リース」では、通常、所有権の存在はあまり関心がなく、むしろ、中古品となるから、所有者としては処分しなければならなくて、面倒なのだよ。それに、被告とBP社の間では本件だけでなく、それまで複数の同様の案件で何の問題もなく進行していたからね（「ライブ」二九一頁）。

学生：しかし、被告2としては、虚偽の「物件受領証」に確認印を押しているのですから、被告1に対しても任務懈怠行為（会社法第四二九条第一項）に該当するのではないでしょうか？　それは、「原告」に対する故意や重過失でなくてよいのですから。[127]

先生：まあ、被告2の行為が被告1に対する任務懈怠行為といえるかは問題だろうね。

学生：しかし、取締役は会社に対して善管注意義務を負うのでしょう（会社法第三三〇条、民法第六四四条）。

先生：でも、この程度のことは、どの会社でも行われていることだしね。

学生：しかし、一般に行われている「慣行」が注意義務を排除するものでないことは判例（昭和三六・一二・一六、民集一五・一二・二四四、最判平成一八・一・二三、民集五〇・一・一）通説[128]の認めるところでしょう。

先生：そうはいっても、それで会社（被告2）や第三者（原告）の法益を侵害し損害を発生をさせるという「予見性」があったでしょうかね？

学生：それも被告2自身の「予見性」ではなく「一般人（標準人）[129]」の「予見性」とすれば、それはあったということではないですか？

先生：具体的には？

学生：会社（被告1）は虚偽の文書発行で本件のように訴えられるとか、第三者（原告）には「リース料」が取れなくなったり、本物件の所有権を失わせるといった「予見性」です。

先生：そこまでいえるか、まあ、裁判官の価値判断でしょうね。貴方は、すごく原告の肩を持ちますね。

学生：だって、原告は何も悪いことをしてないのに、被告の行為で損害を受けて可哀想です。被告らは、とにかく虚偽の文書を出すという行為をしているのですよ。

先生：まあ、そう、カッカしないで！〝Warm heart〟も結構だが、〝Cool heart〟で頼みますよ。でも、そこまで貴方を引き込んだのは、この本の良くできたところだね。

学生：もう一点、共同不法行為（民法第七一九条）のことを教えてください。

先生：一般論としては、通説たる客観的共同説からすれば、ＢＰ社が被用者渋谷花子の不法行為（民法第七〇九条）について使用者責任を負うとすれば（民法第七一五条）、被告１が被告２の不法行為（民法第七〇九条）について責任（会社法第三五〇条）を負うとすれば、被告１とＢＰ社は共同不法行為ということになる。主観的関連共同説[130]も「過失」の共同不法行為を認めているから肯定し得るだろうね。何度もいうが、被告２の故意または過失が原告に対するものでないときは認められないだろうね。

学生：会社法第四二九条の責任で代表取締役が責任を負うとき、会社は会社法第三五〇条で責任を負いませんか？

先生：それは、「故意または過失」の方向が違うからダメだよ。[131] なお、会社と被用者の責任は共同不法行為とするまでもなく、「不真正連帯債務」とされていることを憶えておいてください。まあ、とにかく、このケースを取り上げたのは「証明責任」の問題が眼目だから、話を元に戻そう。そして、証明責任のことだが、不法行為の要件事実については原告が主張・証明責任を負うからということで被告は本件の解明に必要な事実の主張・証明を手控えているね（「ライブ」二五三頁）。そして、裁判官も「結局、被告も事実関係を明らかにしてくれない」（「ライブ」二五五頁）と困っているね。しかし、被告らは、自己に責任はないとして、比較的、詳細にＢＰ社との関係を主張している（「ライブ」二四五、二六六頁）。それに被告らとＢＰ社の関係は被告にとっても有利な事実だから主張・証明すべきだと思うよ。とすれば、その「事実」は「真実」であるとして、「証拠」を提出する義務（民訴法第二条）があるとした方が、「争点整理」は、より迅速（民訴法第二条）に進むのではないだろうか？　本件でも、結局、被告

らも、ある程度は証拠を出しているよね（「ライブ」二八六頁）。

学生：それは、民法第五五五条が「ある財産権を相手方に移転することを約し」と定めているのに、被告1は、それを履行していないし、「債務不履行構成」を採れば、被告1が「帰責事由」の主張・証明責任を負うからですかね？

先生：被告1は契約違反はないとしているが（「ライブ」二六九頁）、この主張は苦しいので（「ライブ」二九三頁）、その点を考慮したのかもしれないね。しかし、いずれにしても「証明責任」の所在が争点整理の進行を促進するよりも、阻害しているのではないだろうか？

（ii）　第一事件「借用証のない親族間の貸金事件」

学生：第一事件は「借用証のない親族間の貸金事件」ですね（「ライブ」二頁）。

先生：借用書はないが、貸主の死亡後、その相続人が、貸主の日記に〝被告に三〇〇万円を貸した〟という記述があるのに気付いて（「ライブ」三頁）、その貸金返還請求をしたという事件だね。

学生：被告は一〇〇万円を共同出資として出してもらったので、それに利益分を付けて一一五万円を返した、と主張していますね（「ライブ」一一、一七頁）

先生：この事件でも、証明責任の分配という通説の「法律要件分類説」からいえば、被告は否認しておくだけでよいのだが、被告も真実究明のために自己の領収書（「ライブ」二〇頁）を提出し（積極否認＝理由付否認）、両者の主張事実が「真実」であるか否かを確認すべく「争点整理」が進行し、関係人の人証へと進行しているよね（「ライブ」五二頁）[132]。

（iii）　第二事件「浄水装置の代理店契約事件」

学生：第二事件は「浄水装置の代理店契約事件」ですね（「ライブ」五六頁）。

先生：原告は中堅の建設業者で、被告は外国会社（OC社）の業務用浄水装置を日本で販売するための総代理店で、その販売代理店を募集し、原告と被告の間で販売代理店契約（以下、本契約という。）が結ばれた。そして、原告が、この業務用浄水装置をA社（豆腐製造会社）に売却したところ、二か月後に、浄水能力が著しく低下した。そこで、販売代理店契約を解除し、加盟金と売買代金合計一六八〇万円の返還を請求したという事件だね。原告の主張によれば、それは、被告が販売代理店の業務を遂行するうえで必要な情報提供及び技術指導提供義務を怠ったという債務不履行を理由にしている。それに対して、被告は、前述の契約では、そのような情報提供及び技術指導を製造会社に行わせるとされており（本契約第七条第二項）、原告に対し情報提供及び技術指導を行う責任は製造会社が負い、被告は責任を負担するものではない、と主張し、また本件浄水装置の性能についてはA社における使用状況を検討すべきであって、本件浄水装置に性能上の問題があったと判断することは不可能であると主張していますね（「ライブ」八七頁）。

学生：さらに、被告は設置メンテナンス等の対応を、あくまでOC社が責任を負い被告は商社としての性質上何ら責任を負うものではない。としています。

先生：加えて、加盟金一二〇〇万円という高額であることが問題となっているが（「ライブ」六一、一四四頁）、とにかく浄水能力の低下が問題で、それについては、通説によれば、原告が証明責任を負うことになるが、被告も積極的に反証を出そうと努力している（「ライブ」一四一頁）。

学生：原告と被告の間が〝こじれた〟のは、浄水装置の能力が低かった、ということもさることながら、A社の件について、被告が適切に対応しなかった（「ライブ」六三頁）ということもあるのではないでしょうか（「ライブ」五

七頁）？

先生：確かに、それはあるね。被告は本契約第七条第二項の義務を民法第一条第二項の「信義則」に従って履行したか否かが問題だね。被告は適切に応じたと主張しているが（「ライブ」七九頁）、この点は、一つの争点になるだろうね。それが「解除」に至るほどの債務不履行なのかだね。あるいは原告としては〝予想していた〟ほど〝儲け〟を挙げられそうにないので、これを〝理由〟に、本契約から離脱しようとしているのかもしれませんね。いずれにしても、裁判官としては、この性能の低下を製品の不都合ではないという「心証」を得ているようだし（「ライブ」一一一頁、一二四頁、一三三頁）、「証明責任」の問題は〝クリア〟していると思うよ。むしろ、本契約第七条第二項の「違反」があったか否かについて被告は詳しく反論していないし、「回答書」にも、被告自身が、どのように対応したかは書かれていない（「ライブ」八九頁）。その上で、加盟金の性質が問題となるだろうね。さらに、このA社のことだけで債務不履行、契約解除というのも問題となるだろうね。

（ⅳ）　第三事件「退職者の競業守秘義務違反事件」

学生：第三事件は「退職者の競業守秘義務違反事件」ですね（「ライブ」一五〇頁）。

先生：居酒屋チェーンの従業員が、退職後一年間は関東圏において同業者もしくは競業する法人または個人への転職をしない、という「誓約書」に署名したのだが、ライバル社の一〇〇％子会社であるラーメン店に転職し、一年後にライバル社に就職したという事件だね（「ライブ」一五三頁）。

学生：形式的には被告は違反していないとも採れますね（「ライブ」二二四頁）。しかし、契約違反の迂回行為とも採れるし、被告は、そこで「誓約書」が公序良俗違反だとしていますね（「ライブ」一八六頁）。

先生：本件では、事実そのものではなく、「評価」が問題で、被告の行為が違反といえるか、さらに「誓約書」が

公序良俗違反（民法第九〇条）か、ということが問題だろうね。

先生：以上から明らかなように、いずれの「ライブ」を見ても、あらかじめ「証明責任」の「所在」が定まっていないと「争点整理」が進行しないというものではないよね。まあ、もう一度、この本を熟読玩味してください。

（エピローグ）

学生：先生は、結局のところ、司法研修所（通説）に対して、〝勇ましくも〟挑戦しようってわけですね。

先生：そうだよ。「権威」に挑戦するのが、学者の「義務」だと思っているのだよ。

学生：でも、〝司法研修所を権威とは思っていない〟という学者もいますよ。

先生：すると、私は〝ドン・キホーテ〟ということかね。

学生：じゃ、私は〝サンチョ・パンサ〟か〝ロシナンテ〟ですかね。

先生：いやいや、貴方は〝ドゥルシネーア・デル・トボーソ姫〟だよ。まあ、大いに頑張ろう！

（法学教室四〇八、四〇九号　二〇一四年九、一〇月）

第六節　中国からの手紙

一　羅先生からの手紙

手紙の送り主は、中国における環境法の第一人者でいらっしゃる羅　麗先生[133]である。その内容は、こうである。

中華人民共和国権利侵害責任法（二〇〇九年。日本の「不法行為」に匹敵。以下「法」という）「第八章　環境汚染

責任」第六五条に〝環境汚染により損害が生じたとき、汚染者は権利侵害責任を負わなければならない〟と定め、同第六六条に〝環境汚染により損害が生じたとき、汚染者は、法律上の免責事由あるいは法律上の減責事由もしくは汚染者の汚染行為と損害の間に因果関係が存在しないことについて挙証責任(134)を負う〟と定めている。ところが、中国の最高人民法院は、法第六六条の「司法解釈(135)」として〝汚染物と損害の間に関連性があるという証明材料を提出しなければならない〟と表明した。この両者の関係（以下、本件という。）については、中国でも種々の見解があるが、前田先生は、どのように考えるか、というものであった。そこで、私は、次のように答えた（以下、拙見を前田説とする）。

二　解答の内容

(1)　法第六六条は証明責任を定めたものであって、〝因果関係が存在する〟という原告（被害者）の主張が、当事者と裁判所の努力によっても(136)、訴訟の最終段階において(137)、「真」であるか「偽」であるか「不明」の場合、すなわち「真偽不明（ノン・リケット）」の場合に、〝被告（汚染者＝加害者）が証明責任を負う〟すなわち、右の主張が「真」であると認定される、ということである。他方、「司法解釈」は「（主観的）証明責任(138)」を定めたものであって、〝因果関係が存在する〟と原告が主張するとき、それを証明する証拠を提出する義務を負う（「真実義務」）というのである。これは、最高人民法院としては、〝あやふやな〟理由で訴訟を提起し濫訴となって、司法制度に混乱が生じるのを防止しようとしたものである。したがって、両者は別々のことを規定し、矛盾（衝突）するものではない、と答えた。

しかし、実は、これでは、（日本の通説からは）〝真の問題解決〟になっていない。それは、こうである。

三　真の問題解決

(1)　たしかに、通説の立場でも、本件において、因果関係不存在の証明責任は被告（汚染者）が負い、因果関係存在の証拠提出責任は原告（被害者）が負う（反証）のだから、問題は解決する、というかもしれない（中野ほか・前掲書三七一頁、伊藤・前掲書三五八頁、三木ほか・前掲書二六六頁）。しかし、反証となる証拠を提出するか否かは当事者の「自由」であり、それを、何故に、何条にもとづいて「（行為）責任」すなわち「義務」（「司法解釈の立場」）といえるのか説明がない。この点、通説によれば、各当事者は自己に有利な裁判を受けるためには、真偽不明になれば自己に不利に判断される要件事実（証明責任を負う事実。本件では因果関係）について、訴訟に勝つためには、これを証明し裁判官に「確信」を抱かさなければならない立場に立たされる、他方、証明責任を負わない当事者は、その要件事実の不存在（本件では存在）について裁判官に「確信」を抱かせる必要はないが、裁判官の確信を動揺させて「真偽不明」に追い込むために「反証」として証拠提出〝責任〟を負うとする（中野ほか・前掲書三七一頁、三木ほか・前掲書二六六頁）。ということは、通説によれば、証拠提出責任の根拠は（「本証」は証明責任から派生する。三木ほか・前掲書二六六頁）、当事者の〝訴訟に勝ちたい〟という功利主義に求めており、それは、「司法解釈」のいうような「責任」とか「（行為）義務」とか云うべきものではない。

(2)　しかし、本件においては、この証拠提出責任（特に「反証」の証拠提出責任）を「義務」とすべきことが要請されている。それに対する答えは、この証拠提出責任は民事訴訟法第二条を法的根拠とする「真実義務」であるということになる（本書一三六頁）。すなわち、弁論主義は（職権主義も）、当事者に自己の認識に反して虚偽の事実を主張したり証拠を提出する「自由」まで認めているわけではない、言い換えれば「当事者は自己が真実に反すると

知りながら、事実を主張したり証拠を申し出ることは許されない」、このような当事者の訴訟上の「義務」を「真実義務」というのである（中野ほか・前掲書二〇六頁、伊藤・前掲書二九七頁）。これは洋の古今東西を問わず最大の徳目の一つである〝嘘をついてはいけない〟ということの民事訴訟手続き上の現れである。

四　結びに代えて

(1)　以前、奥田昌道京都大学名誉教授・元最高裁判事が前田説に対して御意見を述べてくださったが（書斎の窓六三四号三〇頁）、その根拠は〝嘘をついてはいけない〟ということである。それは、正に人類の〝叡智〟にもとづく最大の徳目である（例えば「論語」述而第七、一七二）。そして、はからずも、中国の最高人民法院も、同様のことを「司法解釈」において示した。誠に、卓抜な訴訟実務経験と高邁な道徳観にもとづく「叡智」からの発言と受け止めるべきである。

(2)　さらに、この中国からの手紙は、そもそも証明責任とは何かを反省させられるものであった。というのは、こうである。例えば、日本の大気汚染防止法第二五条に〝汚染物質を大気中に排出することによって、人の生命身体を害したときは、汚染者は、これによって生じた損害を賠償しなければならない〟と定めている。そこで、仮に、加えて〝因果関係の証明責任は汚染者が負う〟という規定を設けたとする（実は、立法時には、そのような案＝証明責任の転換[139]が検討されたが実現しなかった）。さて、通説の基礎ともいうべきローゼンベルク「証明責任論」[140]によれば、法規を適用し得るのは、要件事実の存在について「積極的心証をいだいたときに限るのだから、逆に不存在の心証をいだいたときばかりでなく、要件が存在するかどうか疑いが残ったときにも、法規の適用は行われない」、そこで「証明責任」とは「一定の法規の適用なしには勝訴し得ない当事者は、その法規の要件事

実が実際に生起したことにつき証明責任を負う」すなわち「適用さるべき法規の要件事実につき証明責任を負う」[141][142]としている。しかし、これでは、右の大気汚染防止法の設例を証明できない。それでは、どのように考えればよいのか。それは、こうである。〃裁判官が要件事実の存在もしくは不存在の確信が得られないとき[143]、その事実を不存在もしくは存在を認定することによって、一定の法規が不適用もしくは適用されるという当事者の負担（不利益）〃とすれば、右設例の場合も説明がつく（ということは、法規不適用のみならず法規適用もあり得る。本誌六四〇号八頁）。だが、果たして、このような考えが妥当であろうか。それは、そもそも証明責任という法律用語が何故に必要か、ということに帰着する。ローゼンベルクは云う。「事実問題が確定し難いからといって法律問題を判断不能（ノン・リケット）とする」「余地はない」「裁判官は」「請求を認容するか」「請求を棄却するか、どちらかの判決をせねばならぬ。判決の内容として、右の両者以外のものはありえないのである」[144]。すなわち〃請求棄却のみならず請求認容でもよい〃というのである。しかし、ローゼンベルクは、何故に請求認容あるいは請求棄却の判決をしなければならないのかの理由を説明していない。この点、現在の日本では憲法第三二条が国民に裁判を受ける権利を保障しているから、裁判官は右のような判決をして事件の決着をつけなければいけないのだ、と説明されている（本書一五五頁）。

とすれば、ここで提案した註明責任の定義は妥当なものであることになる。

以上から明らかなように、証明責任は「責任」とか「義務」とかいうべきものではなく「負担（Last）[145]」であり、それに対して、証拠提出責任は「責任」であり「義務」であり、また、主張責任[146]も、訴える者は主張すべきであり、反論する者も主張すべきであるから（事実主張せずして請求棄却を求めることはできない）、「責任」であり「義務」である。

さて、読者諸賢、特に民事訴訟法学者諸賢はどのようにお考えであろうか。

（書斎の窓六四三号二〇一六年一月）

第七節　引き続き「権威への挑戦」
――主張責任と立証責任

一　本稿の目的

(1)　一昨年、書斎の窓に「続々・権威への挑戦――法規不適用説VS．証明責任規範説」という論稿を掲載していただいた（書斎の窓六四〇号〔二〇一五年〕八頁）。これが、伊藤眞先生のお眼に留まり、民事訴訟法の体系書の最高峰に位置する御高著『民事訴訟法　第五版』（二〇一六年、有斐閣）三六七頁（以下、伊藤・前掲書にて引用）に御引用下さり、「今後の検討の課題となろう」と評して下さった。身に余る光栄であり、これによって、多くの民事訴訟法学者諸賢と実務家諸賢に拙見（「前田説」とする。）の存在を知っていただけるようになったと誠に有難く存じている次第である。

(2)　しかるところ、ある裁判官から司法研修所の見解（通説）を擁護する私信[147]を頂戴した。厚く御礼を申し上げると共に、この御意見に対して前田説からの反論を展開しようというのが本稿の目的である。

二　通説擁護の概要

(1)　「主張責任も立証責任も[148]勝訴という目的に鑑みれば現状の変更を求める自らの利益のために働くことを要請

していると考えられる」（自己責任原理）。

(2)　主張責任も立証責任も共に「自助努力原理に基礎を置」き、それは共に「憲法第一三条」に法的根拠が求められるから憲法論の観点からも両責任の所在は一致する。

(3)　両責任の意義が異なり、さらに仮に、両責任の法的根拠が異なり、働く領域が異なるとしても、(149) すなわち「理論的非連続性」があるとしても、そのこと自体が両責任の所在を「一致させる」ことを否定する根拠とはならない。

(4)　「実務上の便宜という観点でいうならば、争点整理のために、訴訟物あるいは抗弁以下の主張の大枠が決まれば獲得目標が決まるというのは便利」であり「非訟事件、特に保全事件のように」他方当事者「の言い分を聞かずに判断することの多い事件では、獲得目標が抽象的に決まる」のは「大変便利」である。さらに、訴訟事件でも「請求原因事実の立証の見込みと抗弁以下の可能性」は「あらかじめ決まっている土俵ともいうべき要件事実論」に依拠するのが通説である。

三　前田説からの反論

(1)　たしかに主張責任（と主観的証明責任）は「勝訴という目的に鑑みれば現状からの変更を求める自らの利益のために働くことを要請している」（自己責任原理）といえる。しかし、立証責任は「自らの利益のために働き」尽くした後の〝真偽不明〟の状態を解決しなければならない（憲法第三二条〝裁判所は裁判しなければならない〟）ための責任であって当事者の〝働き〟とは無関係である（自己責任原理ではない）。

(2)　主張責任（と主観的証明責任）は〝自助努力＝自己責任（憲法第一三条。「自由」＝私的自治原則）〟であるが、

前述のように、立証責任は当事者（そして裁判所）の「努力にもかかわらず、事実の存否について裁判所が心証を形成しえない事態」に対処するためのもの（伊藤・前掲書三六六頁）、すなわち、当事者が自助努力を尽したにも拘らず「真偽不明」に終ったとき、それでも裁判をしなければならないから（憲法第三二条）、〝真〟か〝偽〟かを〝無理にも〟決定するのが立証の問題である。したがって、これは自助努力を超えた領域であり「自己責任」ではなく「結果責任」なのである（三木浩一ほか・前掲書二六四頁）。さらに〝現状変更を求める〟という根拠は、例えば、交通事故の被害者が、損害を受けているという「現状」の「変更」を求めて賠償請求するといった場合を考えると、果して被害者に立証責任を負わす「根拠」として適切といえるだろうか。むしろ交通事故を起こして〝原状〟を〝変更〟した加害者にこそ立証責任を負わせる根拠として適切ではないだろうか。

(3)　たしかに、両責任に「理論的非連続性」があっても、それは「一致する」こと自体を否定する根拠にはならないかもしれない。しかし〝必ず〟あるいは〝常に〟「一致する」（通説）というのならば根拠が必要であろう。現に通説は立証責任を〝真偽不明〟のとき〝偽〟と判断する責任と考えているから〝必ず〟〝常に〟「一致する」のである。(150)

(4)　①　「実務上の便益」という主張は、前田説に対する次のような誤解に基づくのではないだろうか。それは、前田説によれば立証責任は訴訟の最終段階で「真偽不明」の場合に、一言でいえば、「公平原則」（憲法第一四条第一項＝法の下の平等＝民訴法第二条〔公正〕）によって分配される、という。そこへ通説の考え（〝主張責任は立証責任の所在と一致する〟）を結び付けて、前田説では主張責任の所在も訴訟の最終段階にならないと定まらない、と。しかし、前田説では、主張責任（主観的証明責任も）と立証責任は分断されていて、主張責任（と主観的証明責任）の所在は(151)訴訟の最初から定まっている。すなわち、一定の法律効果発生を当事者が裁判所に求めるとする。そのと

き、その法律効果発生のためには一定の法律要件該当事実の存在を〝法〟が要求しているのであり、裁判所は〝法〟に従って裁判しなければならないのだから（憲法第七六条第三項）、裁判所は、その法律要件該当事実が存在しないと法律効果発生を認めることはできない。そして、当事者が主張していない事実の存否を裁判所が認定することは「私的自治原則」（憲法第一三条）に反するから、当事者の主張がない事実は、存在すると判断できず、結局、法律効果の発生が認められない。しかも、それは「自助努力」の範囲内であるから不当でない。しかも、前田説は、通説よりも法文に忠実な「法律要件分類説」（例えば、民法第四一五条の「債務の本旨に従った履行をしない」）である（立法者重視）から「実務上」も通説より明解であり、より「便利」である。このように、前述からも明らかなように、当然、訴訟の最初の段階から、主張責任（主観的証明責任も）の分配は定まっているのである（さもないと、そもそも、どの法律要件をもって、当該法律効果の発生を求めているのか不明である）。

② あるいは、通説は、立証責任を最初から定めて負わすと、当事者は一生懸命に訴訟活動をするという利点があると考えているのだろうか。しかし、それならば、〝どちらに転ぶかわからない〟という前田説の方が両当事者が一生懸命に訴訟活動をするであろう。

③ さらに、一方当事者の主張立証活動だけで結審しなければならない場合については、保全事件などは「疎明」（民訴法第一八八条）であって、「証明」ではないから「立証責任」は問題とならず、一方当事者の主張立証活動によって「相当程度の蓋然性が認められれば」（伊藤・前掲書三四二頁）「真（存在）」と認定すればよく、さもなくば「偽（不存在）」とすればよいのである。さらに、一般の裁判において、他方当事者が出頭しないときは、一方当事者の主張立証活動をもって最終的に「真偽不明」に終ったとすれば、主張立証活動をしなかった他方当事者に不利（主張立証活動をした一方当事者に有利）な判断をするのが「公平原則」に適うであろう。

(5)　①　他にも「真偽不明」という状態についての事実認定に「公平原則」といった価値判断を持ち込むのは疑問であるという批判もあるかもしれない。しかし、それは通説も同じであって「偽（不存在）」と判断するのも価値判断である（事実認定自体ができないのだから）。

②　さらに、「認めない」というのではなく、「認められない」というのであって通説は問題ないという主張もある。しかし、実際上は「偽（不存在）」とされることには変りないのであるから、この主張も通説を擁護するものではない。

③　そもそも「真偽不明」とは何か。それは「科学的証明」ではなく「経験則に照らして全証拠を総合検討し」要件事実があると「是認しうる高度の蓋然性」（最高判昭和五〇・一〇・二四民集二九・九・一四一七）がない場合である。そして、「証明」できたというのは「八割がた確かであるとの判断である」とされている（中野ほか・前掲書三五八頁）。したがって、比喩的にいえば、七九％以下の心証は「真」とはいえず、逆に二〇％以下の心証は「偽」となるから、七九％以下二一％以上の心証が「真偽不明」ということになる。それを全て「偽（不存在）」とする（通説）が妥当であろうか。むしろ「公平原則」によって、ときに「真」、ときに「偽」と判断する方が妥当ではないだろうか[152]。

四　結びに代えて

(1)　このテーマの研究は、「主張責任と立証責任」（判タ五九六号〔一九八六年〕）（前田達明『民法随筆』〔一九八九年、成文堂〕二八四頁）に始まり、「主張責任と立証責任について」（民商法雑誌一二九巻六号〔二〇〇四年〕）（前田達明『民法学の展開』〔二〇一二年、成文堂〕六六頁）において全体構想を提示し、「要件事実について――主張責任と

証明責任を中心として」（法曹時報六五巻八号〔二〇一三年〕一頁）（「編集後記」に「根本を問い直すものとして大変示唆に富む」と評していただいた）（本書一三二頁）において一応の結論を得て、さらに、前述の「続々・権威への挑戦」において「純証明責任規範説」を提唱した。これらの発展は、一重に数多くの実務家諸賢そして研究者諸賢からの御教示と御批判の賜物であり、心から御礼を申し上げる次第である。特に、賀集唱先生には深く感謝申し上げる次第である。かつて、先生が前田説批判のお電話を下さり、二時間余りの大議論となって、「今日はこれ位にして」ということで受話器を置いた。その後、数日して、再度、先生からお電話をいただき「あの後、いろいろ考えたが、前田説に賛成する。結論だけいうと簡単だが、これに至るまで『七転八倒』の苦労をしたよ」とおっしゃった。前田説のために、かくも御苦労をいただいたことに大いに感動し、今後、前田説をますます発展させなければならないと心に誓い、今日に至っている。この学恩に、いささかでも報いさせていただくために、本拙稿を、故賀集唱先生の御霊前に捧げる次第である。

先生は、かつて「ザルツブルクのモーツァルト音楽祭に行って来たよ」と楽しげに語っておられた。そのお声を今も耳の底に記憶している。

先生を偲んで、モーツァルトの「レクイエム」を聴きながら、筆を擱く。

（書斎の窓六五〇号二〇一七年）

第八節　書評・伊藤滋夫＝山崎俊彦編著『ケースブック要件事実・事実認定』（二〇〇二年、有斐閣）

一　まさに、〝干天の慈雨〟とも言うべき「待望の書」が出た。

法科大学院（ロースクール）の発足を一年後に控え、その関係者は、法学部における「法学教育」と司法研修所における「実務教育」との〝橋渡し〟をする教育とは如何にあるべきか、を暗中模索のときである。先例のない教育であるために、その指針となる教科書も、もちろん存在しなかった。その折に、本書が刊行されたのである。当該関係者は、先を争って購読し、出版社の話では、売切増刷中である、とのことである。「洛陽の紙価を高める書」とは、まさに、本書のことである。

二　(1)　本書は、二部構成となっている。第一編は、「総論」で、「要件事実・事実認定の基本的な考え方」と題して、その方面の権威者であり、これまでも、その関係の書を公刊してこられた伊藤滋夫教授の筆になる。その第一章は、「要件事実」の解説である。叙述は、抽象化しないように例題を掲げて、要件事実という考え方から筆を起こされ、そして、それが民事訴訟における役割について筆を進められ、次いで、実体法（特に民法）の解釈との関係について議論を展開され、それが、現実の民事訴訟との間に〝ギャップ〟のあることを主張しておられる。そして、実体法（民法）と民事訴訟との結合（「裁判規範としての民法」）を主張される。第二章は、「事実認定」で、まず、事実認定の意義について述べられ、次いで、民事訴訟における事実認定の基本的ルールと、その役割について言及され、立証責任や間接事実による要件事実の推認といった重要事項を解説され、最後に、その事実認定論を虚偽表示（民法第九四条）の具体的設例をもって説明しておられる。東京高等裁判所判事などを歴任されて、裁判実務に通暁され、さらに、司法研修所教官として実務教育にあたってこられた伊藤滋夫教授の叙述らしく、読者を圧倒する気迫ある文章である。その解説は、具体的設例をもってされ、一見平易ではあるが、非常に高度な内容である。従って、単にロースクールの教科書というより、学者、実務家に示唆的である。

第二編は、「ケース研究」で、虚偽表示をはじめ民法（総則、物権、債権、親族、相続と網羅的である）の二八問のケース研究をはじめ、商法、国際取引法、知的財産法、倒産法のケース研究にまで範囲を広げておられる。

この編は、吉原省三氏をはじめ練達の実務家、学者が、綺羅星のごとく名を連ね、その学識を競っておられる。叙述は、まず「事例」と題して、相当詳しい設例を掲げ、その設例の「キーワード」、「関係条文」を掲げ、「事例の要約」を行って、理解を容易にし、「事案の問題点」を明示し、その事案における関係条文と、関係条文に対する事実の位置付けを説明しておられる。以上を前提として、中心的課題たる「事実の要件事実論的構成」が解説される。さらに、「事件のすわり」と題して、「事件全体の妥当な解決という観点から見た総合的判断の重要性を考慮する考え方で、実務において重視されるもの」にまで言及しておられる。さらに、「参考文献」も掲げられ、より勉強を深めたい者のための用意をし、加えて、当該テーマに関連する「練習問題」まであり、痒いところに手の届く配慮をしておられる。なお、この練習問題については、「ヒント」まで付加しておられる。

(2)　本書は、現在望み得る法科大学院の教科書として最高のものであるが、〝望蜀の感〟を述べさせていただくならば、次のようなことが言えるであろう。すなわち、第一編「総論」は、水準の高い議論がなされており、司法研修所の教科書ともいうべき司法研修所編『増補　民事訴訟における要件事実　第一巻』（一九九八年）よりも、高度であり（例えば、「裁判規範としての民法」）、果たして、ロースクールの初学者に容易に理解できるであろうか。もっと基本的なところを、なぜ？　という問いに答える形で、それも法的根拠を明らかにして、解説することが必要なのではなかろうか。例えば、次のようなことである（以下の要件事実、主張責任、立証責任の叙述については、三ヶ月章『民事訴訟法』（一九五九年）一五七、四〇五頁、兼子一『民事訴訟法大系』（一九六一年）一九七、二五六頁、小山昇『民事訴訟法（三訂版）』（一九七九年）二五六、三二四頁、新堂幸司『民事訴訟法（第二版）』（一九八一年）二八二、三

四七頁、司法研修所編『増補　民事訴訟における要件事実　第一巻』（一九九八年）二、五、一一頁、中野貞一郎他編『新民事訴訟法講義（補訂版）』（二〇〇一年）一六三頁〔鈴木正裕〕、上田徹一郎『民事訴訟法（第三版）』（二〇〇二年）三〇五、三三七頁、三谷忠之『民事訴訟法講義』（二〇〇二年）五七、一二〇頁、伊藤眞『民事訴訟法（補訂第二版）』（二〇〇三年）二五四、三〇六頁に負う）。

三　**(1)**　第一に、「要件事実（主要事実、直接事実）」(153) という考え方が、なぜ必要なのか。それは、憲法第七六条第三項による。すなわち、裁判官は裁判をするにあたって、憲法と法律に拘束される。したがって、憲法と法律に従った裁判をしなければならないのである。これは、いわずと知れた、法の支配と三権分立理論(154)である。そして、法律は、法律要件の充足によって法律効果が発生する（大前提）という構造になっていて、裁判では、その法律要件に該当する事実、すなわち「要件事実」の存在が認められるとき（小前提）、その法律効果が発生する（結論）、という三段論法をとることによって、法律に従って裁判をする、ということが実現されるのである。すなわち、裁判官の恣意や個人的事情によって、結論に差が出ないことが保障され、ひいては国民の基本権が保護される、というわけである（裁判ファッショの防止(155)）。

なお、「過失」や「正当事由」といった「規範的要件（かつては、「不確定概念」とか「不特定概念」といった用語が用いられたが、現在は、価値判断を含む要件という意味で「規範的要件」と呼ばれるのが一般であるので、これに従う。他方、「二十年」（民法第三条）などは、「事実的要件」と呼ぶ。）」については、何が要件事実であるか争いのあるところである。詳細は別稿に譲るが、書評者としては、それこそ、実体法の解釈の問題であり、例えば、「過失」とは「行為義務違反」であり、それは当該事件における「客観的行為義務違反」であり（このこと自体は、現在の民法学

における通説である。その法的根拠は、民法第一条第二項である)、それが「規範的要件」である。そして、この「要件事実」は、それに該当する具体的社会的事実なのである。「正当事由」についても同様である(前田達明『民法随筆』(一九八九年)三一四頁)。さらに、何が「規範的要件」かについても問題があり、例えば、「建物」なども価値判断を要することが多いとの指摘があり(石川義夫「主要事実と間接事実」(鈴木忠一他編『新・実務民事訴訟法講座2』(一九八一年))二六頁)、近時は、殆んどの要件が規範的要件であるという主張もなされている(笠井正俊「不動産の所有権及び賃借権の時効取得の要件事実に関する一考察――いわゆる規範的要件の評価根拠事実と評価障害事実という観点から――」判タ九一二号(一九九六年)四頁)。

以上のように、要件事実は、訴訟物などを特定して、裁判所が法に従った裁判をすることを可能にし、さらに相手方にとって攻撃防禦の対象を明らかにする機能を有するから、原則として、その社会的具体的事実は、いわゆる五つのW、すなわちWho(誰)、What(何)、When(何時)、Where(何処)、Why(何故。例えば動機)をもって「特定」する必要がある(賀集唱「民事裁判における訴訟指揮」曹時二四巻四号(一九七二年)六六一(六七一)頁、司法研修所編『増補　民事訴訟における要件事実　第一巻』(一九九八年)五二頁)。もっとも、余りに、厳格に、それを要求することは、不可能を強いることになる場合もあり、そうでないとしても、訴訟経済に反することになる場合もある。そして、結果として、その要件事実の主張がないものとして、その法律効果を否定することは、実質的に憲法第三二条に違反することになるであろう。従って、前述の機能に適合する程度に「特定」できた、とみなし得るときは、それをもって可とすることが必要となる(例えば、最判昭和三二・五・一〇民集一一・五・七一五(『民事訴訟法判例百選Ⅱ』(一九九八年)第一一二事件))。

ところで、この「法律に従った裁判」原則に違反した場合、すなわち、法律上に認められていない法律要件や法

律効果を裁判所が創造して判決した場合には、そのサンクションとして、如何なる上告理由が考えられるであろうか。理論的には、憲法第七六条第三項違反として、民訴第三一二条第一項の絶対的上告理由にあたるといえよう。しかし、すべての法令は、憲法の定める価値実現のための手段であるから、すべての法令違反は最終的には憲法違反となるわけであり、そのことをもって上告理由とすることは許されず、法令の問題に留めるべきこと（民訴第三一八条、同第三二五条第二項、民訴第三一二条第二項第六号）は、当然のことである。さもなくば、法体系を無視することになり、すべての法令は無に帰するのである。いわゆる「法の欠缺」の場合も、まず、反対解釈や類推解釈などをもって補充し、解釈をもって補充できず、十分な説得力ある法論理が得られないときに、はじめて憲法問題とする可能性（山本敬三「人格権」『民法判例百選Ⅰ（第五版）』（二〇〇一年）一六頁、同「憲法による私法制度の保障とその意義」ジュリ一二四四号（二〇〇三年）一三八頁）を検討すべきであろう。従って、現実には、法律の解釈の問題として（例えば、民法第七〇九条の効果として「差止請求」を認める、といった場合。最判平成七・七・七民集四九・七・二五九九も、人格権（憲法第一三条、同第二五条）侵害についての受忍限度を前提としたものである）、民訴第三一八条の上告受理申立理由、あるいは民訴第三二五条第二項の破棄理由となるであろう。もっとも、民訴第三一二条第二項第六号の絶対的上告理由に該当する可能性もあるであろう。

(2)　第二に、主張責任という考え方がなぜ必要なのか。それは、憲法第一三条に基づくものである（書評者によれば、憲法第一二条にも、基づくものであると考える）。すなわち、憲法第一三条は、私的生活空間に関する事項については当事者の自治に任せるべきである、という「私的自治原則」を定めている（山本敬三『民法講義Ⅰ総則』（二〇〇一年）九五頁）。そして、このような私的自治の支配する領域の紛争についても、当然に、当事者の自治が尊重され、裁判所に、その解決を求めたときも、その審理の主役は当事者である（通説）。正確にいうと、判決の基礎

となる事実の確定に必要な資料（訴訟資料）の提出を、当事者の権能と責任において行う、ということであり、これを「弁論主義」という。[156]そして、この弁論主義の一内容として、先の「要件事実」も、当事者の弁論に現れない限り、裁判所は判決の基礎にできないのである（もし、弁論に現れないのに、それを裁判所が判決の基礎とすれば、それは私的自治原則の侵害なのである）。すなわち、この「要件事実」は存在しないもの、として扱われ、従って、それを要件とする法律効果は発生せず、その法律効果の発生を望む当事者は不利益を受けるのである。この不利益を「主張責任」という。

ところで、前述のように、弁論主義のもとにおいては、権利の発生、障害、消滅の法律効果の判断に直接必要な主要事実（＝要件事実）は、当事者の弁論に現れない限り、裁判所が判決の基礎とすることは許されないが、当事者の弁論に現れた場合には、その事実について主張責任を負う当事者から陳述されたものであるかどうか、を問うことなく（主張共通の原則[157]）、また主張された事実についての法律効果の判断は、裁判官の職権事項に属するから、主張された事実（主要事実、「要件事実」）を確定した以上、裁判所は、法律効果に関する当事者の主張がなくても、その法律効果を判断して請求の当否を決することができる（最判昭和四三・一一・一九民集二二・一二・二六九二[158]）、という原則がある。すなわち、〝事実は当事者が提出せよ、法律の適用は裁判所の職権事項である[159]〟、という原則である。ただ、この原則については、次の二点において、注意を要する。

第一点は、こうである。例えば、売買契約に基づく代金支払請求訴訟で、買主が未成年者であり、しかも法定代理人の同意を得ていなかった、という「要件事実」は、当事者の弁論に現れていたが、買主は「弁済した」と抗弁し、「取消（民法第四条）」を主張しなかったというとき、裁判所は、民法第四条によって、その契約は取り消された、と判決することは、当然できない。なぜなら、民法第四条は、法律効果として、取消権の発生を認めたもの

で、その権利の行使は当事者に任されているからである。

だから、法律効果によっては、当事者の主張が必要な場合がある、ということである。

第二点は、こうである。例えば、無効は、特定人の行為を必要とすることなく、最初から当然に無効である、といわれている。しかし、無効には、絶対的無効と相対的無効がある（近江幸治『民法講義I民法総則（第四版）』（二〇〇三年）二八四頁）。後者は、私益保護を目的として（例えば、意思無能力、そして、心裡留保（民法第九三条但書）、虚偽表示（第九四条第一項）、錯誤（民法第九五条）も、それである、といわれている）、この場合は、当事者の弁論に、その「要件事実」が現れていても、先の「取消」と同じく、法律効果（無効）の主張がなければ、裁判所はその法律効果を判断することはできない、と解すべきであろう（「取消的無効」と呼ばれるものである。山本克己「当事者の一方しか『主張』し得ない無効と主張共通の原則――錯誤無効を例に――」『民事法理論の諸問題（下）』（奥田還暦記念（一九九五年）一一三頁）。他方、前者は、公益保護を目的とし、公序良俗違反（民法第九〇条）、強行法規違反（民法第九一条。書評者は、強行法規違反は、民法第九〇条の問題であると解釈している。）が、それである、とされている。この場合は、「要件事実」が当事者の弁論に現れている場合は勿論（最判昭和三六・四・二七民集一五・四・九〇一『民事訴訟法判例百選I』（一九九八年）第九七事件））、当事者の弁論に現れていなくても（例えば、証拠調べによって）、その事実が確定できれば、当事者が、その法律効果（無効）を主張していなくても、裁判所は、その法律効果を判断できる、というのが、近時の通説であろう。すなわち、適法な手続きによって、裁判所に公序良俗違反（民法第九〇条）の要件事実が明らかとなれば、それを放置することは、裁判所が、その公序良俗違反に手を貸すことになるからである。[160] もっとも、明白な強行法規違反（例えば、殺人依頼契約）の場合は、それでよいとしても、公序良俗違反といえるか否か争いのある場合（多くの取締法規違反や、良俗違反といえるか否か[161]）、当事者が、その法

律効果（無効）の主張をしていない場合は、「不意打ち防止」[162]の観点から、釈明義務があると解すべきであろう（奈良次郎「釈明権と釈明義務の範囲」（鈴木忠一他編『実務民事訴訟講座1』（一九六九年））二二五頁、二三二頁）。

以上、要件事実が当事者の弁論に現れていないときでも（ましてや、その法律効果の主張がなくても）、裁判所は、その法律効果の判断ができる場合がある、ということである。

なお、要件事実（主要事実）の他に、要件事実の存否（真偽）の推認に役立つ「間接事実」（例えば、「雨が降った」という「要件事実」に対して、「地面が濡れている」という「間接事実」。もっとも、散水車が水を撒いたかもしれない）、あるいは、証拠の証拠力（信用性）に関する「補助事実」（例えば、その証人は以前に偽証罪で有罪となったことがある）などがある。そして、当事者の弁論に現れることを必要とするのは、要件事実だけで、他は弁論に現れる必要はないとされている（もっとも、「顕著な事実」（中野他・前掲書二五〇頁〔青山善充〕）以外は、裁判所において当該訴訟手続中に適法に収集されなければならないことは当然である）。その理由は、要件事実以外の事実は、要件事実の存否（真偽）を証する事実であるから、証拠法の問題であり、ここは、弁論主義ではなく、裁判所の「自由心証主義」（民訴第二四七条）の支配する領域であるから、弁論に現れる必要はないと考えるからであろう（青山善充「主要事実・間接事実の区別と主張責任」（新堂幸司編『講座民事訴訟4』（一九八五年））三九九頁、中野貞一郎他編『新民事訴訟法講義（補訂版）』（二〇〇一年）一六八頁〔鈴木正裕〕）。

次に、要件事実の主張についての手続き上の違反の効果が問題となる。すなわち、①要件事実が当事者の弁論に現れているのに、裁判所が、その法律効果を認定しない（勿論、判決の結果に影響を及ぼさない場合は別である）、あるいは、②要件事実が弁論に現れていないのに、その法律効果について認定する、という場合である（先の公序良俗違反のような場合は別である）。これらの場合は、民訴第三一二条第一項第六号の絶対的上告理由に当てはまる場

合もあろうし、民訴第三一八条第一項の上告受理申立理由にあたる場合もあるであろう。さらに、釈明義務違反[163]にあたる場合は、民訴第三一八条の上告受理申立理由にあたる場合もあろうし、さらに、職権事項として（民訴第三二二条）、破棄事由にあたる場合もあるであろう（民訴第三二五条第二項[164]）。

(3)　第三に、立証責任という考え方が、なぜ必要か。それは、憲法第三二条にもとづくものである。この憲法第三二条は、国民に裁判を受ける権利を保障している。ところで、判決をするには、以上のような「要件事実」の存在を確定しなければならないが、当事者も裁判所も能力に限界があるから、裁判所は、その「要件事実」の存在について「確信」（最判昭和二三・八・五刑集二・九・一一二三、最判昭和五〇・一〇・二四民集二九・九・一四一七）を得られないことがある。しかし、その場合に、存否不明として裁判をしない、というわけにはいかない。すなわち、それでは、当事者の裁判を受ける権利は、実質的に保障されないことになり、先の憲法第三二条違反ということになるからである。裁判所が「要件事実」の存在を確信し得ないときには、その「要件事実」が存在するとは扱えない（訴訟上は存在しない）、として（通説[165]）、それを要件とする法律効果を不発生とし、そこで、その法律効果の発生を望む当事者は不利益を受けることになる。この不利益を、「立証責任（証明責任、挙証責任）」という。従って、一定の法律効果の発生を望む当事者が、その法律効果の前提となる法律要件に該当する「要件事実」について主張責任と立証責任を負う、というのが通説判例である（法律要件分類説[166]）。

この「立証責任」について、確信が得られないとしながらも、要件事実の存在を認めたり、あるいは逆の場合には、民訴第三一二条第二項第六号の上告理由にあたるであろう。さらに、「立証責任」の分配については、「法令の解釈」の問題と考えられるから、民訴第三一八条の上告受理申立理由か民訴第三二五条第二項の破棄理由となるであろう。

四　もっとも、以上のような「望蜀」の言は、書評者ならば、そうする、というだけのことであって、伊藤滋夫教授は、別の叙述方法を採られた、ということであり（そのようなことは民事訴訟法や民法の教科書に任せればよい、というご趣旨であろう）、何ら本書の価値に関りのあるところではない。すなわち、類書のない未開拓の分野に、燦然と輝く金字塔を打ち立てられたのであり、大いに、その功績は賞賛されるべきである。

（民商法雑誌一二八巻三号二〇〇三年）

第九節　書評・新堂幸司監修『実務民事訴訟講座』［第三期］第五巻『証明責任　要件事実論』（二〇一三年、日本評論社）

一　はじめに

『実務民事訴訟講座』第三期の刊行が始まった。この講座は、第一期が一九六九年から第二期は一九八一年から刊行され、いずれも実務界は勿論、学界にも大きな影響を与えてきた。かくいう前田達明も大いに参照させていただいた。そして、今やロースクール教育が始まり、民法学者をはじめ実体法学者も否応なしに民事手続法を十分に理解しなければならなくなった（実はロースクール教育がなくても当然のことであったはずである）。特に、要件事実、主張責任、証明責任（挙証責任、立証責任、Beweislast）は実体法学者にとっても不可欠の知識となった。ということは、第三期の刊行は、これまで以上に学界にとっても待望のことであり、特に第五巻は先述のところから、誠に重要であり、拝読したところ非常に有益な内容であり、実体法学者の立場からの書評の機会を与えていただいた次

第である。

二　鼎談について

まず、巻頭に「民事訴訟の現在と展望」と題して、監修者の新堂幸司先生、編者の高橋宏志先生、加藤新太郎判事の鼎談が掲載されている。正に本書の〝大序〟であり、三大家の議論が誠に高度なものであり、しかも、その八分の三は民法学（者）と要件事実に向けられていて、我々民法学者にとって大いに示唆深いものとなっている。唯、いささか気になる発言がある。すなわち、「ある民法学者の教科書は、私から見るとこれまた過剰に要件事実を意識した教科書になっていて、初学者が見たとき読みにくいです。やはり民法学は我妻先生の『民法講義』でもいいのだ」（八頁）と述べられている。しかし、今や、要件事実論（そして主張責任と証明責任）は民法の解釈論でもあることは異論のないところであり、我々民法学者としては何らかの形で、このテーマに寄与しなければならない。ところで、発言中には明示されていないが、それが山本敬三『民法講義Ⅳ―1』（二〇〇六年、有斐閣）、同『民法講義Ⅰ』（二〇一一年、有斐閣）であることは衆目の一致するところである。同書は右のような民法学者の責務を果たすべく「実務」と「理論」の架橋を目指したもので、このテーマについての〝金字塔〟であると評されるべきものと考えている。勿論、故我妻栄先生の『民法講義』は不朽の名著であり、私の学生時代の教科書であったが（私だけでなく、当時、司法試験合格を目指した全ての学生の民法教科書であった）、それは、かなり「初学者が見たとき読みにくい」ものであったことを記憶する。

三　総論的考察について

(1)　次に「第一章　要件事実論の到達点」は加藤新太郎判事のご執筆で、以下の各章のいわば〝総論〟ともいうべきものであり、要件事実論、主張責任論、証明責任論についての現状を見事に描き出され、しかも各論点についての箇にして要を得た論述は、この問題について、いささかでも関心を抱く者にとって必読の玉稿である。

(2)　ところで、加藤判事とは、司法試験の民法考査委員として御一緒し（一九九〇年）、鋭い議論で会議をリードされ、私が最も尊敬する裁判官の一人である。その加藤判事の玉稿の中で拙稿を御引用下さり、身に余る光栄と存じている次第である。しかし、只々感謝申し上げているだけでは、学問の進歩にはならない。そのためには論争が不可欠である（平井宜雄『著作集Ｉ　法律学基礎論の研究』（二〇一〇年、有斐閣）二六〇頁）。そこで、蟷螂の斧を振り翳して、加藤判事の胸をお借りしようとするものである。

(3)　加藤判事は次のように述べておられる。

「裁判所は、法規（実体法）を大前提として、事件についてその要件事実に当たる具体的事実を認定して、訴訟物たる権利・法律関係の存否を判断する。このような理路により、民事訴訟において、要件事実を論じることには必然性がある」（二七〜二八頁）。さらに、主張責任について「弁論主義のもとでは」その要件事実が「いずれの当事者の弁論にも現れない限り、裁判所はこれに基づいて判決できない」（三〇頁）、そして証明責任について「要件事実の存在が真偽不明に終わった場合には、当該法律効果の発生は認められない」（二九頁）「このような場合に、民事訴訟の一方当事者が受ける不利益または危険が『証明責任』である」（三〇頁）とされる。このような証明責任についての理解の根底には、証明責任と主張責任の関係についての、或〝ドグマ〟が存在する。

この点について、加藤判事は次のように述べておられる。

「証明責任の所在と主張責任の所在の関係についても、二つの考え方がみられる。

第一説は、実体法の法律効果の発生によって利益を受ける当事者が一定している以上、この当事者に法律効果発生の要件事実についての証明責任と主張責任が帰属すること、すなわち、証明責任と主張責任とは同一当事者に帰属し、両責任の所在は必ず一致するという。そして、このことは、証明責任と主張責任の意義から導き出される論理的帰結であると考える。例外を認めないのであるから、原則貫徹説だといえよう。両者の機能的関係付けを前提とする考え方である」（三〇～三一頁）。「第二説は、証明責任の所在と主張責任の所在が不一致の場合があるとする」「これは請求の有理性の要請等から基礎づけるが、例外許容説と呼ぶことができる」（中野貞一郎先生の御見解）「証明責任と主張責任との歴史的沿革は異なるものであることを考慮すれば、理論的には例外を許容するスタンスが相当であるといえる」（三一頁）。もっとも、この例外許容説も、主張責任と証明責任との関係については原則として（例外は認めるとしても）、そして証明責任の定義についても「原則貫徹説」と同様である（中野貞一郎「主張責任と証明責任」判タ六六八号（一九八八年）五頁）。

(4)　そこで、まず問題なのは、この証明責任の定義である。これは加藤判事のみならず司法研修所をはじめとする日本の通説である。しかし、真偽不明（ノンリケット）のとき、その事実は不存在と扱うことが果たして妥当なのであろうか。一般に「高度の蓋然性」（最判昭和五〇・一〇・二四民集二九・九・一四一七）あるとき「真」と判定され「存在」と認定し得る、そして、その心証度は八〇％程度とされている（中野貞一郎他『新民事訴訟法講義〔第二版補訂二版〕』（二〇〇八年、有斐閣）三五八頁）。とすると、心証度七九％以下の場合は全て「偽」として、「不存在」と扱われることになる。このようなことは全く一方的で不当ではなかろうか。正にこのような証明責任の定義の根底に、先の〝ドグマ〟が存在するのである。すなわち、証明責任も主張責任と同様に、主張されている事実が「真」と認定されない限り法律効果が発生しないのは当然である（法律効果発生によって利益を受ける当事者が証明す

べきである）という〝ドグマ〟である。しかし、この〝ドグマ〟には大きな誤解がある。たしかに、刑事裁判においては〝疑わしきは罰せず〟であって「真」と限定されない限り構成要件該当事実は「不存在」であり法律効果（有罪判決）発生は認めることは許されない。これは、刑事裁判は国家権力（警察、検察、裁判所）から国民（の基本的人権）を守るという憲法の根本法理（憲法第一三条。それは憲法第三七条、第三三条、第三四条、第三五条、第三六条、第三八条等に発現している）に基づく手続であることによる。しかし、民事裁判は違う。民事裁判は相争う複数の私人の権利関係に結着を付ける手続である。そして、ここでは、国家権力（裁判所）は私人間の法的紛争に対して如何に対応すべきかについて憲法第一四条（そして憲法第二二条、第二五条、第二六条、第二七条等に発現している）「法の下の平等」すなわち「公平」に扱うべしという根本法理が働くのである。このことを証明責任の分配に当てはめてみよう。象徴例として、「真」という心証度は五〇%、「偽」という心証度は五〇%という場合に、それを常に一方的に「偽」とするのは不利益を負わされる当事者にとって余りに不公平ではないか。もしかすると「偽」と積極的に認定するのではなく「真」とは認められないと消極的に認定するのであるから不公平ではないとする反論があるかもしれない。しかし、このように〝言い方〟を変えても結論として、法律要件が充足されない故に法律効果の発生は認められないのであるから実質は変わらない。さらに「真」という心証度五〇%の場合に「真」とは認められないと認定するのと同じウェイトをもって、他方において「偽」という心証度五〇%の法について「偽とは認められない」と認定する可能性があるのに、常に一方的に前者のみを採用するのは不公平であろう。このような「不公平感」は実務においても行きわたり、例えば「間接反証」理論が生じた（新潟地判昭和四六・九・二九下民集二二巻九＝一〇号別冊一九八頁。このような「不公平感」に対応するための実務の努力については前田・展開七七～七九頁）。それでは、この不公平感を根本的に是正する証明責任の分配は、どのようにすればよいのかについては後述

する。

(5)　ところで、加藤判事は先の例外許容説の注に拙稿を御引用下さっているが、これは前田達明の見解（以下、「前田説」という）ではない（前田・展開九四頁注（16））。

前田説によれば、まず要件事実の定義は司法研修所のそれに従い、その法的根拠は憲法第七六条第三項（実体法的意義）である（前田・展開六七頁）。次に、主張責任の定義についても司法研修所のそれに従い（実は「有理性」というのも同様であると考える。法律要件充足→法律効果発生）、その法的根拠は憲法第一三条である（前田・展開七〇頁）。最後に「証明責任」は真偽不明の場合でも裁判をしなければならないという憲法第三二条を法的根拠とするものであるから、その定義は「訴訟上一定の事実の存否が確定されないとき、不利益な法的判断を受けるように定められている当事者の一方の不利益」とすべきで、そして「いずれの当事者がこの不利益を負うべきかを定めるのが」証明責任の「分配」なのである（三ヶ月章『民事訴訟法』（法律学全集三五）（一九五九年、有斐閣）四〇五頁）。その分配の基準は何か。それは①公平原則を具体化した法規定（法の定めがあれば、まず、それに従うのは当然のことである。例えば、民法第一一七条第一項、同第一八六条、民訴法第二二四条等）、②公平原則の一般法たる信義則（民法第一条第二項は裁判における権利行使や義務違反にも適用される。例えば、禁反言、証拠隠滅等）、③公平原則（憲法が要請する民事裁判の根本法理である。例えば、いずれの当事者が証明が容易か証拠に近いか等）である（石田穣『証拠法の再構成』（一九八〇年、東京大学出版会）一四〇頁）。

以上のように、主張責任と証明責任は歴史的沿革も法的根拠も異なり（前者は憲法第一三条、後者は憲法第三二条と同第一四条）、さらに、その分配基準も異なるのであるから、両責任の所在は一致することもあるが一致しないこともあり、それは〝原則〟と〝例外〟といった次元の問題ではない。すなわち、これは法理論上の問題であって

〝質〟の問題であり、量の次元の問題ではないのである。付言しておくと、前田説によれば、主張責任の分配は、その定義からして法律要件分類説に従うのである（前田・展開八二～八三頁）。

ところで、「主張責任は証明責任に先行するもの」（三〇頁）という命題と〝証明責任の所在に合わせて主張責任の所在を決定する〟という命題（吉川愼一「要件事実論序説」司法研修所論集一一〇号（二〇〇三年）一四五頁）は調和するのであろうか。なお、吉川判事は「履行がなかった」というのは「法律効果の発生のための法律要件として主張されていることが求められている事実ではない」とされる（吉川愼一・前掲論文一五三頁）。しかし法律効果（損害賠償請求権）発生のために不可欠な法律要件該当事実（「履行しなかった」）を主張しないで何故に法律効果を主張できるのであろうか。

⑹　次いで、主張責任の所在と証明責任の所在が分離の場合について、加藤判事は次のように述べておられる。「債権者に『履行期に履行がないこと』の主張責任があり、債務者に『履行期に履行したこと』の証明責任があるという。しかし、この場合には、債権者の主張すべきであるのは、債務が履行されていないという『法律状態』であるのに対し、債務者が証明すべき債務の履行は、特定の日付・場所で行われた事実である行為（例えば、弁済）であるから、同一事実について主張責任と証明責任とが不一致になるというのは正確とはいえない」（三一頁）。ここで述べておられる証明責任は「主観的」証明責任ではないだろうか（「証明すべき」）。この点について前田説は次のように述べている。「履行遅滞に基づく損害賠償請求（民法第四一五条）において、私見によれば、原告たる債権者が『履行期に履行がないこと』について主張責任を負い、被告たる債務者が『履行期に履行がないことについて立証責任を負う。すなわち』『履行期に履行があったか否か不明の場合に『履行がない』という『不利益』を被告たる債務者が負わされるという事実を指して、その立証責任を被告たる債務者が負うと表現するのである」（「続・

主張責任と立証責任」判タ六四〇号（一九八七年）（前田達明『民法随筆』（一九八九年、成文堂）二九八頁）。なお、同書三〇七～三一五頁）。すなわち「客観的」証明責任の対象は民法第四一五条において「履行がない」ということであって、それが真偽不明になったときは、この要件事実は訴訟上は存在すると扱われて被告たる債務者が不利益を負うということである。他方、この要件事実について原告たる債権者が主張責任を負うという意味は、この要件事実が弁論に現れない限り、この要件事実は訴訟上は存在しないと扱われて原告たる債権者が不利益を負うということであり、主張責任の対象と証明責任の対象は同一なのである（この点について故倉田卓次先生から〝前田説は理解した〟という御返事をいただいた）。

四　各論的考察について

(1)　まず、第二章は「不動産関係訴訟の証明責任・要件事実」で秋吉仁美判事の御執筆である（五五～七四頁）。ここでは①土地（建物）明渡請求、②建物収去土地明渡請求、③建物退去土地明渡請求の三類型について、各訴訟物、請求原因、抗弁以下の攻撃防御方法を明解に叙述され、実体法学者にとっても誠に有益である（実はロースクールの演習では必ず、このテーマが採り上げられる）。

(2)　第三章は「動産関係訴訟の証明責任・要件事実」で小泉博嗣判事と上原卓也判事の御執筆である（七五～九五頁）。ここでは、その典型例として「動産引渡請求」を中心に損害賠償請求、執行不奏功の場合の代償請求についても言及しておられる。そして「抗弁以下の攻撃防御方法」の後に、「請求原因」「抗弁」「再抗弁」「再々抗弁」を図表にして、その関係を容易に把握できるように工夫されている。

(3)　第四章は「不動産登記訴訟の証明責任・要件事実」で森宏司判事の御執筆である（九七～一三二頁）。かつ

て、前田達明は判例時報において民法のどの条文が判例で多く使われているかを調べたことがあるが（ということは、それが実務上も学問上も重要であるという証拠である）、その結果は物権法では民法第一七七条が圧倒的に多かった（ジュリスト六五五号（一九七八年）一一〇頁）。したがって、この玉稿は民法学者にとって誠に重要であることがわかる。そして、本稿の中心は登記請求権であり森判事は多元説に立たれ（判例もそうであり、前田達明も同意見である。前田達明『民法随筆』（一九八九年、成文堂）五九頁）、①物権的登記請求権、②債権的登記請求権、③物権変動的登記請求権に分け各々請求原因、抗弁について論ぜられ、それぞれの請求権の関係について設例をもって解りやすく論じておられる。

(4)　第五章は「売買の要件事実・証明責任」で須藤典明判事の御執筆である（一三三〜一五八頁）。これは契約法における中心的課題で、ロースクール教育においても実体法学者を悩ますテーマの一つである。本稿は、まず売買類型を明らかにし、代金請求と目的物引渡請求についての請求原因を設例をもって詳細に論じておられ、初学者にも理解容易なように平易な解説で誠に有益である。

(5)　第六章は「貸借契約関係訴訟の証明責任・要件事実」で吉川愼一判事の御執筆である（一五九〜二〇四頁）。理論家でもいらっしゃる吉川判事らしく「消費貸借、賃貸借、使用貸借」についての学界における理論状況にも鋭い言及がなされており、我々学者の〝お株〟を奪われた思いである。そのことを前提として、それぞれの要件事実、主張責任、立証責任について詳細な議論を展開しておられる。

(6)　第七章は「債務不履行関係訴訟の証明責任・要件事実」で田村幸一判事の御執筆である（二〇五〜二二〇頁）。「履行遅滞に関する証明責任」「履行不能に関する証明責任」「不完全履行に関する証明責任」に分類され、通説の立場から詳述されているが異説についても目配りしておられ、好個の設例を工夫された玉稿である。

(7)　第八章は「不法行為訴訟の証明責任・要件事実」で吉川愼一判事の御執筆である（二二五～二五八頁）。ここでも単に実務的な証明責任・要件事実論に止まらず、現在の「混迷」した不法行為学説に踏み込んだ見事な玉稿である。本稿においても拙稿を御引用いただき疑問を呈していただいているので、お答えしておく。まず「信頼責任を過失責任に限る必要はないのではないか」（二三三頁）とされている（これは一九六八年度私法学会の個別報告で故四宮和夫先生からの〝故意も行為義務違反ではないか〟というご質問と同趣旨であると理解する）。たしかに故意も信頼を裏切ることであるが、故意においては「意思」という強力な帰属根拠があるから「信頼」を持ち出すまでもなく「意思」故に損害賠償の範囲や額に差が出ると考えている。次に「違法一元論」においては「総合評価をするのかどうか」（二四七頁）とされるが、「総合的判断」をするのであって（前田達明『不法行為理論の展開』（一九八四年、成文堂）一九二～一九四頁）、これまた責任、範囲、額（特に慰謝料）に反映されると考えている。

(8)　第九章は「安全配慮義務違反関係訴訟の証明責任・要件事実」で加藤幸雄判事の御執筆である（二五九～二七八頁）。このテーマは債務不履行の一類型として学界では早くから採り上げられ実務界においても最判昭和五〇・二・二五民集二九・二・一四三で採用されて以来、重要性はますます増している。本稿は、それについて「訴訟物」「請求原因」「抗弁」について良く工夫された解説が行われている。

(9)　第一〇章は「医療過誤訴訟の証明責任・要件事実」で井上哲男判事の御執筆である（二七九～三〇一頁）。このテーマは学界においても債務不履行か不法行為か、過失と因果関係の立証は如何ということで大議論のあるところである。そこで、まず、多くの問題を含んだ事件を設例として先の議論を実務界から詳述しておられ学界に大きな一石を投じている。

(10)　第一一章は「国家賠償法関係訴訟の証明責任・要件事実」で古賀寛判事の御執筆である（三〇三～三一八

頁）。実体法学者の立場からは、法文に「違法性」とあり、それについても詳述しておられ、本稿は、この点からも今後の研究にも大いに寄与するものであると確信するものである。

⑾　第一二章は「執行関係訴訟の証明責任・要件事実」で井上稔教授（元裁判官でいらっしゃる）の御執筆である（三一九〜三四四頁）。このテーマは実体法学者にとって（前田達明にとってというべきか）、日頃、中々、研究視野に入ってこないもので、本稿は、その空白を埋めて下さるものとして必読の章である。

（法律時報八五巻七号二〇一三年六月）

（1）　司法研修所編『増補　民事訴訟法における要件事実　第一巻』（一九九八年、法曹会）。以下、司研・前掲書という。

（2）　前田・展開六六頁。

（3）　前田・展開四二頁。

（4）　ところで、「主要事実」という法律用語が用いられることがある（中野貞一郎他『新民事訴訟法講義第二版補訂版』（二〇〇六年、有斐閣）（以下、中野他・前掲書という。）一九二頁）。説明によれば「主要事実」とは法律要件に該当する具体的事実であって、それを「法概念を用いて代用している」のが「要件事実」であるという（中野他・一九三頁）。例えば、〝債務者が債権者に特定の日時・場所において金銭を手渡した〟と表現するのが「主要事実」で、〝弁済した〟というのが「要件事実」であるというのである。しかし、いずれも同じ事実であり、「要件事実」の方が、より意味を明確に伝えるから、「要件事実」に統一する方が明解であると考える。しかも、同じものを種々の概念を用いて〝垣根〟をつくることは〝素人にも解かる法律学〟（星野英一「民法解釈論序説」民法論集一巻（一九七〇年、有斐閣）一一頁）に逆行するものである。

（5）　これは「法の支配」（注21参照）と「三権分立理論」に基づくものである。前田・展開六七頁。

（6）　前田・展開二三八頁。なお、そこでは「評価障害事実」も「要件事実」であるとしているが、本文のように訂正する。

（7）　証明責任が要件事実についてのみに発生するというのは周知のことである。中野他・前掲書一九四頁、三五七頁、三木浩一他

『民事訴訟法』（二〇一三年、有斐閣）（以下、三木他・前掲書という。）二六〇頁。

もっとも、主張責任については要件事実のみならず、「重要な間接事実」すなわち「訴訟の勝敗を左右する（あるいは勝敗に直結する）」「事実」も対象となるという有力説がある（三木他・前掲書二〇四頁）。傾聴に値する見解である。すなわち、そのような「事実」は「要件事実」に匹敵する重要事実であり、後述のように、私的自治（自己責任）原則の観点からも「不意打防止」原則の観点からも「主張責任」を付与すべきであると考える。しかし、そのような「事実」について「証明責任」を付与する必要はない。何故ならば、そのような「事実」が真偽（存否）不明に終ったときは、それが関係する「要件事実」自体が真偽（不明）になるか否かを検討すればよいからである（三木他・前掲書二六〇頁）。

（8）前田達明『民法Ⅳの二（不法行為法）』（一九八〇年、青林書院新社）三六二頁は、「過失相殺」とは「違法性相殺」であると論証している。

（9）吉川愼一「不法行為訴訟の証明責任・要件事実」（新堂幸司監修『実務民事訴訟講座第三期』第五巻「証明責任・要件事実論」（二〇一二年、日本評論社）（以下、新堂監修・前掲書という。）二四七頁）。なお、同論文は、意思の不存在も責任能力の不存在も共に抗弁として扱うとするが（二二八頁）、「意思」あるいは「意思能力（事理弁識能力）」（最大判昭和三九（一九六四）・六・二四民集一八・五・八五四）と「責任能力」（民法第七一二条、同第七一三条）とは明確に区別すべきものであって、前者は「否認」、後者は「抗弁」として扱うべきである。

（10）加藤新太郎「要件事実の到達点」（以下、加藤・前掲論文という。）（新堂監修・前掲書）三一頁。

（11）前田達明「続・主張責任と立証責任」（前田達明『民法随筆』（一九九一年、成文堂）二九三頁（初出判タ六四〇号一九八七年））。

（12）前田・展開七〇頁。このことは民事訴訟法学界における通説である。中野他・前掲書一八九頁、中野貞一郎『民事裁判入門第三版補訂版』（二〇一二年、有斐閣）（以下、中野・前掲書という）二一七、二二八頁。

（13）この命題自体は憲法第七六条第三項が裁判官は憲法及び法律拘束されると定めていることからくる。すなわち、〝拘束される〟

法がなんであるかを、まず、裁判所は確定しなければ裁判ができないからである。仮に、もし当該事件に適用すべき法についても当事者の主張に委されるとすれば当事者が誤った主張をし、それに従って裁判所が裁判したときは、裁判所は憲法第七六条第三項の要請する職責に違反したことになる。従って、この職責を果たすために当該事件に適用すべき法の確定は裁判所の権限とされるのである。さらに両当事者が適用すべき法についても争いがあるときは裁判所が決着を付けなければならないから、この点からも、法の確定は裁判所の権限とされるのである。なお、法律行為によって、当該法律行為の成立と効力についての適用法を定めることができるが（法の適用に関する通則法第七条、同第九条）（以下通則法という）、しかし、これも「通則法」という法律の適用を、まず裁判所が認定するからであり、したがって、そのような法律行為自体が「公序良俗違反」の場合は、民法第九〇条（例えば、経済的に強い立場にあることを利用して契約を締結）あるいは通則法第四二条（扶養義務の準拠法に関する法律第八条、遺言の方式の準拠法に関する法律第八条も参照）により、裁判所によって無効とされるのである。

(14)　竹内昭夫他『新法律学辞典第三版』（一九八九年、有斐閣）九二七頁。

(15)　佐藤幸治他『コンサイス法律学用語辞典』（二〇〇三年、三省堂）一〇四〇頁。

(16)　平井宜雄『著作集Ｉ法律学基礎論の研究』（二〇一〇年、有斐閣）一六六、二三六、二六〇頁。

(17)　石田穣『証拠法の再構成』（一九八〇年、東京大学出版会）二五四頁。

(18)　兼子一・判例民事法昭和九年度（三八事件）一〇九頁。兼子一は〝契約が代理人によって成立したことの主張は不要である〟という判旨は、弁論主義に反し賛成できないが（坂井芳雄・判タ七一号（一九五七年）四四頁も同旨）、具体的事案の解決としては、当事者の〝援用〟は「事実の主張をも包含し」ていると認むべきであるとして肯定している。

(19)　中野貞一郎・民商法雑誌第四〇巻第二号一九五九年三三七頁は、弁論主義は当事者の主張事実と裁判所の認定事実の同一性を要求するが、ただ、〝契約が代理人によって成立したとの主張は〟不要で弁論主義に反しないが、裁判所としては釈明すべきであり、しないと釈明義務違反となりうるかは具体的事案の状況に応じて考えられるが、「本件における裁判所の不釈明が当を得ないものであったことは疑いを容れない」とする。さらに、法律効果が同一であるから裁判所は当事者の主張しない事実を認定

してよいという本判決の理由付けは妥当でないと批判している。例えば、所有権確認訴訟で所有権の存否が争われる場合、当事者が取得原因として取得のみを主張しているのに法律効果は同一であるとして時効取得、先占、添附、受贈、相続等による取得を欲しいままに認定できるというのは弁論主義の否定以外のなにものでもないと批判する。

(20) もっとも、加藤・前掲論文は、このいわゆる「原則貫徹説」に賛成するのではなく、いわゆる「例外許容説」に賛成する。この「例外許容説」は中野貞一郎説であり、それは訴えの「有理性 Schlüssigkeit」に基づいて例外的に両責任の所在が一致しないことを認めるものである。そして、ここにいう「有理性」とは原告の主張事実を真実と仮定したとき原告の請求が正当と認められることである、という。ということは、法律要件該当事実（要件事実）が全て主張されているか否かということであって、主張責任の所在が法律要件分類説によるということを述べるものであり（中野貞一郎「主張責任と証明責任」判タ六六八号（一九八八年）四頁）、この主張責任の分配基準については前田達明説と差異はない。

(21) 憲法第七六条第三項は前述のように法の支配と三権分立理論を定めている。この「法の支配」という意味は、こうである。すなわち、法律要件の充足によって法律効果が発生する（大前提）という法構造になっていて、裁判では、その法律要件に該当する事実すなわち「要件事実」の存在が認められるとき（小前提）、その法律効果が発生する（結論）という三段論法をとることによって、法律に従って裁判をするということが表現されるのである。すなわち、これが憲法第七六条第三項の実体法的意義である（前田・展開六七頁）。

そして、以上のように、「要件事実」、「主張責任」、「証明責任」という三概念は民事訴訟手続において重要な役割を果たすものであるから、それらも憲法第七六条第三項から、それぞれ法的根拠を必要とし、それは本文のとおりである（憲法第七六条第三項の手続法的意義）。

(22) 証明責任というのはドイツ語の Beweislast の訳語で、挙証責任、立証責任なども訳されている。むしろ証明（結果）の負担というほうが適切であろうが、本稿では証明責任に統一する。

(23) そのような事態が発生するのは「当事者の努力や裁判所の努力に限界があり」（新堂幸司『新民事訴訟法　第五版』（二〇一一

年、弘文堂）（以下、新堂・前掲書という）六〇二頁）、「事実の認識手段ないし能力に限界」（中野他・前掲書三五七頁）があり、当事者と裁判所が最大の努力を尽しても「裁判所が心証形成できない場合がある」からである（三木他・前掲書二五八頁）。

（24）司研・前掲書二二頁。司法研修所の教官も務められた練達の裁判官の御教示によれば、実務の立場と考えられるのは、請求原因として、①XとYの契約の締結、②Xはピアノをを弾かなかった、③二週間の経過、であり、Yの「Xは何時にピアノを弾いた」というのは積極否認である、とのことである。なお、ドイツにおける通説は、ドイツ民法第三四五条が〝債務不履行に基づく違約金請求について不作為債務のときは債権者が不履行を証明すべき〟とし、ドイツ民法第三五八条が債務不履行に基づく解除権について不作為債務のときは債権者が不履行を証明すべき〟としているのを類推解釈し（倉田卓次訳『ローゼンベルク　証明責任　全訂版』（一九八七年、判タ）四〇八頁。その理由は証拠提出の困難である。同書四〇五頁）、全ての債務不履行において債務の履行が争われるときは債権者が不作為債務違反の証明責任を負う、としている（同書一〇六、四〇八、四二五頁）。なお、作為債務のときは主張責任は債権者、証明責任は債務者が負う、としている（同書六四頁）のを受けて、日本でも債務不履行（民法第四一五条）の履行遅滞において、作為債務のときは債務者が履行の証明責任を負い、不作為債務のときは債権者が不履行の証明責任を負うとする説もある（倉田卓次監修『要件事実の証明責任　債権総論』（一九八六年、西神田編集室）三四頁（倉田卓次・山田卓生・国井和郎・春田偉知郎。この説は、ローゼンベルクと同じく、不作為債務の場合は、「不履行の事実」について債権者が主張・証明責任を負うが、作為債務の場合は「不履行の事実」の主張責任は債権者が、「履行の事実」の証明責任は債権者が、負うことを認める。それは「主張を整えるためにやむえを得ない」とする。ただし、並木茂説は、民法第四一五条の請求権は本来債務の履行請求権とは別個の請求権であることを理由に、不作為債務と作為債務を問わず、債権者が不履行の事実の証明責任を負うとする）。さらに、田村幸一「債務不履行関係訴訟の証明責任・要件事実」『（実務民事訴訟講座　第三期）第五巻』（二〇一二年、日本評論社）二一二頁）説によれば、作為債務の場合は債務者が「履行の事実」について主張・証明責任を負い、不作為債務の場合は債権者が「不履行の事実」について主張・証明責任を負うとする。なお、前田説にあっても、双務契約において相手方に履行請求する場合は、契約締結という要件事実の存在によって（法律要件充足）履行請求権が発生（法

律効果発生）するのであるから、請求原因としては、契約締結の事実について主張責任を負う（司研・前掲書一三八頁。ただし、証明責任については証明責任分配基準による）。そして、自己の債務の履行については、相手方の積極否認あるいは同時履行の主張（民法第五三三条）に対して「履行した」ことの主張責任を負う（証明責任については証明責任分配基準による。例えば、作為債務の場合は自らが「履行」の証明責任を負い、不作為債務の場合は相手方が「不履行」の証明責任を負う）。

(25) 八正道とは、「正見」（正しい見解）、「正思」（正しい思惟）、「正業」（正しい行い）、「正命」（正しい生活）、「正精進」（正しい努力）、「正念」（正しい思念）、「正定」（正しい精神統一）、そして、「正語」である。中村元訳『ブッダの真理のことば・感興のことば』（岩波文庫）（一九七八年、岩波文庫）三七、四八頁。中村元＝三枝充悳『バウッダ・仏教』（一九八七年、小学館）一四〇頁。

(26) 中村元訳『ブッダのことば　スッタニパータ』（岩波文庫）（一九八四年、岩波書店）三九頁。

(27) インドでは、さらに「マヌ法典」（前二世紀頃）において、〝嘘を避けるべし〟とされているし、（渡瀬信之『マヌ法典』（中公文庫）（一九九一年、中央公論社）六九頁）、「偽証」については「敗訴の原因」（同書二三九頁）や「罰金」の原因（同書二四八頁）とされている。

(28) 井筒俊彦訳『コーラン（上）』（岩波文庫）二三頁、『同（中）』二五一、二九九、三四四頁、『同（下）』一〇一、一四五頁（一九五七～五八年、岩波書店）。

(29) 「偽証」については、出エジプト記の「契約の書」の中で禁止されている（出エジプト記二三章一～三節）。中東では、さらに、「ハンムラビ『法典』」（判例集。紀元前一八世紀）第一条に〝他人を殺人罪で告発したが、証明しなかったら、告発者は殺されなければならない〟とされていた（他にも、第二条、第三条、第四条、第一二七条などに「偽証」についての記述がある。中田一郎訳『ハンムラビ『法典』』（古代オリエント資料集成1）（一九九九年、リトン）九、一〇、一一三、一五八、一六三頁）。なお、現在、世界最古の法典とされる「ウルナンム『法典』」（紀元前二一世紀）にも「偽証」についての記述があり（同書一八七頁）、次の「ピト・イシュタル『法典』」（紀元前二〇世紀）においても「根拠のない告発」についての記述があるとの

ことである（同書一九一頁）。なお、ハンムラビ「法典」と出エジプト記の関係については、同書二〇〇頁参照。

(30) 吉田賢抗『論語』（新釈漢文大系Ⅰ）（一九六〇年、明治書院）一六九頁。もっとも、「子曰、吾　未見好徳如好色者也」（子罕第九　二二三、衛霊公第十五　三九一）とあって、〝色を好むほど道徳を好む人は見たことがない〟と孔子様が二度も嘆いておられる。

(31) 白川静『新訂　字統』（二〇〇四年、平凡社）二七九、四八九頁。

(32) 民事訴訟法第二条「裁判所は、民事訴訟が公正かつ迅速に行われるように努め、当事者は、信義に従い誠実に民事訴訟を追行しなければならない」。この条文は平成八（一九九六）年に制定された。その起草担当者の解説によれば、〝民事に関する紛争を訴訟を通じて公正かつ訴訟を通じて公正かつ迅速に解決することを理念とし、そのために裁判所には訴訟が公正かつ迅速に行われるように配慮すべき努力義務を負わせ、当事者に対しては相手方の立証妨害、訴訟の引き伸ばし等の当事者の不誠実な訴訟活動が公正かつ迅速な訴訟の運営の妨げになるから、このような不誠実な訴訟活動を防止して、法の理念が適切に実現するように信義誠実義務を負わせた〟としている（法務省民事局参事官室編『新民事訴訟法』（一九九六年、商事法務）二九頁）。

さらに立法に参画した人々の座談会である「研究会新民事訴訟法　立法・解釈・運用」（竹内昭夫ほか編ジュリスト増刊（一九九九年、有斐閣）によれば、「公正・迅速・信義則」という最も基本的なルールは、本来、〝日常生活と訴訟に共通するものである〟、この規定は〝ボクシングのボディーブローみたいなもので、やはり、きいてくるのではないか（松浦馨発言二一頁）、この規定は、いわゆる〝フェアプレーの精神〟を規定したもので、〝当事者は自己に不利な事実まで訴訟上陳述する必要はないが、自己の主張を基礎づける間接事実などを開示して相手方の反駁の機会を保証することが要求されている（古典的弁論主義からの理念の転換）（伊藤眞発言二二頁）、と述べられている。

(33) なお、ここで、参照すべきは、松本博之「ドイツ民事訴訟における証明責任を負わない当事者の具体的事実陳述＝証拠提出義務（一）、（二）、（三）、（四）、（五）」法学雑誌四五巻三・四号五六六頁、四六巻一号三五頁、四六巻二号二〇八頁、四六巻三号三六三頁、四六巻四号五二七頁（一九九九～二〇〇〇年）である。ドイツにおいて、このような義務の法的根拠は、一つは訴訟

上の信義則の適用であり、今一つはドイツ民事訴訟法には存在しない。「同（五）」五六〇頁）第二項である、とされている。だから、自己が主張責任を負う事実について証明を尽す努力義務を日本民事訴訟法第二条の「信義則」から導くという解釈は当然のことといえよう。

(34) 本書一五七頁の証明責任の分配基準を、第一に公平原則を具体化した個別的証明法規範（例えば、民法第三二条の二）、第二に公平原則を一般的に規定した「信義則」規定（民事訴訟法第二条。例えば、禁反言、証拠隠滅、民事訴訟法第二二四条）、第三に憲法第一四条第一項からくる民事訴訟法第二条の「公正」（例えば、証明の容易さ、証拠の近さ）と説を改める。

(35) 本書一五〇頁、本書一五九頁。

(36) 伊藤眞『民事訴訟法（第四版　補訂版）』（二〇一四年、有斐閣）（以下、伊藤・前掲書という）三五六頁、三木他・前掲書二六三頁。

(37) 松本博之『証明責任の分配（新版）』（一九九六年、信山社）（以下、松本・前掲書という）、新堂・前掲書六〇二頁、松本博之ほか『民事訴訟法（第七版）』（二〇一二年、弘文堂）（以下、松本他・前掲書という）四二二頁、高橋宏志『重点講義　民事訴訟法　上（第二版　補訂版）』（二〇一三年、有斐閣）（以下、高橋・前掲書という）五一七頁。なお、証明責任については、このほかに、〝「ノン・リケット」の場合に要件事実の存在または不存在が仮定される〟という立場（高橋・前掲書五一八頁。「訴訟法説」とする。）と「証明責任の対象事項は、個々の法律要件要素であり、この法律要件要素に当てはまるべき事実ではない」という立場（松本博之『民事訴訟法における事実の解明』（二〇一五年、日本加除出版）五頁。「実体法説」とする。）の対立がある。そもそも、実体法は要件事実が存在すれば法律効果が発生する、不存在であれば法律効果不発生という法構成を採用している。したがって、「ノン・リケット」の場合に、要件事実の存否を仮定しないで法規の適用不適用を定めるというのは、訴訟（手続）法上の問題について、証明責任規範という訴訟（手続）法をもって実体法構造を改変するということであり、憲法第七六条第三項の実体法意義と手続法的意義を混同し、ひいては憲法第四一条も無視することであり、実体法説は是認できない。したがって、「ノン・リケット」という訴訟手続上の問題は訴訟法で解決すべきである。実体法説こそ「実体法規の意味内容を証

明責任を通して変えてしまう」といえる。

(38)　石田穣『民法と民事訴訟法の交錯』（一九七九年、東京大学出版会）、同『証拠法の再構成』（一九八〇年、東京大学出版会）、本書一五七頁。もっとも、石田説と前田説の間にも差のあることは後述（注(59)）する。

(39)　本書一五二頁。同様のことを、吉川愼一「要件事実論序説」司法研修論集第一一〇号（二〇〇三年）一四〇頁は「民法は、要件事実の存在が確定されたときに法理効果が発生すると定めているから、要件事実の不存在が立証された場合はもちろん、要件事実の存在が真偽不明に終った場合にも法律効果の発生が認められないことになる。この訴訟上、ある要件事実の存在が真偽不明に終ったために当該法律効果の発生が認められないという不利益または危険を立証責任と呼ぶ」とする。しかし、前半の命題からすれば「存在が立証されないときに法律効果発生が認められない不利益は危険を証明責任」とすべきではないだろうか。

(40)　このことは、既に、末川博「一応の推定と自由なる心証」法学論叢一七巻一号（一九二七年）三二頁の指摘するところであり、並木茂「民事訴訟における主張と証明の法理（上）」判タ六四五号（一九八七年）七頁も「客観的証明責任は自由心証の尽きたところから始まるといわれるが、裁判官が係争事実について真偽いずれの確信をも得られない場合には、わが民事訴訟法（第二四七条）の下ではその事実の存在が真実と認めることができないと判断されるだけであって、客観的証明責任を適用すべき余地もない」と述べる。松本・前掲書二二頁も「法規不適用説によれば証明責任規範は法規不適用の裏面であり独自性に乏しい」とする。したがって、通説は九〇年近く、「空中の楼閣」（末川・前掲論文三二頁）を〝墨守〟してきたことになる。なお、並木茂「民事訴訟法における主張と証明の法理（下）」判タ六四六号（一九八七年）一七頁は、前述のところを受けて、「当事者が行為責任としての証明責任を実行しても裁判官が係争の具体的要件事実の存否について確信を抱くことができなかったときは」「結果的」に「法規不適用による敗訴という不利益を受ける。しかしそれは、あくまでも結果的な責任（不利益）である」とするが、これは「行為責任」と「結果責任」を混同するものであって是認できない。さらに、佐藤彰一「立証責任論における行為責任の台頭と客観的立証責任概念の意義」立命館法学（一九八二年）五・六号五八二頁は、証明責任を「行為責任」とし、最終的には、ドイツのノン・リケット判決のような処理を示唆するが（竜崎喜助「挙証責任論序説（二）」法協九二巻一一号

（一九七五年）一四八九頁）、日本の現行法の下では不可能である。しかも「当事者が訴訟外で再度また交渉を試みることに期待する」のは、それこそ憲法第三二条を無視するものである。また、ノン・リケットという状況は確かに存在するというのが練達の裁判官のいうところである。仮にノン・リケットが殆どないとしても結果責任としての証明責任を予定することは憲法第三二条の要請するところである。

(41) 星野英一『民法解釈論序説』（民法論集第一巻）（一九七〇年、有斐閣）一二頁。

(42) 例えば、売主が売買代金請求をするときは、売主は民法第五五五条に規定された要件事実の存在を主張しなければならないが、その証明責任も売主が負うとする。

(43) 例えば、売買契約は無効として、買主が「錯誤」を主張するときは、買主は民法第九五条に規定された要件事実の存在を主張しなければならないが、その証明責任も買主が負うものとする。

(44) 例えば、買主が代金責務の免除を主張するときは、買主は民法第五一九条に規定された要件事実の存在を主張しなければならないが、その証明責任も買主が負うとする。

(45) 例えば、買主が同時履行の主張とするときは、買主は民法第五三三条に規定された要件事実を主張しなければならないが、その証明責任も買主が負うとする。以上、(8)、(9)、(10)、(11)のいずれも法規不適用という「前提」の当然の結果なのである。

(46) 高橋・前掲書五四二頁。

(47) 高橋・前掲書五四三頁。

(48) 松本・前掲書一九頁、高橋・前掲書五一九頁。なお、通説が、〝実体法は裁判規範でもあるから、裁判規範として証明責任規範の機能も担う〟（三木他・前掲書二六四頁）とするのは、憲法第七六条第三項の〝実体法的意義〟と〝手続法的意義〟を混同するもので是認できない。すなわち、実体法は裁判規範としても実体法的意義（要件事実が存在すれば法律効果発生、不存在ならば法律効果不発生）を担うものであり〝真偽不明〟の場合は?という訴訟手続上（手続法的意義）の問題は訴訟法に解決法を

求めるべきである。

(49) 松本・前掲書二一頁。なお、松本博之『民事訴訟における事案の解明』(二〇一五年、日本加除出版株式会社)(以下、松本・解明という)五頁。

(50) 松本他・前掲書四二三頁。「それは理由のない訴訟の奨励・優遇を招かない」ためであるという。

(51) 前記(42)と同様である。

(52) 前記(44)と同様である。

(53) 前記(45)と同様である。

(54) 前記(43)と同様である。

(55) 松本・前掲書三五八頁は「証明責任の分配は決して手続法学に属するものではなく、問題となる法律効果の帰属する法領域(本稿でいえば実体法)に属することは従来の証明責任論においても承認されていることである」とする。確かに、「従来の証明責任論」たる通説の立場はその通りであるが、証明責任規範説は、それを批判し〝証明責任規範の実体法規範からの独立化〟(証明責任規範と実体法規範との「二元化」)を主張する(松本・前掲書二一頁)のではないか。そして、新堂・前掲書六〇九頁も「通常は、権利の要件を規律した個々の実体法規の解釈として」「証明責任の分配を定めないければならない」とし、高橋・前掲書五四七頁も「証明責任分配の個別問題は、むしろ実体法の仕事ということになる」とし、まず、「真偽不明の場合、どちらの当事者を勝たせた方が当該法規の趣旨から見て座りがよいか」を基本とする(権利根拠規定と権利障害規定の区別が生ずる)とするが、例えば民法第五五五条と民法第九五条の〝趣旨〟(解釈)から証明責任の分配が、一義的に導かれるのか不明である。さらに人は中途半端な根拠で利益・権利を侵害されるべきでないから、「現状を変更する側に原則として証明責任が課される」(権利根拠規定と権利消却規定が生じる)とする。しかし、そもそも、訴訟とは原則として(消極的確認訴訟のようなものは別として)「現状を変更する」ことを目的とするものであり(訴訟防止?・憲法第三二条の実質的違反?)、「ノン・リケット」という状態は「中途半端」ではない(確信は得られないが裁判官が存否を確信できないほど双方に根拠が存在するのである)。結局

のところ、この立論は法規不適用説を利する（〝敵に塩を送る〟（?!））だけのことになる。それでは、その主張が、どのようなものか具体例を見てみよう。例えば、錯誤無効（民法第九五条）の主張の場合に「錯誤による意思表示の無効は意思表示の外観に対する信頼、したがって、取引の安全を害するから、錯誤の証明責任は錯誤を主張する者に課せられる」とする（松本・前掲書五七頁）。それは「契約法ないし民法全体の趣旨として取引の安全の保護というものがある」からだという理解による（高橋・前掲書四六頁）。しかし「契約ないし民法全体の趣旨」としては取引の安全保護（信頼保護）よりも重要な大原則は「私的自治原則」（石田穣『民法法則』（二〇一四年、信山社）三〇頁）であり、そこから導かれる「契約自由原則」（山本敬三『民法講義Ⅳ―1契約』（二〇一一年、有斐閣）一七頁）であり、そこから、民法第九五条は、民法第九三条と異なって「意思原理」を重視して、本文において「無効」と規定したのである。したがって、有力説の立場からすれば、実体法（民法第九五条）の解釈から導かれる結論としては、「信頼原理」より「意思原理」を重視して〝相手方が錯誤の証明責任を負う〟とせざるを得ないのである。そして、それは、松本説の表現によれば、〝錯誤はなかったという事実について相手方が証明責任を負う〟ということになるだろう。すなわち、民法第四一五条において「履行をしない」と明記されているのに、「履行をした」ことについては債務者が証明責任を負う（松本・前掲書三四三頁）というのと同様である。しかし、松本・前掲書三四三頁は、余りに（主観的）証明責任に引きずられた記述である。これは、法文の記述どおりに、「履行をしない」ことについて債務者が（客観的）証明責任を負うといえばよいのであって、その結果、「履行をしない」という事実が〝存在する〟と仮定される（したがって、債務者が不利益を被る。有力説のいう「証明責任」の定義参照）のであって、松本説（?）も望む結論が得られるのであり、「履行をした」などと法文を安易に書き換えるような「理解しがたい暴挙」（松本・「解明」一六頁）は厳に慎むべきであろう。さらに、松本・前掲書八〇頁は、民法第九四条第二項における第三者の「善意」の証明責任についても、「信頼原理」を理由に、無効主張者が負うべきであるとして、判例（最判昭和三五・二・二民集一四・一・三六、最判昭和四一・一二・二二・民集二〇・一〇・一八六）に反対する。この場合も、第一項の「意思原理」という大原則による無効に対して、第二項は例外的に「信頼保護」という原理に基づいて第三者を保護するのであるから自分は〝善意〟であることの証明責任を負うという解釈も十分に成り

立つ。したがって、実体法の解釈（価値判断。本書二七、三九、五七頁）から証明責任の分配を導くことは断念すべきである。

(56) 三木他・前掲書二六四頁。

(57) これらの規定は実体法に定められているが、実質的には訴訟（手続）法に属する「証拠法」の規定であり、実質的に訴訟（手続）法の〝一部〟であることはいうまでもない。ちなみに、旧民法（ボアソナアド民法）典（一八九〇年公布。施行されず）には「証拠編」があり、現行民事訴訟第一七九条から同第二四二条に対応する規定が置かれていた。

(58) 本書二五〇頁注（34）を修正する。

(59) 松本・前掲書五六頁は、まず、（1）これらの基準は実体法の立法趣旨や目的が不明の場合にしか適用されないと批判するが、これは石田説に対する批判であり、前田説では証明責任規範は実体法から独立しているので、この批判は当たらない。また、錯誤については前注（55）に詳述した。次に（2）「証拠との距離」が一般的な証明責任分配基準としては不適切である、という点については「一般的な」という意味が「訴訟の最初から」というのならば、本文で反論した通りである。さらに、個々的に「多くの債務発生原因である契約の締結の事実や契約内容の証拠について、契約当事者は通常等距離にある」（契約書が作成され、双方一通ずつ所持する場合および契約書が作成されない場合）ので「この基準は役に立たない」とするが、このような事実については具体的訴訟においては、他にも種々の証拠があり（公証人や立会人等の人証、契約書作成についてのメモ等の書証、録音テープなど）、松本・前掲書五七、七一頁のいうように単純ではない（〝通常〟も〝等距離〟ではない）。また、積極的事実と消極的事実については「立証の難易」を区別するのは困難というが、この区別が多くの場合に役立つことであるのは常識である（本書一六〇頁）。もっとも、前田説からは、具体的訴訟の最終局面において、いずれの当事者が証拠に近いかということを判断すればよいことであるから、この批判は問題とならない。さらに、（3）「蓋然性」（可能性）については「個別事案において裁判官の証拠評価上重要な意義を有する」と松本・前掲書五八頁も認めるから、前田説の批判とはならない。最後に、（4）「信義則」については、例えば、「証明妨害」や「自由の撤回」は「個別事案件において生じうる」と松本・前掲書四九頁も認めるから、前田説への批判とはならない。なお、実務家の間でも「証明責任」が〝民事訴訟の当初から明確でなければならない〟

（バック・ボーン）というドグマは行き亘っていない（本書一八〇頁）。さらに、司法研修所編『民事訴訟における事実認定』（二〇〇七年、法曹会）においても「証明（立証）責任」という用語の用いられているのは一個所のみで、Ｊ高裁判事へのインタビューの中で、Ｊ裁判官は「証明責任が尽されていない場合には、最後は立証責任で判断すべきであり、事実認定においては、無理をしないことが大切」（同三五六頁）という。「証明責任」は「主観的」証明責任（証拠提出責任）、「立証責任」は（客観的）証明責任を指すことは明白であり、この意見には前田説も賛成である。

（60）これまで「主観的証明責任」という用語を用いてきたが、近時「証拠提出責任」という用語が有力であり（松本・前掲書九頁、新堂・前掲書六〇九頁、高橋・前掲書五二九頁）、この方が「行為責任」としての意味が明確となり、さらに「（客観的）証明責任」との〝縁〟が切れるので、この用語の方が適切であろう。そして、この証拠提出責任は証明責任を負わない当事者も自己の主張事実が真実であることを証明するために負う（民訴法第二条に由来する「真実義務」）と考えるべきである（松本博之「ドイツ民事訴訟における証明責任を負わない当事者の具体的事実陳述＝証拠提出義務（1）～（5）」法学雑誌四五巻三＝四号五六六頁、四六巻一号三五頁、二号二〇八頁、三号三六三頁、四号五二七頁（一九九九年～二〇〇〇年））。もっとも、松本「解明」三六八頁によれば、「証明責任を負わない当事者の具体的事実陳述＝証拠提出義務」の要件として、「①証明責任を負う当事者が事象経過の外におり、②そのため事実を自ら解明する可能性を有していないが、③相手方は難なく必要な解明を与えることが出来、④具体的事案の事情からみて事案の解明を相手方に期待できること」とし、それにもかかわらず相手方が、この義務を果たさないときは「訴訟上の信義則に反するので主張＝証明責任を負う当事者の事実主張を否認したとは認められず、これを自白したものと見なされ、この事実はそのまま判決の基礎とされなければならない」という。この①と②に対して③と④は相手方が証拠に近く証明が容易であるという要件であり、実質的に少数説と同様の結論となる。しかるに、松本説が主張責任と証明責任の分配を実体法にこだわるのは、主張責任と証明責任が民事訴訟手続の〝背骨（バック・ボーン）〟ということにごだわるからである。したがって、この意味での、このような義務は不要である。なお、「事実の主張がないために、この事案が存否不明である」（松本・解明七頁注10）とするが、「事実の主張がない」場合は、「その事実は存在しない」（存否不明ではない）（擬制

自白（民訴法第一五九条第一項、第一七〇条第一項）の場合は、不存在。伊藤・前掲書三四五頁）と扱うのが、主張責任（弁論主義）の基本であり、是認できない。さらに、給付利得について「法律上の原因の欠陥」については原告が主張責任を負うが、その証明責任については「消極的要件」であるから「被告的要件」であるから「被告が証明責任を負う」にもかかわらず「原告がこれを具体的に主張することができないため主張責任により敗訴することになる」と前田説を批判する。前田説によれば、「法律上の原因」の欠陥（民法第七〇三条）の主張責任は原告が負い、証明責任については「消極的要件」であるからというのではなく証明難易、証拠との距離など本文の如き証明責任の分配基準によって分配されるが、仮に具体的事案において被告が証明責任を負うとしても、原告はその事実の主張は出来るし、しなければならない、という結論になる。一般論として主張責任や証明責任の所在とは無関係に、事実の主張は自由（私的自治原則）にできるのであり（例えば主張共通原則）、「主張することができない」などということは考えられない。しかし、そもそも、このような批判が、前田説と、どのような関係があるのだろうか。事実主張については前田説も通説や有力説と変わらないのである。なお、主張責任と証明責任の帰属は「原則として一致しなければならない」ということの法的証拠は、松本説においては、何ら示されていない。さらに、「規範的要件」について「評価根拠事実」と「評価障害事実」を区別することについて松本・解明一三頁は否定的であるが、この点についての前田説は本書一七〇頁に展開した。その基本は「評価障害事実」は要件事実ではないが、「不意打防止」の観点から（憲法第八二条第一項）、被告に「主張責任」を負わせるが、証明責任は負わす必要がないと考える。

(61)　それは、実体法の法構造（法律要件該当事実が存在すれば法律効果が発生する）に基づいて、裁判において当該法律効果の発生を望む当事者は当該法律要件該当事実（要件事実）の存在を主張しなければならず（弁論主義から由来する「主張責任」）、その主張が真実であることを証明しなければならない（民訴法第二条から由来する「真実義務」に基づく「主観的」証明責任（証拠提出責任））からである。

(62)　中野他・前掲書一九四頁。

(63)　中野他・前掲書一九五頁。

(64) 星野英一『民法解釈論序説』同『民法論集(1)』(一九七〇年、有斐閣)一一頁。
(65) 前田・展開二三六頁、二三八頁。
(66) 「過失」において「評価根拠事実」も「要件事実」ではなく「間接事実」に限りなく近く、しかも「要件事実」と同格に扱い、そして、「評価障害事実」も同様に扱うという考えがある。「過失」だけ見ると、そのようにも考えられるが、実は、「規範的要件」は多い(例えば、「建物」も。前田・前掲書六八頁)。とすると、多くの事実が「要件事実」か「間接事実」かという区別がなくなる。逆に、「評価障害事実」も「要件事実」であるという考えもある(「評価障害事実」についても「主張責任」や「証明責任」も負うというのであろうか)。例えば、借地借家法第六条の場合、〝借地権者の土地利用の必要性〟は「正当事由」の「評価障害事実」である。このことは借地借家法自体に書いてあるから「要件事実」といって良いであろう。それに対して、「過失」の場合は書かれていないから同様には扱えないだろう。もっとも、仮に「要件事実」でないとしても、後述の主張責任についてば、要件事実のみならず「重要な間接事実」すなわち「訴訟の勝敗を左右する(あるいは勝敗に直結する)」「事実」も対象となるという有力説があり(三木他・前掲書二〇四頁)、そのような「事実」は「要件事実」に匹敵する〝重要事実〟であり、後述のように、私的自治原則(自己責任原則)の観点からも、「不意打ち防止」原則の観点からも「主張責任」を付与すべきであろう。しかし、そのような「事実」について「証明責任」を付与する必要はない。何故ならば、そのような「事実」が真偽(存否)不明に終ったときは、それが関係する「要件事実」自体が真偽不明になるか否かを検討すればよいからである(三木他・前掲書二六〇頁)。故に、「評価障害事実」には主張責任を認め、証明責任を認めないという結論になる。もっとも、重要な間接事実について主張責任を付与すると、些末な事実まで主張することになって書面が膨大となり、結局、訴訟の著しい遅延に繋がる恐れがあるという意見があり、しかも何が「重要」か曖昧であるという意見もあるが、それは「些末」ではなく「要件事実」に等しいもので、例えば、「評価障害事実」などということで〝限界〟は明らかである。
(67) 前田達明『判例不法行為法』(一九七八年、青林書院新社)二二〇頁。
(68) 司研編・一一頁。

(69) 三木他・前掲書一九八頁、二〇四頁。
(70) 田辺公二「契約が代理人によって成立したことの主張を要するか」判タ七一号（一九五七年）四六頁。
(71) この命題自体は、憲法第七六条第三項が〝裁判官は憲法及び法律に拘束される〟と定めていることからくる。すなわち、〝拘束される〟法が何であるかを、まず、裁判所は確定しなければ裁判ができないからである。仮に、もし当該事件に適用すべき法についても当事者の主張に任せられるとすれば、当事者が誤った主張をし、それに従って、裁判所が裁判したときは、裁判所は憲法第七六条第三項の要請する職責に違反したことになる。故に、この職責を果たすために、当該事件に適用すべき法について争いがあるときは裁判所が決着を付けなければならないから、この点からも、法の確定は裁判所の権限とされるのである。なお、法律行為によって当該法律行為の成立と効力についての適用法を定めることができるが（法の適用に関する通則法第七条・第九条）（以下、通則法という）、しかし、これも「通則法」という法律の適用をまず裁判所が認定するからであり、したがって、このような法律行為自体が「公序良俗違反」の場合は、民法第九〇条（例えば、経済的に強い立場にあることを利用して契約を締結）あるいは通則法第四二条（扶養準拠法第八条、遺言準拠法第八条も参照）により、裁判所によって無効とされるのである。
(72) 新堂・前掲書四七九頁。
(73) 竹内昭夫ほか編集代表『新法律学辞典〔第三版〕』（一九八九年、有斐閣）九二七頁。
(74) 中野他・前掲書二二五頁。
(75) 平井宜雄『法律学基礎論の研究〔平井宜雄著作集Ｉ〕』（二〇一〇年、有斐閣）一六六頁、二三六頁、二六〇頁。
(76) 他方、裁判所は〝当事者の主張しない事実を認定してはいけない〟ということで「不意打ち防止」がはかられる。
(77) 司研編・前掲書五頁。
(78) 中野他・前掲書三五八頁。この心証の程度を「証明度」という。
(79) もっとも、民訴法第二四七条で「自由心証主義」が認められているから、裁判官は、「真」か「偽」かのいずれかの心証形成

すればよいのであって「真偽（存否）不明」という心証形成をする必要はないという説もあるし、証明度についても、異説がある（加藤新太郎『民事事実認定論』〔二〇一四年、弘文堂〕〔以下、加藤・前掲書という〕一六三頁、三四頁）。また、証明度についての、このような説明には異論もあるが（浅香吉幹『アメリカ民事手続法〔第二版〕』〔二〇〇八年、弘文堂〕一三四頁）、理解を容易にするために、通説に従っておく。

(80) 前田達明監修『史料債権総則』（二〇一〇年、成文堂）九〇頁。

(81) 松本・前掲書二一頁、新堂・前掲書六〇三頁、なお、三木他・前掲書二五九頁。

(82) 中野貞一郎『民事裁判入門〔第三版補訂版〕』（二〇一二年、有斐閣）二六九頁。

(83) 三ヶ月章『民事訴訟法〔法律学全集(35)〕』（一九五九年、有斐閣）四〇五頁。

(84) 中野他・前掲書二四頁。

(85) 「公平で邪曲のないこと」（新村出編『広辞苑〔第六版〕』〔二〇〇八年、岩波書店〕九四七頁。前田・前掲書三四頁）。

(86) 三木他・前掲書二六〇頁。

(87) 宮沢俊義〔芦部信喜補訂〕『全訂日本国憲法』（一九七八年、日本評論社）（以下、宮沢＝芦部・前掲書という。）二一四頁。

(88) 宮沢＝芦部・前掲書二一四頁。

(89) この〝ドグマ〟により、通説は、民法第四一五条が「履行をしない」を要件事実と規定しているにも拘わらず、民法第四八六条に鑑みて、その証明責任は債務者（被告）が負うという民法の立場から（この点については少数説も同意見である）、その「主張責任」（債務を「履行した」）も債務者（被告）が負うとする（司研編・前掲書二一頁）。しかし、民法第四一五条が要件としているうえ、さらに、「不履行」を主張しないで債権者は〝障害発生〟を主張・証明でき得るのであろうか。

(90) 中野他・前掲書三六七頁。

(91) 中野他・前掲書三六七頁、三木他・前掲書二六二頁。

(92) 三木他・前掲書二〇二頁。

(93) 中野他・前掲書三六七頁、三木他・前掲書二六一頁。

(94) 同旨であるが、松本・前掲書一一頁、新堂・前掲書六〇八頁は、これを「抽象的証拠提出責任」として、「行為規範」としての独自性を強調する。

(95) 「真実義務」。中野他・前掲書二〇八頁、伊藤眞『民事訴訟法（第五版）』（二〇一六年、有斐閣）三〇四頁。

(96) ここで、参照すべきは、松本博之「ドイツ民事訴訟における証明責任を負わない当事者の具体的事実陳述＝証拠提出義務(1)～(5)」法学雑誌四五巻三＝四号五六六頁、四六巻一号三五頁、二号二〇八頁、三号三六三頁、四号五二七頁（一九九九～二〇〇〇年）である。ドイツにおいて、このような義務の法的根拠は、一つは訴訟上の信義則であり、他はドイツ民事訴訟法第一三八条（日本民事訴訟法には存在しない。「同(5)」五五八頁）第二項であるとされている。だから、自己が主張責任を負う事実について証明を尽くす努力義務を日本民事訴訟法第二条の「信義則」から導くという解釈は当然のことといえよう。

(97) 加藤・前掲書二四頁。

(98) 中村元訳『ブッダの真理のことば・感興のことば』（一九七八年、岩波書店）三七頁、四八頁。中村元＝三枝充悳『バウッダ・仏教』（一九八七年、小学館）一四〇頁。

(99) 中村元訳『ブッダのことば―スッタニパータ』（一九八四年、岩波書店）三九頁。

(100) インドでは、さらに「マヌ法典」（前二世紀頃）において、〝嘘を避けるべし〟とされているし（渡瀬信之訳『マヌ法典』（一九九一年、中央公論社）六九頁）、「偽証」については「敗訴の原因」（同書二三九頁）や「罰金」の原因（同書二四八頁）とされている。

(101) 井筒俊彦訳『コーラン（上）』二三頁、『同（中）』二五一頁、二九九頁、三四四頁、『同（下）』一〇一頁、一四五頁（一九五七年～一九五八年、岩波書店）。

(102) 「偽証」については、出エジプト記の「契約の書」の中で禁止されている（出エジプト記二三章一節～三節）。中東では、さらに『ハンムラビ「法典」』（判例集。紀元前一八世紀）第一条に〝他人を殺人罪で告発したが、証明しなかったら、告発者は殺さ

れなければならない〃とされていた（他にも、第二条・第三条・第四条・第一二七条などに「偽証」についての記述がある。中田一郎訳『ハンムラビ「法典」（古代オリエント資料集成(1)）』（一九九九年、リトン）九頁、一〇頁、一一三頁、一五八頁、一六三頁）。なお、現在、世界最古の法典とされる『ウルナンム「法典」』（紀元前二一世紀）にも「偽証」についての記述があり（同書一八七頁）、次の『ピト・イシュタル「法典」』（紀元前二〇世紀）においても「根拠のない告発」についての記述があるとのことである（同書一九一頁）。なお、ハンムラビ「法典」と出エジプト記の関係については、同書二〇〇頁参照。

(103) 吉田賢抗『論語（新訳漢文大系(1)）』（一九六〇年、明治書院）一六九頁。

(104) 白川静『新訂　字統』（二〇〇四年、平凡社）二七九頁、四八九頁。

(105) 中野他・前掲書二六頁、三木他・前掲書二一頁、一五〇頁。

(106) 法務省民事局参事官室編『一問一答　新民事訴訟法』（一九九六年、商事法務）二九頁。

(107) 竹下守夫ほか編集代表『研究会新民事訴訟法――立法・解釈・運用』（一九九九年、ジュリ増刊）。

(108) 中野他・前掲書二六頁。

(109) 中野他・前掲書一九一頁。

(110) 主張責任についても、客観的主張責任（要件事実についての主張がないと不存在と認定される）と主観的主張責任（客観的主張責任を負う当事者が主張すべき責任）を区別する見解があり、後者においては、ある要件事実について（客観的）主張責任を負う当事者が、それを相手方が主張してくれたにも拘わらず、それを争ったとき、証拠調べをしないで、不存在と認定される、といわれている（倉田　卓次訳『ローゼンベルク証明責任全訂版』（一九八七年、判タ）五九頁）確かに、「主張しない」（客観的主張責任）と「否定的主張をした」（主観的主張責任）は異なるから、意味のある区別であろう。しかし、だからといって、主張責任が、私的自治原則に基づくものである限り（三木他・前掲書二〇〇頁）は、客観的主張責任も主観的主張責任も行為責任であることに変わりはない。

(111) 例えば、中野他・前掲書三五七頁。

(112)　新堂・前掲書六〇二頁。

(113)　中野他・前掲書三五七頁。

(114)　三木他・前掲書二五八頁。

(115)　なお、英米でも刑事裁判では〝beyond a reasonable doubt〔合理的疑いの余地なく〕〟が採用されている（田中英夫編『英米法辞典』一九九一年、東京大学出版会）六五八、六九九頁。

(116)　加藤新太郎『民事事実認定論』（二〇一四年、弘文堂）四六頁。

(117)　前田・展開七七頁。

(118)　中野他・前掲書三五九頁、三木他・前掲書二六〇頁。証明責任は決して当事者が事実を証明すべきで責任ではない。それは、前述のように、主観的証明責任である。

(119)　中野貞一郎「民事裁判と憲法」（講座民事訴訟法①『民事紛争と訴訟』）（一九八三年、弘文堂）二五頁。

(120)　石田穣『証拠法の構成』（一九八〇年、東京大学出版会）一四一頁参照。

(121)　刑事法学の泰斗である故平野龍一先生は、日本の裁判所は「有罪であることを確認するところ」であって、「我が国の刑事裁判はかなり絶望的である」といわれている（平野龍一「現行刑事訴訟の診断」（平場安治ほか編『団藤重光博士古稀祝賀論文集第四巻』（一九八五年、有斐閣））（以下、平野・前掲論文という）四〇七、四二三頁）。

(122)　中野他・前掲書二六五頁、三木他・前掲書一八一頁、金子宏ほか編『法律学小辞典　第三版』（一九九九年、有斐閣）七一五頁、佐藤幸治ほか編『コンサイス法律学用語辞典』（二〇〇三年、三省堂）九九七頁。

(123)　「空リース」（「ライブ」二〇頁）とは、リース契約を締結したのに、当初から、物件が納入されていないことをいう（最高判平成五・一一・二五金法一三九五・四九）。

(124)　遠藤浩ほか編『民法（七）第一版』（一九七〇年、有斐閣）九九頁。

(125)　民法（債権法）改正検討委員会編『債権法改正の基本方針』別冊NBL一二六号（二〇〇九年、商事法務）三四七頁。

(126) 詳しくは、森住祐治『リース取引の実際　第三版』(日経文庫)(二〇〇〇年、日本経済新聞社)、伊藤博＝川畑大輔『リースの法律　第二版』(日経文庫)(二〇〇四年、日本経済新聞社)。

(127) 江頭憲治郎ほか編『会社法体系　第三巻』(二〇〇八年、有斐閣)二四八頁、佐久間毅『民法の基礎Ⅰ　総則第三版』(二〇〇八年、有斐閣)三七二頁。

(128) 前田達明『民法Ⅵ二(不法行為法)』(一九八〇年、青林書院新社)四七頁。

(129) 前田・展開二三五頁。

(130) 前田達明『不法行為帰責論』(一九七八年、創文社)二九三頁。

(131) 落合誠一編『会社法コンメンタール』(「機関二」)(二〇〇九年、商事法務)二三三頁。

(132) 平野龍一先生が面白いことをおっしゃっている。「日本人は『目人間(Augenmensch)』であって文字になったものをコミュニケーションの手段として重視するが、欧米人は『耳人間(Ohrenmensch)』であって耳から入ってくる言葉でコミュニケーションするのに慣れている」、「日本の裁判所その他の司法関係者はそもそも法廷というところは真実を明らかにするのに適したところではないと考えているように思われる。人が相手に真実を語るのは、二人だけのところで、心を打ち明け語るときであって、法廷のような公開の場では、いろいろな方向への配慮から、思い思いのことを言うにすぎない」(平野・前掲論文四二二頁)。「争点整理」も二人だけのところではなく、心を打ち明けて語るところではないから、真実を語るわけはないということになろう。しかし、それでは、民訴法第二条に反するのであって、ぜひ、〝我が国の民事裁判はかなり絶望的である〟ということにならないで欲しい。

(133) 羅　麗先生は、北京理工大学法学院教授環境法研究所所長でいらっしゃり、中国環境科学会環境法研究会副会長を務められ、「土壌汚染防止法」草案提案稿起草専門家組のメンバー、現在は「土壌汚染防止法」起草諮問専門家、さらに環境保護部法律企画局の法律諮問専門家として活躍しておられる。

(134) 「挙証責任」という用語はドイツ語の〝Beweislast〟の訳であり、日本でも、かつては、この用語を用いていたが、後に「立

証責任」、そして現在は「証明責任」という訳を用いているので、本稿では、以下、「証明責任」という用語を用いる。

(135) 最高人民法院の「司法解釈」とは、具体的事件の上告審として判決理由中に示した解釈ではなく、一般論として、ある法律の条文の解釈を示すものである。そして、それは〝法律と同様の効力を持ち〟全ての司法機関は、これに従わなければならないものである。その法的根拠は一九八一年六月一〇日の全国人民代表大会常務委員会（立法機関）を通過した「法律解釈作業を強化する決定」である。

(136) 伊藤眞・前掲『民事訴訟法（第五版）』三五六頁、三木他・前掲書二六三頁。

(137) 中野他・前掲書三五七頁。

(138) 主観的証明責任という用語よりも、近時は、「証拠提出責任」という用語が有力であり（本書二四八頁注（60））、この方が〝名は体を表す〟で適切であるので、本稿では、以下この用語を用いる。

(139) 〝証明責任の転換〟については、通説も、立法による場合は認めている。中野他・前掲書三六七頁、伊藤・前掲書三六一頁、三木他・前掲書二七〇頁。

(140) ローゼンベルク（倉田卓次訳）『証明責任論　全訂版』（一九八七年、判例タイムズ社）に依拠する。

(141) ローゼンベルク（倉田卓次訳）・前掲書二一頁。

(142) 日本の通説も同様である。伊藤眞・前掲『民事訴訟法（第五版）』三五六頁、三木他二六三頁。

(143) すなわち、「真偽不明（ノン・リケット）」とは、裁判官の「確信（高度の蓋然性）」が「八割がた確かであるとの判断」（中野他・前掲書三五一頁）という表現に従うならば、ある要件事実の存在あるいは不存在について「真」（あるいは「偽」）という心証度が七九％以下で二一％以上である場合、ということになる。

(144) ローゼンベルク（倉田卓次訳）・前掲書八頁。

(145) 証明責任は、いわば無過失責任であるが証拠提出責任や主張責任と区別するために「負担」とした方がよいと考える。

(146) 主張責任においては、立法者が一定の法律要件該当事実（A）が存在するときは一定の法律効果（B）が発生すると規定して

いる場合に、Bの発生を求める当事者は当然にAの存在を主張しなければならず（憲法第七六条第三項の実体法的意義）、また、当事者は事実主張をすればよいだけであって、証明責任と違って、当事者にとって可能なことであるから、行為「責任」あるいは行為「義務」といえる。

(147)「私信」である故に、さらに御意見を誤解していれば失礼と存じたので、「匿名」にさせていただく。

(148) ここにいう、「立証責任」は、勿論、「客観的証明責任」と同義である。

(149) 前田達明「権威への挑戦（下）」書斎の窓六三二号（二〇一四年）四七頁参照（本書一五八頁）。

(150) 前田達明「権威への挑戦（上）」書斎の窓六三一号（二〇一四年）五九頁参照（本書一五三頁）。

(151) さらに主観的証明責任も当事者は〝ウソを付いてはいけない〟（民訴法第二条）のだから、この責任は主張責任の所在と一致する。

(152) 前田達明「主張責任と立証責任について」民商一二九巻六号（前田・展開七六頁）。そして、その分配法こそ「純証明責任規範」なのである。

(153) 要件事実と主要事実を区別する見解もあるが、書評者は、同義と解する考え（司法研修所編『増補　民事訴訟における要件事実第一巻』（一九九八年）三頁）に賛成である。

(154) この理論は、ジョン・ロック（John Locke, 1632–1704）の『市民政府論』（Tow Treatises of Government. 1689）とモンテスキュー（Montesquieu, 1689–1755）の『法の精神』（L'esprit des lois. 1748）に由来するとされ、権力を三権に分けることによって、政治権力の濫用を防いで、市民の権利を保護する目的の理論とされている。もっとも、行政と司法については、フランスにおいては、絶対君主対封建領主、ドイツにおいては、絶対制国家対等族国家の図式で表わされる（上山安敏『ドイツ官僚制成立論』（一九六四年、有斐閣）二七八頁、同『法社会史』（一九六六年、みすず書房）一六八頁）。

(155)「モンテスキュー裁判官自動機械説」と名付けられるところである（米倉明『民法の聴きどころ』（二〇〇三年）一三八頁）。すなわち、例えば、コーヒーの自動販売機に「一〇〇円入れると（法律要件）、コーヒー一本が出る（法律効果）」と表示されて

いるとき（大前提）、現実に「一〇〇円玉一個」（「要件事実」）を入れると（小前提）、現実に「コーヒー一本が出てくる」（結論）、というわけである。モンテスキューは、「裁判官は、法律の文言を宣言する口（la bouche qui prononce les paroles de la loi）にすぎない」（Montesquieu, L'esprit des lois, nouvelle edition, 1878, p.149）といっている。現実の裁判がそうでないことは、勿論のことである。

(156) 弁論主義の根拠については争いがあり（竹下守夫「弁論主義」小山昇他編『演習民事訴訟法』（一九八七年）三六九頁）、書評者は、詳細は別項に譲るが、私的自治一元説（青山善充「主要事実・間接事実の区別と主張責任」（新堂幸司編『講座民事訴訟4』（一九八五年））三九三頁、中野貞一郎他編『新民事訴訟法講義（補訂版）』（二〇〇一年）一六七頁〔鈴木正裕〕）に賛成である。

(157) この原則は、その結果によって不利益を受ける当事者の側の主張であってもよい、ということであり、それは、その当事者の自己責任に根拠を有し（その最たるものは「自白」）、従って、これも「私的自治の原則」に由来するものである。この点については、兼子一「相手方の援用せざる当事者の自己に不利益なる陳述」『民事法研究第一巻』（一九六八年）一九九頁（法協五〇周年記念論文集（一九三二年））が有益である。

(158) このくだりは、上告人が弁論主義違反を理由に上告したのに対して、最高裁判所が答えた部分である。上告人は、別の理由で勝訴したからよいようなものの、矢張り、〝不意打ち〟（本判決とは別の立場もあり得たのだから。松浦馨・民商六一巻一号一〇七頁）の感は否定できず、裁判所は釈明権を行使すべきではなかったろうか。もっとも、その行使は、両当事者の武器平等を害するものであってはならないことは、勿論のことである。

(159) この点については、山本克己「民事訴訟におけるいわゆる“Rechtgesprach”について」法叢一一九巻一、三、五号、一二〇巻一号（一九八六年）が参考となる。

(160) 「公序良俗違反（民法第九〇条）」の他にも「権利濫用（民法第一条第三項）」や「信義則（民法第一条第二項）」といった「一般条項」も問題となる。詳細は別稿に譲るが、書評者は、「権利濫用」については、「公序良俗違反」と同様の利益衡量（「裁判

所が手を貸すべきでない」）と、その法律効果は、その権利行使による法律効果の否定ということで一義的であるから、「公序良俗違反」と同様の扱いをしてよいと考える（篠田省二「権利濫用・公序良俗違反の主張の要否」（鈴木忠一他編『新・実務民事訴訟講座2』（一九八一年））三五頁）。しかし、「信義則」の場合は、その法律効果が一義的でないから（谷口知平他編『新版注釈民法1』〔安永正昭〕（一九八八年）七一頁）、その法律効果についても当事者の主張が必要なのではないかと考えている。訴訟手続きそのものについての権利濫用と信義則については、林屋礼二「民事訴訟における権利濫用と信義則の関係」（鈴木忠一他編『新・実務民事訴訟法講座1』（一九八一年））一七三頁が有益である。

(161) 有名な最判昭和三六・四・二七民集一五・四・九〇一は、二重売買を民法第九〇条違反としたものであるが、本件において、原告は、「公序良俗違反」を主張したと読めなくもない（「不動産を横領したので、被告等は刑事訴追され……本件不動産は実質に於て原告所有に相違ない」）。しかし、時代が違うとはいえ、石本雅男博士ほどの大民法学者も、民法第九〇条の適用には躊躇され（「その規準が甚しくあいまいとなるおそれがある」）、民法第四二四条の適用を提案しておられる（石本雅男・民商四五巻五号一一四五頁）。

(162) 「不意打ち防止」も、当事者主義、すなわち私的自治原則に由来するものである。蓋し、民事訴訟の審理の主役は当事者である、ということであって、当事者の予想していない裁判所の判断は、当事者主義、すなわち私的自治原則に反するといわざるを得ない。

(163) 釈明義務違反については、中野貞一郎「釈明権」（小山昇他編『演習民事訴訟法』（一九八七年、青林書院）三八七頁）が参考となる。なお、最判昭和三九・六・二六民集一八・一五・九五（『民事訴訟法判例百選Ⅰ』（一九九八年、有斐閣）第一〇一事件）、最判平成八・二・二二判時一五五九・四六（加藤新太郎・NBL六一四号（一九九七年）五六頁）参照。

(164) 弁論主義違反と上告の問題については、奈良次郎「弁論主義違反の違法とその効果についての一考察」（『会社と訴訟（下）』（松田判事在職四十年記念）（一九六八年、有斐閣）一〇〇七頁）が有益である。

(165) 異説については、石田穣『証拠法の再構成』（一九八〇年、東京大学出版会）、前田達明『民法随筆』（一九九一年、成文堂）

二八四頁参照。過失（最判昭和三二・五・一〇民集一一・五・七一五（「民事訴訟法判例百選Ⅱ」（一九九八年）第一一二事件））や因果関係の立証の緩和、損害額の割合的認定（東京地判昭和四五・六・二九判時六一五・三八）、延命・救命可能性についての「期待権」論（最判平成一二・九・二二民集五四・七・二五七四、前田達明「権利侵害と違法性」（山田卓生他編『新・現代損害賠償法講座2』（一九九八年、日本評論社））六頁）、あるいは民訴第二四八条の立法などは、通説的一刀両断への反省を示すものであろう。なお、最判昭和四三・二・一六民集二二・二・二一七（「民事訴訟判例百選Ⅱ」（一九九八年、有斐閣）（第一二〇事件））参照。

ところで、通説（伊藤滋夫教授）によれば、A事実を要件事実として、法律効果としてB権利が発生するという法文があるとき、A事実が存在すると「確信」が得られないときは、全てA事実を訴訟上は「存在したものとは扱えない」、すなわち、B権利の発生を認めない（結局、それはA事実が存在しないということと同じ結論を訴訟上は採用する。）とされる。勿論、このようなドグマの設定も可能である。

ところで、この考え方に対する批判は、こうである。例えば、「弁済した」という事実について、「確信」を得られたときを一〇〇％とすると、「確信」を得られない状態については、九九％から〇％まで段階が存在する。すなわち、ほぼ、弁済したと思われるが「確信」は得られないという九九％から、弁済したかどうかは五〇％、五〇％であるという状態があって、弁済していないと「確信」が得られたという〇％まである。このとき、九九％から五一％の場合は「弁済した」と価値判断し、五〇％のときは不明と価値判断し、四九％から〇％のときは「弁済していない」と価値判断するのが「公平」という観念（憲法第一四条の定める「法の下の平等」）にもとづく「人の通常の思考方式」なのである。すなわち、「A事実の存否不明」ということは、「A事実が存在したものとは扱えない」（甲）という命題とイコールではなく、「A事実が存在しないものとは扱えない」（乙）という命題が同等のウエイトをもって存在するのである。すなわち、A事実の存否不明＝甲命題プラス乙命題、なのである。これを踏まえて、我々法律家は、どの考えを採用するかを価値判断するのが、実は、立証責任論の核心なのである。具体例をもって説明しよう。準消費貸借契約において、「旧債務の存否」についての立証責任の分配には争いがある（『民事訴訟判例百選Ⅱ』（一

九九八年、有斐閣）第一二〇事件）。判例（最判昭和四三・二・一六民集二二・二・二一七）多数説は、旧債務の存否不明の場合は、準消費貸借契約における当事者の意思や取引慣行あるいは禁反言や蓋然性といった理由から、被告（債務者）が（客観的）立証責任を負い、「旧債務が存在しないものとは扱えない（乙）」とする。他方、有力少数説は、要物性などの理由から、その場合は、原告（債権者）が（客観的）立証責任を負い、「旧債務が存在したものとは扱えない（甲）」とする。ところで、民法第五八八条は、〝旧債務が存在するときは、消費貸借は成立する〟と定めているのだから、伊藤滋夫教授からすれば、有力少数説が「人の通常の思考方式」に合致することになろう（伊藤滋夫「要件事実と実体法」ジュリ八六九号（一九八六年）二三頁）。とすると、判例多数説は「人の通常の思考方式」に合わない考え方ということになる。それでは、一体、伊藤滋夫教授の「人の通常の思考方式」とは何なのだろうか。念のために付言するが、民法第五八八条は、民法第五八七条の例外規定で、いわば民法第五八七条の但書といえよう。しかし、その但書の意味は、〝要物性の緩和〟の意味であって、旧債務の存否についての但書でない点を理解する必要がある。できれば、「裁判規範としての民法」では、民法第五八八条は、どのような条文になるのであろうか、ご教示をいただきたい。なお、蛇足であるが、野球をはじめ多くのスポーツで勝負がつかないときは「引き分け」というのが「人の通常の思考方式」であり、大相撲でも「同体取り直し」で決着がつかないとき、例えば、昭和二六年九月場所一二日目の横綱東富士と大関吉葉山の勝負の場合、「協会あずかり（引き分け）」となった。裁判の場合、この「裁判所あずかり」と言えないのであり（憲法第三二条）、それでは、どうするか、ということであり、この場合、裁判は「正義」の実現であるのだから（憲法第七六条第三項の「良心に従ひ」とは、このことであると解する）、その「正義」は、種々の考え方があるのでなかろうか。

(166)　なお、本書において、難波孝一判事は、主張責任と立証責任とを分離する考え方は「人の通常の思考方法に反する分かりにくい考え方であり採用し難い」とされる（一三二頁）。しかし、本文にも述べたように、主張責任と立証責任は、その法的根拠を異にするのであるから、それぞれを負担する者が異なる場合があっても、別に「人の通常の思考方法に反する分かりにくい考え方」ではあるまい。むしろ、民法第四一五条に「債務ノ本旨ニ従ヒタル履行ヲ為ササルトキ」という法律要件が充足されること

によって「損害ノ賠償ヲ請求スルコトヲ得」という法律効果が発生すると規定しているのに、右の「本旨履行のないこと」の主張はしなくても損害賠償請求権の発生を主張できる、という思考方法こそ「人の通常の思考方法に反する分かりにくい考え方」ではないだろうか。書評者の考え方によれば、次のようになる。まず、「本旨履行がない」という主張が当事者の弁論に現れていないときは、「民法第四一五条の要件事実の主張がない」として請求棄却になる、すなわち、債権者が「主張責任」を負う。他方、「履行がない」ことが当事者の弁論に現れ、債務者が「履行をした」と争ったときは、債権者は「履行がない」という立証活動をするだろうし、債務者は、「履行をした」という立証活動をするであろう。そして、裁判所は、「履行がない」という確信を得た場合は勿論、「履行をした」という確信が得られないときは、民法第四八六条を法的根拠にして、債務者に立証責任を負わせる、すなわち、「履行があったとは扱えない」として、請求を認容するのである。以上の法律条文を根拠とした論理の運びの何処に「人の通常の思考方法に反する分かりにくい」ところがあるのだろうか。また、「主張責任と立証責任の分離を認める考え方は、主張責任の対象となる事実と立証責任の対象となる事実とが互いに異なることを認めるものである」（伊藤滋夫「要件事実と実体法断想（下）」ジュリ九四六号（一九八九年）一〇二頁）という誤解があるが、前に説明したように（前田達明「続々・主張責任と立証責任」判タ六九四号（一九八九年））、その対象は異ならないのである。すなわち、「本旨履行がない」という要件事実について、原告（債権者）が主張責任を負い（弁論に現れていないと本旨履行がないとは扱えない）、被告（債務者）が立証責任を負い、「本旨履行がないかあるか不明（いずれとも「確信」が得られない）」のとき、「本旨履行が存在したものとは扱えない」とされるのである。

ところで、司法研修所（伊藤滋夫教授も）の民法第四一五条における事実についての主張責任分配の考え方は、おかしなことになるという設例（前田達明『民法随筆』（一九八九年、成文堂）三〇四頁）について、結論として、「前田教授の想定されるようなことが起こるとは実際上考えにくく、そうしたことが実際に起こることを想定した上での、前田教授の前記ご批判は理由がないと考える」という反論がある（伊藤滋夫「要件事実と実体法断想（下）」ジュリ九四六号（一九八九年）一〇〇頁）。実は、このような抗弁があることを「想定」して、右のような設例を考えたのである。実は書評者が議論したかったのは、その先なの

である。すなわち、「実際上極めて考えにくい」ことを前提とした（浅学にして、民法第四一五条に基づく損害賠償訴訟の訴状に「本旨履行がなかった」ということが書いてない例は、お目にかかったことがない。）「主張責任の分配」論が、どうして「人の通常の思考方式」に合致するのであろうか（以前も述べたが、司法研修所のこのような主張責任の分配に対する、元京都大学教授で後に最高裁判所判事になられたO先生の疑問も、ここにある、ということである）。次に、立証責任についての書評者の見解によると、被告の納得し難い判決になるという反論がある（伊藤滋夫・同論文一〇〇頁）。しかし、それは誤解である。そもそも主張責任は、「要件事実の主張がない」という場合の問題であり、立証責任は要件事実の主張はあるが「あるかないか不明」の問題であり、次元が異なる。さらに、弁済した者は、法律上（民法第四八六条）、領収書の請求権があり、市民財産法が前提としているホモ・エコノミクス（経済人）が弁済をして、領収書を請求しないことは通常考えられず、では、経済人が何故それを請求するのかといえば、主として「争いが起こったら、弁済を立証するため」と答えるのが通常であろう（勿論、税制上の理由もある）。とすれば、「履行がない」と訴えられれば、「履行した」と立証活動するのは自分である、と考えるのが通常であり（主観的立証責任）、もし存否不明になれば自己が不利益を受ける、と考えるのも（客観的主張責任）通常であろう。そして、そうすることが「公平」に合致する。ところで、「裁判規範としての民法」では、民法第四一五条は、どのような条文になるのか、ご教示をいただきたい。

さらに、書評者の主張責任の分配の基準が明らかでなく、「規範説を貫き……」とか「法文に照らして」とかいっても、あまり有用でないという反論がある（伊藤滋夫「要件事実と実体法断想（下）」ジュリ九四六号（一九八九年）一〇四頁）。まず、主張責任の分配基準が、規範説すなわち法律要件分類説、すなわち「法文に照らして」行う、ということで、どうして明らかでないのであろうか。その具体例として、民法第四一五条の「本旨履行がない」という要件事実を挙げておいたのである。必要ならば、民法第五八八条の〝旧債務の存在〟も、「法文に照らして」債権者（原告）が主張責任を負うのであるという例も付加しよう（客観的立証責任は債務者（被告）が負うと考える）。そして、「規範説」は「一般に賛成の得難くなった考え方」であると批判されるが、それは、立証責任との関係で問題があるのであって、書評者は、主張責任についてのみ、「規範説」を採用するの

であって、立証責任についてまで「規範説」を採用するものではないことは、これまで常に述べてきたところであり、それこそが「主張責任」と「立証責任」の分配説の核心である。

さて、伊藤滋夫教授との〝バトル〟は、これで切り上げて、「論争」の核心を要約しておこう（そして、意外と結論的に両見解に大きな差は存在していないのである）。

伊藤滋夫教授の見解は、こうである。

立証責任については、「人の通常の思考方式」に従って、要件事実の存否不明のときは、訴訟上その事実を存在するものとは扱わない、として、その存在を前提とする法律効果の発生は認められない。

主張責任については、弁論主義にもとづいて、要件事実が当事者の弁論に現れていないときは、訴訟上その事実を存在するとは扱えないとして、その存在を前提とする法律効果の発生は認められない。

従って、立証責任と主張責任の負担者は常に一致するのであって、各法文の解釈により主張立証責任の分配を定め、それをもって、現行民法典を再構成し、「裁判規範としての民法」を創出する。

書評者の見解はこうである。

立証責任については（その法的根拠は、憲法第三二条である）、要件事実の存否不明のときは、訴訟上その事実を存在するものとは扱えないということだけが、「人の通常の思考方式」ではない。すなわち、他の扱い方も可能である。そのことは前述のように、「純理論的」にも認められ（伊藤滋夫教授も認められる）、学説上も有力に主張され（例えば石田穣『証拠法の再構成』（一九八〇年、東京大学出版会））、実務上も認められ（例えば、過失や因果関係の「一応の推定」、損害額の割合的認定、いわゆる「期待権」論）、立法においても認められる（例えば、民訴法第二四八条）ところである。

主張責任については、弁論主義（憲法第一三条の定める「私的自治原則」による）にもとづいて、要件事実が当事者の弁論に現れていないときは、訴訟上その事実を存在するものとは扱えないとして、その存在を前提とする法律効果の発生は認められない。

従って、立証責任と主張責任の負担者が一致する必然性はない。そして、主張責任は、憲法第七六条第三項と同第一三条を根拠にして、現行民法典の法文に従って分配され、従って、法文の認める法律効果の発生を求める者が、その法律要件に該当する要件事実について主張責任を負う。それは、唯一の立法機関である国会（憲法第四一条）で制定され、公布され、施行された民法典は国民の行為規範であると共に、国民の裁判規範でもあるからである。他方、立証責任は、証拠法の分野の問題であって、憲法第一三条の私的自治を根拠とする弁論主義の範囲外の問題であり（青山善充「主要事実・間接事実の区別と主張責任」（新堂幸司編『講座民事訴訟４』（一九八五年、弘文堂）三九三頁）、それは実体法の解釈の問題として、公平や禁反言といった基準で分配される。勿論、それも法律上の根拠が必要で、実体法の解釈の問題であるから、実体法に根拠を要し、公平や禁反言を定めたものは、民法第一条第二項の「信義則」ということになる。

第三章　ドイツ民法史論

第一節　民法典の体系について

第一　本稿の目的

(1)　近時、債権法の改正が大きな問題となっている。[1]それは、日本民法典の主として「第三編　債権」の改正であるが、実は、「第一編　総則」の改正も含まれている。それは何故か。それを解明するには、そもそも、日本民法典の「体系」とは、どのような意味を持っているのかを知る必要がある。

(2)　ところで、日本民法典は、「総則」、「物権」、「債権」、「親族」、「相続」という「体系」[2]を採用している（以下、原則として「家族法」という用語は「親族」と「相続」を合わせるものとして用いる）。しかし、これは、世界的に観て、決して普遍的なことではない。

まず、第一に、まとまった民法典を持たない国々がある。例えば、英米法圏（判例法国[3]）が、それである。第二に、まとまった民法典を持っていても、違った体系を採用している国々がある。例えば、フランス法圏（イーンス

ティトゥーティオーネース体系）が、それである。[4]

(3) 日本民法典と同じ体系を採用しているのは、ドイツ法圏（パンデクテン体系）である。それは、日本民法典がドイツ民法典の体系を〝真似〟しているからである。したがって、日本民法典の体系の意味を知るためには、ドイツ民法典の体系を学ぶ必要がある。[5]そこで、本稿では、ドイツ民法典の体系を概観しようというのである。

第二　一七、一八世紀におけるドイツ法学の展開

(1) 一七世紀のドイツは悲惨であった。数々の戦争に巻き込まれ、特に「三十年戦争（一六一八年～一六四八年）」では、ドイツ全土が著しく荒廃し、約一六〇〇万人の人口が一〇〇〇万人になったといわれている。[6]そして神聖ローマ帝国は、[7]事実上、解体し、各独立国が競合する状態となった。その状況を眼前にした法学者たちは、「法による平和と安定」をもたらそうと希求した。各国の「和」を求めるものであるから、当然、その法は「場所」と「時間」を問わないものでなければならなかった。ところで、「場所」と「時間」を問わず適用される法を「自然法（ius naturale, Naturrecht, droit naturel, natural law）」と呼ぶ。それは、1＋1＝2という「場所」と「時間」を問わず適用される「自然」科学「法」則に擬したものである。自然法思想は、古くギリシャ時代（前四世紀ごろ）からあったが、それには、二つの考えがある。その一つは、その根拠を神（の意思）に求めるものであった。特に中世神学においては〝神の法〟として構築された（例えば、トマス・アクイナス。Thomas Aquinas. 1225～1274）。しかし、当時のドイツでは「神」を根拠とすることはできなかった。それは、教会自身が戦争の当事者であったからである（カトリックとプロテスタントの戦争）。そこで登場したのが、人間の「理性」である。すなわち、人間の理性によって正しいとされる法こそ「自然法」であるという「世俗的自然法思想」であり、したがって、この自然法

を「理性法（Vernunftrecht）」と呼ぶ。そして、また、これこそ「啓蒙主義的」自然法学と呼ばれるものである。

(2)　この「啓蒙」（enlightenment, Aufklärung, lumières）主義[8]とは、簡単にいえば、〝全てのことは人間の「理性」によって理解できる〟という思想であり、一七世紀から一八世紀にヨーロッパを席巻した思想である。

(3)　〝人間の理性によって普遍的な法を発見し得る〟という啓蒙主義的自然法の第一人者グロティウス（Hugo Grotius 1583~1645. オランダ[9]）のドイツにおける継承者がプーフェンドルフ（Samuel Pufendorf. 1632~1694[10]）であり、それを大成させたのが「ドイツ啓蒙主義哲学」の「首領（das Haupt）」と呼ばれるヴォルフ（Christian Wolff. 1679~1754. プロイセン王国の都市ハレ（Halle）大学の数学と法学の教授）であった。彼の著書「自然法と国際法の諸原則」（ラテン語原文＝一七五〇年。独訳＝一七五四年）の体系は、次のようなものであった。

第一部　自然法総論、並びに自身、他者及び神に対する諸義務について

第二部　所有権、並びに、そこから生じる諸債務及び諸権利について

第三部　支配権（＝権力関係）、並びに、そこから生じる諸債務及び諸権利について

第一節　私的支配権について

一　支配権及び共同体（＝団体）総論について　二　婚姻、すなわち夫婦共同体について

三　血族関係及び婚姻関係について　四　父方共同体及び家父（＝家長、家父長）権について

五　相続の法、すなわち遺言相続及び無遺言相続について　六　奴隷（身分）と主従関係について

七　家族（Haus）について[11]

第二節　公的支配権、すなわち国家の法について

第四部　万民法（＝諸国民の法）について

ここに、第一部「総論」[12]があり、第二部に「所有権」と「債務」という財産法があり、第三部の「私的支配権（imperio private.gemeine Herrschaft）」の下に、「家族」と「相続」についての法を置く、という体系が成立した。これは、前述の法目的からして、まず、市民社会の個人が平和で安全な生活を営むための最も基礎的な基盤として「家族（夫婦そして親子）」を「共同体」とし、その経済的基盤である「家産」の継承を「相続」として法的に規制し、次に、その「家族共同体」の保護のために「国家」が存在し、そして、その国家間の法的規制（戦争の〝正当原因〟を規定して、正当でない戦争の防止）として、「国際法」を設定したのである。この体系の基礎は、プーフェンドルフの「義務論としての自然法」（Naturrecht als Pflichtenlehre）（人は生きるためには社会生活をしなければならず、そのためには社会的であるべき義務を負う。社交性、socialitas）[13]に由来する。すなわち、自然法は人間の市民としての義務（officium）を定めるものである、という考えであったとされる（何事かをなし、または、なさない能力あるいは道徳的な力が「権利」とされ、法律に従って定められた行為が「義務」と名付けられる）（ヴィーアッカー（鈴木祿弥訳）・前掲書三九〇頁、シュロッサー（大木雅夫訳）・前掲書八九頁）。

この自然法学は「理性」を理論的根拠としたが、具体的には、どのような「法」であったかといえば、それは、実は「ローマ法」[14]であった。もっとも、その研究方法は、個別的具体的事例研究（ローマ法源から分析的に具体的「法」を見つける）ではなく（「現代的慣用」への批判）、体系構築であって、その体系から演繹的に事件解決の法を〝証明〟するという、正に幾何学的〝証明〟方法に対比されるものであった（幾何学的方法。mosgeometricus）[15]。

(4)　この自然法学のドイツ民法典に与えた大きな影響は、まず、第一に「総則」の構築である。すなわち、最も基本的法原理としての〝公理〟ともいうべき「総則」の構築は、そこから市民取引法に関する事件に適用すべき法を演繹的方法をもって導き出すというもので、これは正に前述の「幾何学方法」の最たるものである。したがっ

て、この「総則」は普遍妥当性のあるものとして、後々のドイツ民法学へ継受されていった。第二に「家族法」の析出である。「イーンスティトゥーティオーネース体系」において〝人の法〟の中で扱われていたものを、一方で、抽象的な「個人（Individium）」（取引社会。利益社会の主体）を抽出して「総則」に規定し、他方において、その「個人」の生活基盤たる「家族」法を分離したことである。

(5)　一八世紀に入っても〝ドイツ国〟においては、戦争が打ち続いた。しかし、その様相は一七世紀と異なり、〝国民国家〟という意識の抬頭である。その最たるものは「七年戦争（一七五六年～一七六三年）」であった。この戦争は、フリードリッヒ二世の下に、強力な啓蒙絶対主義国家として、ドイツ国内で最大の強国となったプロイセンが、〝外国〟たるオーストリア、フランス、スエーデン、ロシアを相手として戦ったものである。特に「ロスバッハの戦い」（一七五四年一一月五日）で、プロイセンは墺仏連合軍に勝利し、「三十年戦争」以来、久しぶりにドイツ軍がフランス軍を破ったことによって、反プロイセン的ドイツ諸国でも市民は興奮に沸き立ち、ドイツ人は、初めて自らドイツ人と名乗ることに誇りを持てるようになったといわれている。ゲーテ（Johann Wolfgang von Goeth.1749～1832）は記す。「この日から我々はフリードリッヒ贔屓になった」（山中勝義『激動ドイツ史』（二〇〇六年、新風社）一九二頁）。さらにそれが頂点に達して、「歴史的有機体としてのドイツ民族の発見」（ヴィーアッカー（鈴木禄弥訳）・前掲書四四五、四六〇頁）に至ったのは、なんとナポレオン（フランス帝国）に対するプロイセンの「敗北」が原因である（一八〇六年。すでにフリードリッヒ二世は死去＝一七八六年）。その結果（一八〇七年）、屈辱的な「ティルジット講和条約」によって、プロイセン領は半減し巨額の賠償を負わされた。すなわち、このナポレオンのドイツ支配は、ドイツ人の国家意識を高揚させた。そして、それまでのハノーヴァーやバイエルンといった領邦を超えたドイツ人としての意識が盛り上がった（哲学者フィヒテ。Johann Gottlieb Fichte.1762-1814）の「ドイツ国

民に告ぐ」」。グリム兄弟（Jacob（1785～1863）、Wilhelm（1786～1859）Grim）によるドイツの伝説や民話の収集。フンボルト（Karl Wilhelm Freiherr von Humboldt。1767～1835）の「ドイツは一つの国民、一つの民族、一つの国家である」。（木村靖二編・前掲書一八一頁、山中勝義・前掲書二一二頁）。このように、ドイツの領土（場所）とドイツ民族の伝統（時間＝歴史）について、強烈な意識が高まり（ドイツ・ロマン主義）、それは法学の世界にも波及し、場所と時を問わない「自然法学」に対して、場所と時間を問う「歴史法学」が抬頭し、それが主流となった。もっとも、その研究対象は、以前として、〝ローマ法〟であった。その理由は、一三世紀以降から〝ドイツ国〟ともいうべき神聖ローマ帝国に継受された〝ローマ法〟（シュロッサー（大木雅夫訳）・前掲書五一頁）は、すでに約六百年の〝歴史〟を持つ〝ドイツ法〟であったからである。そして、「歴史法学派の祖」（山田晟「ドイツの歴史法学」（尾高朝雄ほか編『法哲学講座　第四巻』（一九五六年、有斐閣）四〇頁）といわれるフーゴー（Gustav Hugo.1764～1844）によって「パンデクテン体系[16]」が創出された。すなわち、彼の著「現代ローマ法提要」（Institutionen des heutigen Römischen Rechts.1789）において、「序論 Einleitung」（この「序論」は、裁判における自己のもの（das Mein）と他人のもの（das Dein）の法的保護についての説示であり、ドイツ民法典の「総則」に匹敵するものではない）、「I．物的諸権利（Realrechte）」、「II．人的諸債務（Persönliche Obligationen）」、「III．親族諸権利（Familienrechte）」、「IV．遺産（Verlassenschaften）」、「V．訴訟（Proceß）」とし、それぞれの内容は、「I．物についての権利（Ius in Rem）、所有権（Eigentum）、用益権（Servitut）、質（抵当）権（Pfandrecht）」、「II．債務、人に対する権利（Obligatio.Ius in personam）、一．物に対する権利との関係（Verhältniß zum jus in rem）、二．債務の発生諸原因（Quellen des obligatio）、意思表明一般について（Von Willensäußerungen überhaupt）、要物契約（Realcontracte）、諸成契約（Consensual contracte）、不法行為と種々の原因にもとづく債務（Obligatio ex delicto&variis causarum figuris）、三．債務の消滅（Ende

der obligatio)」、「Ⅲ. 親族の諸権利（Familien=Rechte）、婚姻（Ehe）、父権（Väterliche Gewalt）」、「Ⅳ. 死亡を前提とする諸権利（Rechte welche einen Todesfall voraussetzen）、一. 相続一般（Erbschaftüberhanpt）、二. 遺言にもとづかない相続（Erbschaft ab intestatoe）、三. 最終意思（letzte Willen）、相続人の指定（Erbes Einsetzung）、他の定め（andere Verordnungen）」、という体系を採用している（Schwarz, "Zur Entstehung des modernen Pandektensystems", Zeitschrift der Savigny-Stiftung für Rchtsgeschichte, Romanische Abteilung 42.Bd(1921), S.581.、平野裕之『民法総則（第二版）』（二〇〇六年、日本評論社）三頁）[17]。

(6)　そして、この体系、すなわち"パンデクテン体系"を大成させたのは、ハイゼ（Georg Arnold Heise. 1778~1851）の「パンデクテン講義用の普通民法体系概説（Grundriss eines Systems des gemeinen Civilrechts zum Behuf von Pandecten Vorlesungen.1807)」であった[18]。

それは次のような体系であった。

第一部　総則（Allgemeine Lehren）
　第一章　法源　第二章　諸権利について（物権（Jus in re）と債務（obligatio））
　第三章　権利の行使と保護　第四章　人　第五章　物　第六章　行為
　第七章　空間と期間の関係
第二部　諸物権（Dingliche Rechte）
　第一章　総則　第二章　所有権　第三章　地役権　第四章　借地権と地上権　第五章　質（抵当）権
第三部　諸債務（Obligationen）
　第一章　債務の内容　第二章　債務の主体　第三章　債務の成立　第四章　債務の消滅　第五章　双務債務

第六章　供与あるいは給付への債務　第七章　返還への債務　第八章　行為への債務　第九章　不作為と原状回復への債務　第十章　賠償と刑罰への債務　第十一章　附属的債務

第四部　物的諸人権（Dinglich-persönliche Rechte）

第一章　婚姻　第二章　父権　第三章　後見

第五部　相続法（Erbrecht）

第一章　総則　第二章　法定相続　第三章　遺言　第四章　終意処分の執行と廃止

第五章　特別遺言（兵士の遺言など）　第六章　遺留分（Successio necessaria）　第七章　相続財産の取得

第八章　遺贈（物）の取得　第九章　遺贈（物）の種類　第十章　相続権の喪失

第六部　原状回復

この〝教科書〟は一九世紀ドイツ最大の（歴史）法学者サヴィニー（Friedrich Carl von Savigny. 1779～1861）が、彼自身の講義において使用したことによって、[19] この「パンデクテン体系」は大いに流布することとなり、ここにドイツ民法典の体系の〝原型〟が完成した。

要約するならば、パンデクテン体系は、第一に、財産法と家族法に二分され（自然法学に由来）、第二に、その財産法が「物権」と「債権」に二分され（ローマ法における「対物訴権（actio in rem）」と「対人訴権（actio in personam）」の模倣である）、[20] 第三に、家族法が「親族法」と「相続法」に二分され（自然法学に由来）、第四に、通則としての「総則」、そして、更に、その「総則」の「人」は市民（取引＝利益）社会における取引主体としての抽象的な個人（自然人、法人）、抽象化された取引（権利発生、変更、消滅などの規定）が冒頭におかれる（その限りで、「総則」は、〝小型イーンスティトゥーティオーネース体系〟といえる。松尾弘「民法の条文とは」法学セミナー六一七号（二〇〇

六年）一四頁）という特徴を持っている。この財産法において、物権と債権という二大権利の体系となっているのは、パンデクテン体系は以上のように、自然法学とローマ法に由来する要素の混交にほかならないが、そもそも体系構築自体が自然法学の産物である。

ところで、注目すべきは、第四部において「親族法（Familienrecht）」とせず、「物的諸人権（Dinglich-persönliche Rechte）」となっていることである。これは、明らかに、一八世紀後半ドイツにおける「時代精神」の代弁者たるカントの用語である。すなわち、ここに、カントの影響がみられるのである。[21] それでは、一体、カントは、どのように考えていたのか？

第三　カントからヘーゲルそしてサヴィニーへ

一　カント

(1)　そこで、まず、カント（Immanuel Kant.1724～1804）の考えを見てみよう。

カントは『人倫の形而上学（Die Metaphysik der Sitten）』（一七九七年）[22] において、次のような「法」体系を示した。第一部「私法（Privatrecht）」第一編「外的なにかを自分のものとして持つ仕方について」第二編「外的ななにかを取得する仕方について」第一章「物権（Sachenrecht）」について　第二章「人権（Persönliche Recht）」について　第三章「物に対する仕方で人格に対する権利（auf dingliche Art persönliche Recht）」について　第一項　婚姻権（Eherecht）　第二項　親権（Elternrecht）　第三項　家長権（Hausherren Recht）　第四項　契約によって取得しうる一切の権利の教義学的区分　挿入章「観念的取得について」一　取得時効による取得の仕方　二

相続（Beerbung）三　死後に名声を残すこと　第二部「公法（Das offentliche Recht）」第一章　国家法（Staatsrecht）[23]　第二章　国際法（Völkerrecht）、第三章　世界市民法（Weltbürgerrecht）.

(2)　このような体系の基礎として、カントは、まず、「理性」を二分し、「自然界そして人間は如何なるものか」を知るのが「純粋理性（reine Vernunft）」の課題であり、「人間は如何にあるべきか」を知るのが「実践理性（praktische Vernunft）」の課題なのである。このように、カントによれば、「法」は「実践理性」の問題であり、「純粋理性」の問題である自然科学「法則」（1＋1＝2）とは異なるのである。たしかに、カントも「自然法（Naturrecht）」という言葉は用いているが（S.345）、しかし、それは「実定法（das positive（statutarische）Recht）（立法者の意思から生じる）」に対する概念として「先験的な（a priori）、公知（laut）の諸原理（Prinzipien）」にもとづく法を「自然法」としている（例えば、憲法第一三条の定める〃内容〃は「自然法」である）。この「人は如何に生きるべきか」を教えるのが「道徳（人の倫＝Sittlichkeit=Moralität）」であり（それを研究するのが「倫理学」（Ethik）である）、それは、「このようにせよ！」「このようにしてはならない！」という命令の形式を採る（S.321、S.350[24]）。「命令」であるから、それには「強制」が必要である。そして、「外的（他人の意思による）強制」を伴うのが「法的義務（Rchtspflicht）（法による意思の強制[25]）」であり、この強制できる能力（Vermögen）が他人にとって「権利（Recht）」である。他方、「内的（自己の意思による）強制（自己強制。Selbstzwang）」を伴うのが「徳の義務（Tugendpflicht）」である（S.508[26]）。

(3)　他方において、カントは、「自由（Freiheit.自己の意思が他人の自由意思（Willkür[27]）によって強制（nötigen）されない）」は、それが、他の誰の自由とも普遍的法則（道徳法則）（allgemeines Gesetz）に従って両立し得る限りにおいて、生まれながらの（angeboren）唯一の（einzig）根源的な（ursprünglich）人間である故に誰にでも帰属する

「権利（Recht）」であるという（S.345）。では、この「自由」とは何か。今少し詳しく見てみよう。カントは、次のようにいう（S.317f）。まず、人間には、ものごとを理解して欲求する能力（Begehrungsvermögen nach Begriffen）、任意に作為または不作為を行う能力（Vermögen, nach Belieben zu tun oder zu lassen）があり、その能力と行為し得るという意識が結び付いているのが、選択意思である。そして、動物的な選択意思（arbitrium brutum）は、衝動によって触発されるが、人間の選択意思は、それから免れている。しかし、それは、選択意思の自由の「消極面」である。それに対して「積極面」とは、純粋理性が実践的であり得ることである。その条件として「行為者自身の格律（率）（Maxime。行為基準）」が「普遍的法則（allgemeine Gesstze）」と一致していることである。例えば「不倫をしてはいけない」という普遍的一般法則を認識し（純粋理性）、それと行為者自身の格律（率）＝行為基準（〝不倫をしてはいけない〞という意思＝実践理性）が一致し、それを選択（選択意思）する（〝不倫をしない〞）というのが「積極的自由」であるとする。[28] 従って、「意思の自由」とは「自律性（Autonomie）」（カント「人倫の形而上学の基礎付け」野田又夫編・前掲書二九二頁）（自己が決定すること）であり、「他律的自由（他が決定する自由）」というのは論理矛盾であることになる。このように、カントによって自由の正確な定義が確立した（それは、啓蒙専制君主制への抵抗でもあった）[29]。この考えは、「論語」の中で孔子（紀元前五世紀）が「七十而従心所欲不踰矩」（七十にして心の欲するところに従えども矩を踰えず）、すなわち、〝七十歳になって心の欲するままに行動しても規範に反することはない〞というのと通じる。[30] ちなみに、カントが「人倫の形而上学」（一七九七年）を公表したのは七三歳の時である。しかし、このようなことは通常人には誠に困難なことであり、そこで、カントは次のように付け加える。人間の主観的原因にもとづく格律（率）は、そのままでは普遍的法則と一致するものではないから（他人の物でも欲しい物は欲しいというのが人間の欲である）、純粋的実践的理性は、この普遍的法則を「禁止または命令の命法」として命ずるこ

とができるのである、と。

(4)　さて、以上のような「自由」という生まれつきの唯一の根源的権利から、次の権利が派生する。すなわち、「物に対する（占有する）権利（他人に侵害するな！と強制できる）」と「人に対する権利（他人の意思の占有、すなわち意思に対して「こうせよ！」「こうするな！」といえる権利）である。「物権（ius reale）」と「人権（ius personale）」は、ローマ法以来の権利の二大分類（actio in rem と actio in personam）に対応する。そこで、カントは、そこから論理的に、次の二つの組み合わせを考えた（S.481）。第一は「人格に対する仕方での（意思を占有する仕方で）物に対する権利（das auf persönliche Art dinglicht Recht）」、第二は「物を占有する仕方で人に対する権利＝外的対象を物として占有し人格として使用する権利（ius realiter personale. das auf dingliche Art persönliche Recht）」である。第一の存在は、物には「意思」がないから除外される。第二の権利は可能で、それは、さらに、また三種類あるとする。第一は、「婚姻権」、すなわち〝他人の性器と能力（Vermögen）を相互に使用し合う権利〟である。これは、相手の人格を占有する権利であって、この権利は婚姻契約によって生じる（§.24）。そして相手の人格を占有したいときは必然的に婚姻しなければならず、すなわち、婚姻契約は、任意の契約ではなく純粋理性の法的諸法則に従った必然的な契約なのであり、したがって、人間性の法則（lege）による必然的な契約（「性共同体（commercium sexuale）の形成」）である。それは、性を異にする二個の人格が他者の生殖器及び諸能力（Vermögen）についてなす相互的使用（wechselseitiger Gebrauch）、相互的占有（wechselseitiger Besitz）であるとし、このような相互使用、相互占有は人格的権利（債権）であると同時に物権的であり、夫婦の一方が駆け落ちしたり、他人の占有に身を委ねたとき、他方は、常に無条件で、さながら一個の物権として自分の権利内に連れ戻し得るとする。そして、相互に相手方を占有しあうことから「一夫一婦制」が導かれる。第二は、子に対する親の権利である（§.28）。すなわち、

婚姻共同体における出産から、子を保護し扶養する義務が生じる。この義務から必然的に子を監督し教育する両親の権利が生じる。これは両親の子に対する、「物に対する仕方での人に対する権利（das auf dingliche Art persönliche Recht）」である。これは契約ではなく直接に法則（Gesetz（lege））によって生ずる（§.29）。第三は、「家長権」である（§.30）。これは家長と成人した子供あるいはほかの自由な関係の人格（家人）との契約によって生ずる。

このように、家族関係を「権利」として把握することは、人間の「自由」すなわち「意思の自律」にもとづく権利義務こそが、「法」の世界の問題である、という理解にもとづく。[31] そして、自然科学的思想に長けたカントとしては、夫婦関係を即物的に把握することに、なんの躊躇も感じなかったと思われる。[32] ところで、このようなカントの婚姻観は、市民的精神において最も徹底したものであると評価されている。すなわち、近代的市民婚姻が契約的性質を持ち非権力的性質のものであり、夫婦相互に他者を独占的に排他的に支配する権利を持つという点において、近代的所有権と同一形態であるというのである。[33]

このように、カントは民法体系を「権利の体系」として構築したが、それをサヴィニーが受け容れ、パンデクテン法学さらにドイツ民法典へ結実したという見解がある（筏律安恕『私法理論パラドクム転換と契約理論の再編』（二〇〇一年、昭和堂）一二二頁、北居功「民法の体系」法学セミナー七一〇号（二〇一四年）八二頁（特に家庭法について））。果たして、そうであろうか。そこで、サヴィニーの見解を見る前に、まず、カントに対する最大の批判者でありサヴィニーに大きな影響を与えたヘーゲルの見解を見ておこう。

二　ヘーゲル

(1)　ヘーゲル（Georg Wilhelm Friedrich Hegel. 1770～1831）は「法哲学綱要（Grundlinien der Philosophie des

Rechts)」（一八二一年）[34] において次のように体系を示した。
第一部　抽象的な法（Recht）第一章　所有権（Eigentum）、第二章　契約（Vertrag）、第三章　不法（Unrecht）
第二部　道徳（Moralität）第一章　故意（Vorsatz）と責任（Schuld）　第二章　意図と幸せ　第三章　善と良心
第三部　倫理（Sittlichkeit）第一章　家族（Familie）A．婚姻（Ehe）B．家族の財産（Vermögen）C．子供の教育と家族の解体　第二章　市民社会（bürgerliche Gesellschaft）A．欲望（Bedürfnisse）の体系　B．司法活動（Rechtspflege）C．福祉行政（Polizei）と職能集団（Korporation）第三章　国家、A．国家公法　I．国内体制（a）君主権（fürstliche Gewalt）（b）統治権（Regierungsgewalt）（c）立法権（gesetzgebende Gewalt）B．国際公法　C．世界史

そして、ヘーゲルにおいては、「第一部」外面的「正義」としての「法」（Recht）、「第二部」内面的「善」（の心）としての「道徳」（Moralität）、「第三部」客観的に正しいことを主観的にも正しい心を持って実現する「倫理」（Sittlichkeit）とする（§.33）。そして、第一部が「正」、第二部が「反」、第三部が「合」とされ、正にヘーゲルのいう弁証法である。さらに、倫理（Sittlichkeit）の現実の（wirklich）実体（Substanz）として、①直接的あるいは自然的な精神（Geist）としての「家族（Familie）」、②独立の個々人の結合体（Verbindung）としての「市民社会（bürgerliche Gesellschaft）」、③　①と②を統合したものとしての「国家（Staat）」があり、①が「正」、②は、こうした自然的直接的結びつきが破れた倫理の分離体であり（「反」）、その分離体を克服して再度の統合を達成した状態が「国家（Staat）」である（「合」）（§.33）。これまた弁証法である。

(2)　ヘーゲルにあっては、国家は、①一般原則を決定し確定する権力である「立法権（gesetzgebende Gewalt）」、②特殊的分野や個別の事例を一般原則のもとに包摂する権力である「統治権（Regierungsgewalt）」、③最終意思決

定を行う主観性の権力たる「君主権（fürstliche Gewalt）」（立憲君主制（konstitutionelle Monarchie））から成り、①は②そして③に具体的内容を与えるものであり、②は③の決定したものを実行適用することであり、司法権（richterliche Gewalt）と社会福祉政策権（polizeiliche Gewalt）を含むとする（§.273）。すなわち、市民社会への国家の働きかけである（§.287）。そして、市民社会は次の三つの要素が含まれているとする（§.188）。すなわち、まず、①欲望の体系（System der Bedürfnisse）であり、その利益を調整するための②司法活動（Rechtspflege）、さらに③社会福祉政策（Polizei）と職業集団（Korporation）（同じ労働をする者の集まり）である。

(3)　ロマンティークの哲学者ヘーゲルのカント理解によれば、道徳（Moralität）と倫理（Sittlichkeit）について、カントは前者のみで後者を無視しているのは、義憤（empören）を感じるとする（§.33）さらに、ヘーゲルは、次のようにいう。「Recht（法、正義、権利）」とは〝自由意志の実現〟に他ならない。しかし、カントは、ルソー流に、それに付け加えて、法（正義、権利）は自由の「制限（Beschränkang）」を伴うとする。すなわち、消極面から、自由意志を他人の自由意志と共存できるように制限するのが「法」である、というが、そのような考えは浅薄（seichtig）であると批判する（§.29）。簡単にいうと、例えば、カントによれば、「自由」は、憲法第一三条によって〝公共の福祉（他人の自由）に反しない限り〟において保護されている、すなわち、自己の基本権としての自由意志は他人の基本権としての自由意志という制限が加わるというのである。しかし、ヘーゲルによれば、憲法第一三条によって、はじめて、「自由」が実現するのであって、「公共の福祉」の範囲を越えるところでは「自由」は存在せず、それは〝わがまま〟〝自分勝手〟（Willkür）なのである、という。[35] そして、カントの婚姻観についても、ヘーゲルは、厳しく批判して、次のように述べる。すなわち、婚姻は直接的な法的倫理的関係（unmittelbare rechtlich sittliche Verhältnis）であり、自然法思想家の多くがそうであったように単に性的関係としてのみ考察することも、

カントのように単に市民的契約（bürgerlicher Kontrakt）[36]とするのも、相互の恣意（Willkur）が双方の個体に関して契約を結び婚姻は契約による相互の使用という形式に貶める（herabwürdigen）もので、未熟（roh）な考え方である。契約関係とは、双方共が自立した人格による個別の外面的物件を対象とした同一的な意志の媒介であり、婚姻を、この契約概念[37]に包摂することは恥ずべきこと（Schändlichkeit）であるという。そして、だから、このような考えは、義憤（emörend）さえ感じる、とヘーゲルは批判する（§161, S.425）[38]。ヘーゲルによれば、婚姻は、個々に独立している人格の契約の立場から出発しながら、その結果において、この立場を止揚し（aufheben）、一人格たる家族を形成するものである（「家族共同体」の形成）。そして、婚姻は本質的に一夫一婦制である。なぜなら婚姻関係の真実のあり方、真心からの繋がりは、この人格の一心同体となった相互献身からのみ生ずるのである（§.75, §§.158ff, S.425）。

このように、ヘーゲルが、カントの婚約観を批判したのは、次のような危機感にもとづくものであった。すなわち、一九世紀ドイツにおいては、産業革命に始まる資本主義生産と都市化が飛躍的に発展し、商品交換法が支配するようになった。ヘーゲルはいう。〝市民社会は、個人を家庭的結び付き（家族構成員への生活配慮）から引き離し、家族構成員相互の仲を離反させて、彼らを独立の個人（selbständige Personen）として認めるのである〟。個人は市民社会の息子（Sohn der bürgerliche Gesellschaft）になってしまうのである（§.283）。

その故に、「欲望の」「主体」としての「個人」が利益社会たる「市民社会」（欲望の体系）において孤立化することとなった、したがって、そこには、婚姻制度の解体と家族の崩壊の危険が芽生えてきた（三島淑臣『婚姻の人倫性と市民社会』（前掲論文集二五二頁））。そのことを、先進国イギリスやフランスの例から、ヘーゲルは早くも敏感に嗅ぎ付けた（ヘーゲルは、当時のイギリスの〝格差社会〟を厳しく批判しているSS.610f., 629f）。すなわち、国家

と市民社会が分離し、家族は前者から離されて、国家の統治権、特に社会政策（福祉）権の領域から離されて（現代のアメリカ合衆国の〝悩み〟）、後者に移されると、後者は「欲望の体系」として、私法＝商品交換法が支配しているから、家族の緊密な結び付きが解任するという危険がある、とする。そこで、ヘーゲルは、家族や国家という共同体を守ることが、「欲求の主体」としての個人を救済することになると考えたのである。[39] したがって、ヘーゲルにあっては、婚姻や親子関係を「権利」関係に解体することは許されず、家族（Familie）によって統括されなければならなかったのである（§.161, §.163, S.415）。

(4)　さらに、ヘーゲルは「法」においては「権利の体系」を否定している。彼は次のように述べる。ローマ法にもとづく物権（Sachenrecht. 対物権）と人権（Personenrecht. 対人権）の区分は誤解（Schiefe）であり筋道が通らない（begrifflos）という。何故ならば、人権も他人に物を譲渡せよと要求する権利であって、常に物に対する権利なのである。そして、カントのいう人権は何かを与え（geben）、給付する（leisten）という契約から発生するが、それは債務（obligatio）から生ずるローマにおける「物に対する権利」（jus ad rem）なのである。おまけにカントは家庭関係を「物に対する仕方での人権」（die auf dingliche Weise persönlichen Rechte）としていると批判する[40]（§.40 ヘーゲルとしては〝誤りも甚だしい〟といいたいのである）。もっとも、ヘーゲルは〝物〟は、自由の対象という〝一般的な意味〟では、私の身体や生命も含む、といっている（§.40, S.181）。

そして、このヘーゲルの見解は、以下に見るように、サヴィニーによって支持された（石部雅亮・前掲論文一九二頁）。さらに、このような考えは、ドイツ一九世紀法学界の通説となった。[41]

(5)　このようなカントとヘーゲルの思想の差はどこから生じたのであろうか。それには、カントの生きた一八世紀ドイツとヘーゲルが眼前にした一九世紀ドイツの社会を比較する必要がある。

一八世紀のドイツにおいて、その農村生活は、中世のそれと大きな変化はなかった。すなわち、三圃制で、そのために作付け面積は三分の一であり、ほぼ自給自足経済であった。そして、当時ドイツの約二五〇〇万人の人口のうち、四分の三は農村に生活していた。そして牧畜業は、秋には牧草不足のために、家畜の一部を屠殺しなければならず、冬の肉は常に塩漬けのものであった。そして寒気はヴィタミン不足に悩ませられた。

他方、イギリスでは、一八世紀に新しい農業方法が採用され、収穫収入を増大させていた。すなわち、品種を変えれば（Fruchtwechsel）、三圃制を取らずに全耕地を利用出来た。ドイツでも、一九世紀になって、農学者テーア（Albrecht Thaer.1752～1828）が、これに倣って三圃制の解消に勤めた。さらに、灌漑や排水工事が進み、またリービッヒ（Justus von Liebig.1803～1872）により人口肥料の利用が拡められた。牧畜業においても、クローバーやビートなどの牧草の植付けが進み、秋の多くの屠殺が回避された。また、農業共同体（Landwirtschaftliche Genossenschaft）の形成によって、農業生産は飛躍的に発展した。さらに、農村における問屋制家内工業化（プロト工業化）は、農村に多くの収入をもたらした。他方、都市ではマニュファクチャアが進み、さらに、それと共に、機械化と交通網（鉄道）の発展が、都市化[42]の大きな要因となった（Kaiser, Grundzüge der Geschichte, Bd, 3, 6.Aufl., 1970.S.220f.、木村靖二編・前掲書一五四頁）。例えば、「純粋ドイツ」といわれるバーデン大公国の「産業化」は、一八〇九年の機械性紡績業の開始に始まるといわれている（北村次一『近現代のドイツの経済社会』（一九七八年、法律文化社）一五頁）。

このように、多くの領域で〝中世〟を引きずっていた一八世紀ドイツに生き、しかし、知識としては、〝近代〟を意識して、学問上は、自然科学をはじめとする〝近代〟の輝かしい成果を見てきたカント（一七二四～一八〇四年二月）としては、人間理性のみによって理想社会が実現できるという〝理性信仰〟（Vernunftglaube）を持ったの

も当然である。他方、〃近代〃のはじまった一九世紀ドイツに生き、前述のように、フランス革命（一七八九）、ナポレオン帝国（一八〇四年五月～一八一四年）の成立を見たヘーゲルは、非歴史的な人間理性のみによって理想社会が成立するとは考えられず、むしろ強力な国家と「健全」な家庭とが、市民社会における「欲望の主体」としての個人を救済し得る、と考えるのも当然であったろう（なお、『マルクス・エンゲルス選集第一巻』マルクス（日高晋訳）『ヘーゲル　法哲学批判』（一九五七年、新潮社）三一頁）。このようなカント（一七二四～一八〇四）とヘーゲル（一七七〇～一八三一）の違いは、モーツァルト（Wolfgung Amadeus Mozart.1756～1791）とベートーベン（Ludwig van Beethoven.1770～1827）の違いに対比できるだろう。ひと言でいえば、カントは理想主義者、ヘーゲルは現実主義者である。さて、次に、サヴィニーの見解を見よう。

三　サヴィニー

(1)　サヴィニー（Friedrich Carl von Savigny.1779～1861）の見解は、自然法学者ティボーとの論争（いわゆる「法典論争」）を見ると良く解かる。それは、こうである。啓蒙主義的自然法学は、前述の法目的からして、当然、全ドイツに適用される民法典の制定を要求した。そこで、ティボー（Anton Friedrich Justus Thibaut.1772～1840）は、それを「ドイツ普通民法の必要性について（Über die Notwendigkeit eines allgemeinen bürgerlichen Rechts für Deutschand.1814)」において、国家による包括的法典の立法を要請した。これに対して、サヴィニーは、「歴史法学派にとって綱領的意義」を有する[43]「立法および法学に対する現代の使命について（Vom Beruf unserer Zeit für Gesetzgebung und Rechtswissenschat.1814)」において、次のように反論した。すなわち、〃法とは言語と同様に民族の共同の確信[44]によって発展成立するもの〃であって、法の歴史的研究が必要であり（歴史法学[45]）、法は立法者の意

志によって任意に作りうるものではない、そして、今は、未だ法的言語の体系的歴史的研究が不十分で法典編纂にふさわしくない、すなわち、法典編纂にふさわしい言語の用意がなされていないから〝時期尚早〟であって、かかる法学の現状において法典を作ることは不完全な知識を法典に固定し、法学の自由な発展を阻害する〟、とした（碧海純一ほか編・前掲書一四一頁（村上淳一））。そして、サヴィニーが勝利した。(46)

(2)　このように法が民族精神の現れというのならば、我々の感覚からすれば、ゲルマン民族の法（ゲルマン法）を研究対象とすべきであるのに（現にそのような法学者もいた。ゲールマニステン＝Germanisten）、サヴィニーは、ゲルマン法研究を軽視はしなかったが（v.Savigny, a. a.O., Bd.I.,（Vorrede）S.XXXI）、ローマ法を研究対象とした（ロマニステン＝Romanisten）。サヴィニーにしてみれば、一三世紀以来、ドイツに継受された「ローマ法」（シュロッサー（大木雅夫訳）・前掲書二三頁）は「神聖ローマ帝国」の法（普通法。Gemeines Recht）は、〝ドイツ法〟といっても良いということであったと考えられる（山田晟『ドイツの歴史法学』・前掲書五一頁（注20）、加藤新平『法思想史』（一九七三年、勁草書房）九六頁）。ただ、神聖ローマ帝国の滅亡（一八〇六年）と共に〝ローマ法〟は実定的根拠を失ったので、それを補うために、「民族精神」を持ち出したことも考えられる。さらに「民族精神」といいながら「ゲルマン民族精神」の研究をしなかったが、この言葉の「本心」は、当時の分裂国家（ラント）たるドイツではなく、統一国家としてのドイツの法を研究すべきであるという事であったろう（世良晃志郎「サヴィニー」）（木村亀二編『近代法思想史の人々』（一九六八年、日本評論社）五二頁）。

(3)　サヴィニー自身の民法体系は「第一編　法源（Rechtsquellen）」、「第二編　法律関係（Rechtvenhältiniß）」、「第三編　法律関係への法規の適用」、「第四編　物権法（Sachenrecht）」、「第五編　債務法（Obligationenrecht）」、「第六編　親族法（Familienrecht）」、「第七編　相続法（Erbrecht）」という編別を予定していた（サヴィニー（小橋一

郎訳）『現代ローマ法体系　第一巻』（一九九三年、成文堂）二、三七六頁）。しかし、現実には第一、二、三編（第一〜八巻）で終了し、[47]後に、その一部として『債務法　第一』（一八五一年）、『債務法　第二』（一八五三年）が刊行されたのみである。ところで、サヴィニーは「権利」よりも「法律関係」を重視した（ヘーゲルと同様に「権利の体系」の否定）。サヴィニーはいう。「各個の権利は、法律関係の一つの特別の抽象化によって分離された側面にすぎない」（Bd.I., S.6ff.§.4）。例えば、原告Aが被告Bに対して「金百万円を支払え」という訴えを起こしたとき、裁判官にとって、AがBに物を売った「売買契約」という法律関係があるのか、AがBの扶養すべき人を代わって扶養した「事務管理」と親族法の「扶養義務」という法律関係があるのか、Bの被相続人が生前にAの所有物を壊した「不法行為」と「相続」という法律関係があるのか、ということこそが重要であると、サヴィニーは考えるわけである。この考えは、ヴィントシャイトも賛成し、私法体系（Privatrechtsystem）は「権利の体系（System der Rechte）」というより「法律関係の体系（System der Rechtsverhältnisse）」である、物権法においても、「占有」は物に対する「権利」ではなく物に対する「法律関係」にすぎないという（現に「ドイツ民法典では、占有は権利ではない」。第三編第一章　占有（Besitz）」となっている（Windscheid-Kipp, Lehrbuch des Pandectenrechts, 9.Aufl., Bd.I (1906), S.70)[48]。

(4)　以上のように、サヴィニーにとっては、民法の体系全体を「法律関係の体系」として構成したのであって「権利の体系」として構成しなかったのである[49]。そして、それが、ヴィントシャイトを経てドイツ民法典の体系へと流れていったのである。したがって、カントの「権利の体系」がドイツ民法典に影響したとは言い難い。

(5)　さらに、サヴィニーも、[50]ヘーゲルと共にカントが婚姻において単なる自然的構成部分（性欲（Geschlechtstrieb））を債務（obligatorisch）法律関係の対象とみるのは誤りであり、「婚姻の本質をまったく誤解し

たもので婚姻の価値を低めるものである（herabwürdigen）」と批判する。[51] すなわち、人間にあっては高度な倫理法則が存在し、これによって、本能（Naturtrieb）をも支配すべきであって、それによって人間性が疎外されるどころか、人間の本質的な、より高い要素への参加と高揚するものである、という。サヴィニーも、親族は三つの不可分に統合された姿を持つ、すなわち本性的（natürliche）、人倫的（sittliche）および法的（rechtliche）姿である、という。そしてHegel〝Naturrecht（Grundlinien der Philosophie des Rechts）§161〟が「婚姻は法的な人倫的愛である（rechtlich sittliche Liebe）」とするのを、「まったくすばらしい（sehr schön）」と褒め称えている。もっとも、サヴィニーは、それを「法的人倫的性愛（rechtlich sittliche Geschlechtsliebe）」というべきであるとする。ただ、サヴィニーも婚姻が「契約」であるという思考には立っているが、その契約は、カントのいうような内容ではなく、聖職者が婚約者たちに対して〝汝らは死の時まで相互に愛し誠実を尽すや？〟と問うて、共に〝はい〟と答えたとき、その表示中に〝婚姻者がキリスト教によって要請された婚姻形態を意識し、そのような形態において共同生活を送るという一致した意志を持っている〟ことが現れているとし、私法的関係としての婚姻の承認を、この意思表示にかかわらすとき、婚姻は契約といえるとする。しかし、それは、一定の諸行為の約束の意味はなく、不履行の場合に裁判上の強制に服することはないが、この意思表示（Willenserkläurg）には、一つの「法律関係」としての婚姻の承認がかかっているのだから、これを契約と呼ぶには十分の理由があるという。[52]

いずれにしても、ヘーゲル、サヴィニーが、婚姻を倫理の世界の問題に引き込もうとしていることは明らかである。

(6)　その後、ハイゼのパンデクテン体系に従って、「ローマ法」の歴史的研究（サヴィニーの主張）がドイツ民法学の主流となり、これを「パンデクテン法学」と呼ぶ（歴史法学のパンデクテン法学への発展。碧海純一ほか編・前掲

書一四七頁（村上淳一）。そして、この体系を確立させ、ドイツ民法典への下地を作ったのがパンデクテン法学者として最も著名なヴィントシャイト（Bernhard Windscheid.1817~1892）である（ベーレンツ（河上正二訳）・前掲書四七頁）。彼の著書「Lehrduch des Pandecktenrechts.3Bd., 1862~1870」の体系は、第一部「法一般について」、第二部「権利一般について」第一章「権利の概念と種類」第二章「権利主体（自然人と法人）」第三章「権利の発生・消滅変更（法律行為など）」第四章「権利の行使、侵害、保護」、第三部「物権法（Sachenrecht）」、第四部「債権法（Recht der Forderungen）」、第五部「親族法（Familienrecht）」、第六部「相続法（Erdrecht）」となっている[53]。このように、ヴィントシャイトにおいては、ハイゼとは異なり、「親族法（Familienrecht）」という用語が用いられている。

第四　ドイツ民法典成立

(1)　ドイツ関税同盟（一八三四年）による経済的統合は政治的統一の前段階（シュロッサー（大木雅夫訳）・前掲書一二七頁）と受け止められ、その経済的要請から「有価証券法 Allgemeine Deutsche Wechselordnung（一八四八年）」、「商法（ＡＤＪＧＢ）（一八六一年）」が制定された。そして、一八七一年にドイツ帝国が成立し、民法典の制定運動への機は熟した。一八七四年に準備委員会が設立され、一八八七年に第一草案が公表され、これは、ヴィントシャイドが委員として大きな影響を与えたため「小ヴィントシャイド」と呼ばれた。この第一草案に対して、ギールケ（Otto v. Gierke.1841~1921）の批判（Der Entwurf eines Bürgerlichen Gesetzbuches und das Deutsche Reich. 1888/1889）やメンガー（Anton Menger.1841~1906）の批判（Das bürgerliche Recht und besitzlosen Volksklassen.1890）などが出され、それらを受けて一八九六年に第二草案が公表され、一九〇〇年にドイツ帝国民法典として施行され

た（Bürgerlichen Gesetzbuch für das Dentsche Reich, BGB）[54]。ドイツ民法典の体系は、第一編「総則」（人、自然人、法人、物、法律行為、期間、期日、消滅時効、権利の行使、自衛自助、担保の強要）、第二編「債務関係の法」、第三編「物権」、第四編「親族法」、第五編「相続法」となっている。

(2)　このドイツ民法典[55]は、前述のように、第一編が「総則（Allgemeiner Teil）」、第二編が「諸債務関係法（Recht der Schuldverhältnisse）」、第三編が「物権（Sachenrecht）」、第四編が「親族法（Familienrecht）」、第五編が「相続法（Erbrecht）」、となっている。そして、親族法と相続法の二つの法分野によって「家族法」が形成されたことも、前述のように、ドイツ民法典の大きな特徴といえる。これも、前述のように、啓蒙主義的自然科学にもとづくものである。さて、このドイツ民法典の「財産法」においても、カントの「権利の体系」が貫徹されているのだろうか。例えば、カントのいう「人権（persönliche Recht）」に相当するのはドイツ民法典の「第二編」であるが、その表題は「債務関係法（Recht der Schuldverhältaisse）」となっている。これはそもそも〝obligatio〟[56]という用語が債権者と債務者を結ぶ「法の鎖[57]（iuris vinculum）」ということに由来する。さらに具体的に、その内容を見てみよう。まず、例えば、「売買契約」においては、ドイツ民法第四三三条（日本民法第五五五条に対応）で、売主と買主の「義務（verpflichten）」が規定され（他の契約においても当事者の「義務」が規定されている）、「事務管理」においてもドイツ民法第六七七条（日本民法第六九七条に対応）は事務管理者の「義務」を規定し、「不当利得」においてもドイツ民法第八一二条（日本民法第七〇三条に対応）は不当利得者の「義務」を規定し、「不法行為」においてもドイツ民法第八二三条（日本民法第七〇九条に対応）は不法行為者の「義務」を規定している。正にそれは「義務の体系」なのである。

第五　パンデクテン法学の〝華〟

(1) パンデクテン法学は、啓蒙主義的自然法学を否定したところから始まったとはいえ、その成果としての「ローマ法」の抽象化普遍化、そして「公理」作出は継承したわけであって、それをより促進して、ドイツ民法典に結実させた。その中で、「総則」特に「法律行為」[58]は〝華〟といってよい[59]。

(2) その意味は、こうである。例えば、AとBの土地売買契約を「隅田川の水」といった段階の問題と考えると、「売買契約」という抽象化は「水」といった段階の問題、「契約」という抽象化は「無機化合物」といった段階の問題、そして、「法律行為」という抽象化は「分子」といった段階の問題、さらに、「意思表示」という抽象化は「原子」といった段階の問題、「効果意思」や「表示意思」そして「表示行為」という抽象化は「素粒子」といった段階の問題に対比し得る[60]。その実益は、土地の売買であろうがビールの売買であろうが「売買契約」といった分類に入れられる社会現象（経済取引）の全てに民法第五五五条から同第五八五条を適用し得るし、売買であろうが賃貸借であろうが「契約」という分類に入れられる社会現象（経済取引）の全てに民法第五二一条から同第五四八条の「契約」の「総則」規定を適用し得るし、契約であろうが単独行為であろうが「意思表示」については民法第九三条から同第九八条の二の規定を適用し得るし、さらに「法律行為」という分類にいれられる社会現象（経済取引）の全てに民法第九〇条から同第一三七条の規定を適用し得る、というように多種多様な社会現象（経済取引）をごく限られた数の条文で規制することができるというメリットがあるということである。

第六　結びに代えて

(1)　以上の事を要約すれば、次のようになる。一六世紀以降、ヨーロッパにおいては、イギリスを先駆者として、資本主義が発展した。その資本主義は商品の生産と交換を爆発的に増大させた。そのために、販路の拡大を求めて、欧米を中心とした〝グローバル化〟が進められた。その結果、〝商品交換法（川村泰啓『増補　商品交換法の体系』（一九八二年、勁草書房））〟ともいうべき財産法の〝グローバル〟化が要請され、その要請にもとづいて、一九世紀に入っても、〝ローマ法（商品交換法の原型）〟を素材とした自然法学の思潮は、歴史法学も止めることはできなかった。そして、自然法学はパンデクテン体系の中に〝生き残り〟、ドイツ民法典に結実した。特に、その〝華〟ともいうべき、「総則」は、前述のように、財産法の基本原則を定めたものであり、債権法の改正作業にあたっては、当然、「総則」の改正も含まれることは、容易に理解し得るところである。

(2)　他方、家族法は、各国家の情勢、正に〝民族精神〟によって個別化した。かつて、〝財産法は各国共通のものが善い法であり、家族法は各国固有のものが善い法である〟といわれたのも肯定し得る。

(3)　しかし、今や真の〝グローバル〟化の時代に至り、「総則」、「物権」、「債権」という体系は措くとしても、財産法の内実は、より、その普遍化、共通化が求められ、債権法改正にあたっても、そのことを留意すべきであろう。

(4)　そして、経済の〝グローバル〟化は、人と人の関係も〝グローバル〟化を要請し、したがって、「家族法」への〝グローバル〟化の波が押し寄せようとしている[61]（例えば、同性婚）。そして、ここにおける最大の問題点は国家権力が、それを、どの程度、許容するかということであろう。

第二節　ドイツ損害賠償法

（法学セミナー七二九号、七三〇号、七三一号（二〇一五年））

第一　序論

ドイツの近代損害賠償法は、ローマ法継受からドイツ普通法学を経てドイツ民法典（BGB. 一九〇〇年）に結実し、さらにそれを基礎として現代法の発展が展開しているので、ドイツ民法典の体系に従って損害賠償法を考察することが有益である。そのドイツ民法典では、日本法と異なり、第二編 債務関係法（Recht der Schuldverhältnisse）第一章 債務関係の内容（Inhalt der Schuldverhältnisse）第一節 給付義務（Verpflichtung der Leistung）の下に損害賠償債務の内容（効果）を規定し（第二四九条ないし第二五六条）、これは債務不履行にもとづく損害賠償債務にも不法行為にもとづく損害賠償債務にも適用される。そして債務不履行については、履行不能（第二八〇条ないし第二八二条）と履行遅滞（第二八三条、第二九二条）の規定を置いて、日本民法のように一般的な債務不履行規定（日民第四一五条）を設けず、第七章 個々の債務関係（einzelne Schuldverhältnisse）の第二七章に不法行為（unerlaubte Handlungen）を設けて、日本民法（日民第七〇九条）やフランス民法（フ民第一三八二条）が一般的抽象規定を設けたのと異なって、権利侵害行為（第八二三条第一項）、保護法規違反行為（第八二三条第二項）、故意の良俗違反行為（第八二六条）という個別的類型規定を定めている。そこで、以下に、まず債務不履行法を考察し、ついで不法行為法、最後にその効果の通則たる損害賠償債務（の効果）を考察する。

第二　債務不履行法（要件論）

一　継受対象たるローマ法

ドイツに継受されたローマ法においては、厳正（stricti juris）契約と誠意（bonae fidei）契約が存在した。消費貸借契約、問答契約（stipulatio）と文書契約が「厳正契約」で、その他の契約（売買、使用貸借、賃貸借、雇傭、請負、組合、委任、寄託、信託等）が誠意契約である。(62) 前者は厳正訴訟（judicia strictum）によって債務者が制裁（債権者が救済）される契約であり、後者は誠意訴訟（bonae fidei judicium）によって債務者が制裁（債権者が救済）される契約であった。(63)

厳正訴訟は審判人の裁量の余地がすくない（したがって厳正な）訴訟で、審判人は方式書に拘束されて全面勝訴か全面敗訴しかなしえないが、誠意訴訟は審判人の裁量の余地が大きい訴訟で、審判人は法律のみならず当事者の黙示の意思や慣習なども考慮することができ損害賠償の額も審判人が決定しえた。(64)

二　一九世紀ドイツ普通法学

パラレル構成　ドイツ民法典（一九〇〇年）の債務不履行法は、一九世紀普通法学、とくにモムゼン（Friedrich Mommsen, 1818–92）そしてヴィントシャイト（Bernhard Windscheid, 1817–92）によって形成されたものを法文化したといえる。かれらの債務不履行法は「履行不能」と「履行遅滞」の二類型に限定される「パラレル構成」(65) であり、それはローマ法における厳正契約の債務不履行を継受したものである。(66) このモムゼン＝ヴィントシャイト説はイェーリング（Rudolf von Jhering, 1818–92）らの誠意契約に由来する「過失」理論(67) を駆逐して通説となったのである。このような厳正契約の債務不履行が通説化した理由は、裁判官の自由裁量の余地をできるだけ少なくしようと

したからであると考えられる。それは当時、行政官の方が裁判官より地位が高く、裁判官への信頼が低く(68)、裁判官にあまり大きな自由裁量の余地を与えるのは望ましくないと考えたからであろう。もちろん、裁判官の裁量の余地のすくない厳正訴訟という訴訟形式は一九世紀ドイツにおいては継受されていなかったが「履行不能」と「履行遅滞」は裁量の余地のすくない債務不履行形態であった。

三　ドイツ民法典

普通法学における「不能論」はドイツ民法典において採用され、原始的客観的不能については契約無効（第三〇六条、第三〇七条）、後発的客観的不能については契約は有効で債務者有責の場合に債務不履行責任を負うこととし（第二八〇条第一項「給付が債務者の責に帰すべき事由に因って不能となったときは債務者は債権者に対して不履行に因って生じた損害を賠償することを要す」）、遅滞については債務者の責に帰すべき場合は債務者は債権者に賠償責任を負うとした。（第二八五条、第二八六条）。

四　その後の法発展

積極的債権侵害論　以上のようにドイツ民法典における債務不履行は履行不能と履行遅滞の二類型ということになったが(69)、しかし、すでにローマ法源においても、その他の債務不履行形態は知られていた。例えば、病気の家畜を買主が病気と知らずに買ったという場合に売主も病気を知らなかったならば健康な家畜と病気の家畜の価格の差額を賠償すべきであり、売主が病気を知っていたら（買主は騙されたのであり）すべての不利益を賠償すべきである（D. 19, 1, 13 pr. さらに瑕疵ある梁の売買で売主が瑕疵を知らなかったならば瑕疵のない梁の価格と瑕疵のある梁の価格の差額の賠償、売主が瑕疵を知っていたならば梁を使って建てた家が倒壊したら家の価格も賠償しなければならない、と述べている）、貸主が知らずに瑕疵ある容器を貸し、借主がワインを入れたところワインがこぼれてしまったらワイン

の喪失の賠償をせよ（D. 19, 2, 19, 1）、盗癖のある奴隷を貸主が知りながら通知せずに貸したところ奴隷が盗みを働いたら全損害を賠償すべきだが貸主が知らなかったら加害者委付（noxae deditio）をせよ（D. 13, 7, 31）、などがある。

これらはすべて誠意契約に関するもので、ローマ法上契約責任に包含されることは何ら構造上問題がなかった。[70] そしてフランス法においても、これらが債務不履行の一形態であるということは何ら異論がなかった。すなわち、フランス民法（一八〇四年）第一一四二条、同法第一一四七条などの〝inexécution〟は前掲ローマ法源の例をも含むものと理解され、ドイツ民法の如き「パラレル構成」は採用されなかった。[71] しかし、「パラレル構成」を採用したドイツ法においては前掲ローマ法源のごとき不履行形態の扱いが問題となる。通説（モムゼン＝ヴィントシャイト）にあっては、それらを個々の契約類型の中で処理しようとした。例えば、「病気の家畜売買」のローマ法源は売買の瑕疵担保責任の問題とされた。[72]

そして、ドイツ民法典においては、その第二編（債務法）第七章（契約各論）に、日本民法典と比較にならないほど各契約類型のなかで当事者の責任が詳細に規定されている。[73] しかし、それでも債務者のすべての有責行為を包含することはできず、早くも一九〇〇年にシュタウプ（Hermann Staub）が、商法のコンメンタールにおいて組合員による不正な貸借対照表の作成による不利な取引の例などを挙げて法典の欠缺をつき、有責行為に対して一般原則として損害賠償義務を課すという立場を表明し、[74] 一九〇二年の「積極的契約侵害とその法効果について」という論文において、[75] 買入れたランプをフランスには売却しないと約束していたのにフランスへ売ったとか、代理商が他の競業会社のために働くといった「不作為義務違反」や代理商が得意先の支払能力について過失で誤った報告をするとか、売主が買主に虫の喰ったリンゴを送付し買主の良いリンゴにも被害を与えたとか、ビールの継続的供給契

約で粗悪なビールを送ったといった「瑕疵ある給付」さらには「債務者の履行拒絶」といった債務不履行形態を指摘して、これらの形態にも第二八六条や第三二六条（解除権）の類推適用を主張した。(76)

そしてドイツの判例学説は、大筋で、この主張を承認したが、その構成については種々の説が対立している。(77) すなわち、「不能説」（ティッツェ（Titze）、とヒムメルシャイン（Himmelschein）らの考えで、「パラレル構成」を堅持して、シュタウプの提起した例は不能（とくに一部不能）あるいは遅滞に包含されるとする）、「附随義務説」（レーマン（Lehmann）やラーレンツ（Larenz）らの考えで、給付義務と区別された「附随義務違反」とする）、「給付義務説」（ブレヒト（Brecht）、ヴォルフ（E. Wolf）らの考えで、債務者が債務として負担するのは給付結果でなく給付結果実現に向けた適切な行為・努力であり（努力説（Kraftanstrengungstheorie））、その契約上の義務（努力・注意義務）違反のなかに積極的債権侵害も吸収されて不能や遅滞と共に責任の個々的な「小前提」となるとする）、「二元説」（クリュックマン（Krückmann）、シュトル（Heinrich Stoll）らの考えで、積極的債権侵害は給付義務違反と附随義務違反の両方の問題であるとする）、などがある。(78)

契約締結上の過失　ローマ法源では誠意契約、とくに売買においては、契約が有効なとき、契約締結の準備段階における悪意（dolus in contrahendo）について契約責任を認めていた(79)（D. 19, 1, 1, 1. なお D. 4, 3, 18, 3）。ドイツ普通法学において、この問題について、もっとも深い研究を行ったのはイェーリングである。(80) かれは過失ある錯誤者によって無過失の相手方が損害を受けて賠償されないというのは妥当でないとし、契約有効の場合は履行利益の賠償義務発生、契約無効の場合は現状回復義務発生の中間に、契約無効の場合に信頼利益の賠償義務発生という法的構成を考え、これは不法行為責任ではカバーできず（アクイリア訴権（actio legis Aquiliae）は過失責任であるが目的物に対して有形的侵害を要件とするし、悪意訴権（actio doli）は侵害態様は無制限であるが悪意を必要とする）、結局、契約当

事者は「締結のさいに必要なdiligentiaを払う」という義務が契約関係から要求されるのであって、この義務違反は契約違反であるとした。(81) そして、レオンハルト（Leonhard）は、このイェーリングの考えを発展させて、契約が有効な場合にも契約締結上の過失（契約責任）を肯定した。(82) ドイツ民法典は原始的客観的不能の場合に契約は無効だが（第三〇六条）、有責当事者に信頼利益の賠償義務を課すというかたちでイェーリング説を採用した（第三〇九条、第五二四条第一項、第六〇〇条、第六九四条）。しかし、その他の類型の契約締結上の過失は放置された。そこで立法後に、判例学説は、この契約責任の拡大を図った。(83)

すなわち、①契約が有効な場合の契約締結上の過失について履行利益賠償の契約責任を肯定し（ドイツ大審院一九一二・四・二六判決（JW 1912, 743）――Xの営業内容がAの特許権を侵害しており、AはXに警告していたが、Xはそのことを Y に告知せずにYと営業譲渡契約を締結した。後に特許権にもとづく競合避止義務のためYのその営業が麻痺し損害を蒙ったので、ドイツ大審院は信義則や公正な取引要請から意思決定に意義のある事実開示義務違反を認めた）、ついで②契約が前記法条以外の無効ないし不成立の場合の契約締結上の過失について履行利益賠償の契約責任を肯定し（ドイツ大審院一九二〇・一・三判決（RGZ 97, 336）――Yは鉄鋼所の従業員であるが、Xに電話で鉱山株の購入を午後六時までの承諾期限付で申し込んだ。Xから午後五時一四分に承諾の表示が鉄鋼所の電話交換嬢になされたが、Yにとりつがれたのは午後七時であり、Yは契約不成立と看做したが、Xは契約不成立はYの責に帰すべきものとして転売価格と約定価格の差額の請求をした。ドイツ大審院は双方有責であるとして過失相殺を行った）、さらに③契約締結の準備段階における過失についても契約上の賠償責任を肯定した（ドイツ大審院一九〇六・一二・一三判決（RGZ 65・17）――Xが自動車購入目的で自動車試乗中に損害を受け自動車販売業者Yに賠償請求したところ、ドイツ大審院は契約責任として賠償請求を認めた。ドイツ大審院一九一一・一二・七判決（RGZ 78・239）は、XがYデパートへ入ったところ壁に立てかけてあっ

た絨毯が倒れてきて負傷したので契約類似の関係が成立するとして契約上の賠償責任を肯定した）。

学説は、不法行為の構成要件に該当する場合以外は責任を認めない説（ギールケ（Gierke）、エンネクチェルス（Enneccerus）など）、①のケースのみ契約責任とする説（レオンハルト（Leonhard）、レーゲルスベルガー（Regelsberger）など）、①②のケースを契約責任と認める説（ティッツェ（Titze）、クリュックマン（Krückmann）など）、①と③ケースを契約責任と認める説（エッサー（Esser））、①②③ケースを契約責任と認める説があり、最後の説が通説である。しかし、その根拠付けは区々であり、トゥール（V. Tuhr）やシュトル（Heinich Stoll）らは契約申込や準備行為の開始によって有機体としての債務関係（Schuldverhältnis als Organismus）が成立するとし、この債務関係から注意義務が生ずるという[84]。バラシュテット（Ballerstedt）やデュレ（Dölle）らは、契約締結上の過失において大事なことは準備行為の開始でなく関与者が意識的に——社会的接触（Sozialer Kontakt）によって追求される目的達成のために——自己の法益を相手方の影響下に委ねたことによって、したがって、相手方の保護と注意に委ねることによって、相互にあるいはすくなくとも一方が相手方に特別の信頼（Vertrauen）を与えたということであるという[85]。現在は最後の見解が有力と思われる[86]。

契約終了後の契約責任　さらにドイツでは契約終了後にも契約上の附随的注意義務や保護義務の成立を認めて債権者を救済しようとしている。第一類型としては、債務者が契約の履行後に契約目的に反する行為をして契約目的を達成できなくするケース（例えば良い眺望を有する不動産の売買契約をして、売主がこの状態がその後も維持されることをとくに明示していたのに、売主が眺望を遮るような行為をした）、第二類型としては、契約終了後信義則に基づいて生じる保護義務違反のケース（例えば賃借人が転居し転居の看板を旧借家に取り付けるのを賃貸人が黙認しない）、といったことが考えられている[87]。

第三者に対する保護効を伴った契約　元来、契約の効力は契約当事者間にのみ及び、契約当事者以外の第三者には効力が及ばないのが原則である（債権の相対性）。これが、ドイツ民法典の採用した前述のドイツ普通法学（パンデクテン法学）の基本原則たる債権と物権の峻別原則である。もちろん、ドイツ民法典上も第三者のためにする契約（Vertrag auf Leistung an einen Dritten）を認めて（第三二八条）、契約内容たる給付の請求権が第三者に直接与えられることになっているが、ドイツ民法典施行後に、これとは違ったかたちで、契約の効力を第三者に及ぼす判例理論が確立している。これを「第三者に対する保護効を伴った契約」（Vertrag mit Schutzwirkung für Dritte）とよんでいる。[88] 例えば、借家の前住者が肺結核患者であったために、借家人の娘が肺結核に罹ったという事件で、家主は家の消毒を十分にするという契約上の義務を怠ったとして、娘に対する家主の契約責任を肯定した（ドイツ大審院一九一七・一〇・一〇判決（RG 91・21）[89]）。

以上のように、ローマ法を継受し一九世紀普通法学を経てドイツ民法典に採用された債務不履行法は多くの欠缺を包含しており、その後の判例学説は、その欠缺補充の努力をしてきたといえよう。その努力は「契約責任の拡大」という言葉をもって表現することができる。

第三　不法行為法（要件論）

一　継受対象たるローマ法

B.C. 二八六年に護民官アクイリウス（Aquilius）が定めたレックス・アクイリア（lex Aquilia）は違法な（iniuria）所有権侵害についての賠償を認めたが（一倍額の罰金訴権）、古典期後にこの iniuria は「過失」をも含む（六世紀のユ帝法時代には culpa = negligentia = diligentia diligentis patris familias を怠ること、とされた）とされ、また、最初、因果

関係の直接的の加害（例えば船に放火して沈没させた）しか賠償を認めなかったが、後に因果関係の間接的な加害（例えば、他人の奴隷をそそのかして木に登らせ、その途中で墜落して死亡した）についても賠償が認められた。他にもいくつかの個別的不法行為訴権が認められたが、なかで重要なものとしては、B.C. 六〇年に法務官ガルルス（C. Aquilius Gallus）が、あらゆる種類の詐欺による加害について悪意に関する訴権（actio de dolo. 損害額の一倍額の罰金訴権）を認めた。ローマ不法行為訴権の特徴は刑事責任と民事責任の未分化と、個々的な構成要件主義を採用していたことである。(90)

二　中世ローマ法学

中世ヨーロッパでは、当然ゲルマン民族固有の法による不法行為法が存在したが（そこでは古くはローマ古法と同じく加害者の意思がなくても行為と損害の間に明白な因果関係があれば責任を負うという結果責任主義であったといわれる）、ローマ法継受と教会法（カノン法）成立によって、まず刑事責任と民事責任の分化がなされ（刑罰権が国家に掌握され、民事責任は私人の手に残された）(91)、刑事責任には罪刑法定主義、民事責任には一般構成要件主義の可能性が開かれた。

三　近世ヨーロッパにおける不法行為法

一六世紀頃から lex Aquilia の適用を拡大して当時のヨーロッパ社会に適合するように解釈して、一般化の方向が進められ（「パンデクテンの現代的慣用」（usus modernus pandectarum））、加えて、一七世紀の自然法思想は、他の法分野と同じく不法行為法にも大きな影響を与えた。すなわち、時と所を問わず適用される自然法（自然法の普遍妥当性）に個別的具体的構成要件は適合せず、さらに大原則を定めて演繹的に思考を進めるという自然法思想からも(92)、包括的一般条項たる不法行為法が要求された。(93) 例えば、その代表者グロティウス（Grotius, 1583–1645）は、不

法行為とは、人間が公益の利益から、または各人の特有の立場からなすべきことに違反した作為不作為であり、有責であれば損害を賠償すべき義務が自然法から発生するとした。[94] この考えはフランス民法典（一八〇四年）第一三八二条に結実している。

四　一九世紀ドイツ普通法学

ドイツにおいては、前述のアクイリア訴権の一般化とその理論的進化がはかられた。すなわち「違法論」と「過失論」の「二元構成」である。イェーリング以前においても、すでにハッセ[95]は、アクイリア訴権は二つの構成要素（Bestandteile）をもち、ひとつは行為自身が違法な（widerrechtlich）加害であること、今ひとつは帰責（Zurechnung）しえるものであること、であるとする。そして、前者を客観的違法性（objektive Widerrechtlichkeit）、後者を主観的違法性（subjective Widerrechtlichkeit）と名付け、この両違法性がそなわって初めて完全な違法性（vollständige Widerrechtlichkeit）が存在し、これを iniuria とよぶ。そして広義の culpa は iniuria と同義だが、狭義の culpa は Zurechnung たる主観的違法性をさす、この狭義の culpa は結果予見回避の客観的外的注意（diligentia diligentis patris familias）を怠ることとされた。イェーリングは、このような概念を用いて、客観的違法性とは「権利」侵害であるとし[96]、それは損害賠償の一要件であるとともに、それだけで rei vindicatio（所有物返還請求権）の要件として位置づけ、他方、主観的違法性は違法性の一要素ではなく、有責性（Verschuldung）として違法性から分離していく契機を形成した。そして、客観的違法性＝権利侵害に対比される culpa は個人の意思責任を強調して主観的過失とされた。イェーリング以後はイェーリングに従って客観的違法性＝権利侵害が違法性とされたが、過失は客観的注意義務違反とされ、ただ、イェーリングの意思責任の影響により注意内容は外的（注意）行為でなく精神（意思）の緊張（Geistesanspannung）といった内的注意に重点がおかれるようになった。[97]

五　ドイツ民法典

ドイツ民法典第一草案（一八八八年）では、その第七〇四条第一項に「人が故意または過失によって為した行為（作為または不作為）によって他人に損害を加えしかもその損害の発生を予見しまたは予見すべかりしときは損害の範囲が予見さるべきであったか否かを問わずその行為によって生じた損害をその他人に賠償すべき義務を負う」と定め、同第二項には「人が故意または過失にもとづいて違法な行為によって他人の権利を侵害したときは損害の発生が予見さるべきでなかったときといえども権利侵害によって他人に生じた損害を賠償すべき義務を負う。生命、身体、健康、自由および名誉の侵害もまた、本条の意味における権利侵害として取扱われる」と定め、同法第七〇五条に「一般的自由によってそれ自体としては許されている行為であってもそれが他人に損害を加えしかもそれを放置することが善良の風俗に反するときはその行為は違法と扱われる」と定めていた。[98] そして、この第七〇四条第一項が「絶対的禁止法規違反」、同第二項が「権利侵害」、同法第七〇五条が「良俗違反」のゆえに違法とされた。

しかし第二草案（一八九〇年）において、「絶対的禁止法規違反」は違反された法規が侵害された利益を保護するためのものか否かを問わないのは広過ぎるとし、「故意または過失によって違法に他人の権利を侵害しまたは他人の保護を目的とする法規に違反した者は、これによって生じた損害の賠償義務を負う」とした。その後も種々の審議を経て現行第八二三条第一項は「故意または過失によって他人の生命、身体、健康、自由、所有権その他の権利を違法に侵害した者は、これによって生じた損害をその他人に賠償する義務を負う」と定め、同第二項は「他人の保護を目的とする法律に違反した者も同一の義務を負う。法律の内容によれば過失なくしてもこれに違反することが可能な場合においては賠償義務は過失あるときに限って生ずる」と定め、同第八二六条は「善良の風俗に反する方法で他人に故意に損害を加えた者は、その他人に損害の賠償を為すべき義務を負う」と定めた。このようにドイ

ツ民法典はフランス民法のように一般的構成要件主義を採用しなかったが、その理由は、裁判官の裁量の余地を狭めることにあり[99]、そして「権利侵害行為」が最重要な不法行為とされたのは、明らかにイェーリングの客観的違法性＝権利侵害という公式に影響されたものである。そして、第八二六条は actio de doli の影響を受けたものといえよう[100]。

六　その後の法発展

一般的予防不作為請求権[101]　ドイツ民法典には個々的に不作為訴訟を認めているが（第一〇〇四条、第一二条など）、ドイツ判例は、切迫した客観的違法な侵害に対して一般的に予防不作為請求権を認めた（判例による法創造のひとつ）[102]。まず、ドイツ大審院一九〇一・四・一一判決（RGZ 48・114）は、競争会社に対する営業上の威嚇に対して、第八二三条あるいは第八二六条に該当する行為があれば一般的に不作為請求権が与えられるとし、さらにドイツ大審院一九〇五・一・五判決（RGZ 60・6）は、信用をおびやかし営業上の不利益を生じさせるような本の編集出版に対してその流布を禁止するについて、法律によって保護された権利への客観的違法な侵害が引続き行われる可能性があるときは、過失の有無を問わず、不作為請求権が認められるとした。ドイツ不法行為法においては、効果として原状回復が原則であるから（第二四九条）、差止請求が認められること自体は異としないが、有責性を必要とせずに予防的な差止めが認められたところに意義がある。

社会生活上の義務[103]　ドイツの個別的構成要件主義からは、イギリスの negligence やフランスの faute のように一般的な過失不法行為についての賠償請求は不可能なわけであるが、判例は、まず、土地、道、港湾、橋などを Verkehr（交通）に公開する者は、それらを Verkehr にとって安全なようにする注意義務を負うとした（Verkehrssicherungspflicht）[104]。その後に判例は、これを拡大して、法的生活（Verkehr）上何らかの危険源を生ぜし

め、あるいはそれを継続させる者は、他人を保護するため事物の状態に従って要求されるすべての安全措置を講じなければならないとした。[105] そこで現在はVerkehrssicherungspflichtというよりVerkehrspflicht（社会生活上の義務）というべきであろう。[106] そして、この行為義務違反が違法性の要件であるとすると（第八二三条第二項からみて、違法性に位置付けられる）、客観的（標準人を基準とした）外的（行為）注意義務違反としての過失が有責性であるとし、有責性（Verschulden）は違法性とは峻別されるとした普通法学以来の伝統理論と、どのように調和させるかということが、大問題となり、加えて刑法の目的的行為論（Die finale Handlungslehre）の影響を受けて、不法行為法の再構成が一大論点となった。[107]

企業活動権[108]　第八二三条第一項の「その他の権利」として、判例は、「企業活動権」（Das Recht am eingerichteten und ausgeübten Gewerbebetrieb）を承認した。ドイツ大審院は企業活動の基礎や存立を直接に妨害ないし阻止（例えば、特許権がないのにあるとして警告したり、ボイコットやストライキをする）を企業活動権侵害とみなしていたが、[109] ドイツ連邦裁判所は企業活動に対するすべての直接的（unmittelbar）侵害にまで拡大した。[110] 例えば教会の週刊誌が、ある雑誌を評して「いかがわしい文化産物の泥沼からの吹出物」としたのを、当該雑誌の企業活動権の侵害とした。

一般的人格権[111]　人格権保護については生命、身体、健康、自由についての第八二三条第一項、氏名権についての第一二条、信用危殆についての第八二四条、女子の名誉についての第八二五条というように個別的な人格権の保護は現行法でもなされているが、包括的な一般的人格権（Das allgemeine Persönlichkeitsrecht）の保護の規定は存在しない（立法時に明解な限界付けができないというギールケ（Gierke）やコーラー（Kohler）の反対意見が優位であった）。ドイツ大審院もこれは否定していた。しかし戦後の技術革新により高性能の望遠レンズ、小型カメラ、録音テー

プ、盗聴器などが開発され人格権侵害の可能性が増大し、他方、ボン基本法第一条が人間の尊厳を不可侵とし、同法第二条が人格の自由な発展の権利を承認したことにより、ニッパーダイ（Nipperdey）やコーイング（Coing）が一般的人格権の承認を主張した。ドイツ連邦裁判所も一九五四・五・二五判決の〝Schacht-Brief〟判決でそれを承認し[112]、この権利は第八二三条第一項の「その他の権利」であるとされている。さらにドイツにおいては後述のように非財産的損害についての賠償は制限的であるが（第二五三条）、人格権侵害についても判例によって慰謝料請求が認められている[113]。したがって、現在、ドイツにおいては一般的人格権の有責な侵害については損害賠償が認められ、単なる客観的違法状態については予防不作為請求が認められている[114]。

その他の進展　第八二三条第一項の権利の拡大としては、他にも出生前の胎児への侵害に対する賠償の肯定[115]、占有（Besitz）[116]や所有権留保売買の期待権（Anwartschaft）[117]の保護などが挙げられる。さらに先述のように元来不法行為法の領域のものが契約責任に移行された（契約締結上の過失や第三者に対する保護効を伴った契約）のも、ひとつの法発展といえる。今ひとつの重大な展開は危険責任（Gefährdungshaftung）の進展であるが、これは「危険責任」の項に譲る[118]。

第四　損害賠償（効果）

一　継受対象たるローマ法

個々の訴権について賠償されるべき損害の額は、裁判者の評価（訴訟物評価（litis aestimatio））によって決定されるが、購入訴権については買主の利益（interesse. 場合によっては物の価値や購入価格より高くなることがある）を賠償せよ（D. 19, 1, 1pr.）とか、しかし、得べかりし利益や利用の利益は賠償されない（D. 19, 1, 21, 3）とか、不法行

為訴権（D. 9, 2, 33 pr. や lex Falcidia（D. 35, 2, 63））については愛好（affectione）や特別の有益性（utilitate singulorum）でなくて通常の有益性（utilitatecommune）を賠償せよとか、さらにユ帝法七、四七（C. 7. 47）は確定物訴権については二倍額を超えず、不確定物訴権については現実損害のみの賠償を定めていた。

二　中世ローマ法学

以上のローマ法源を基礎として、プラケンティーヌス（Placentinus）は「価格」（pretium）について「通常価格」（pretium commune）「約定価格」（pretium conventum）「特別価格」（pretium singulare）の三分説をとなえ、通常価格賠償が原則で売買不履行の場合は「特別価格」（interesse）の賠償を主張した[120]。その後アーゾ（Azo）やアックルシウス（Accursius）は、これを「通常利益」（interesse commune）「約定利益」（interesse conventum）「特別利益」（interesse singulare）に置き換え「通常利益」賠償原則を主張した。さらにかれらは「内的利益」（interesse circa（intra）rem）と「外的利益」（interesse extra rem）を区別し、前者は物自身の価格で他はすべて後者とし、債務不履行においては前者のみが賠償され「悪意履行」（malefactum）と「不法行為」などの場合に後者も賠償されるとした。時代が下るとバルトルス（Bartolus）は「近因」（causa proxima）と「遠因」（causa remota）の区別、マグヌス（Magnus）は「直接利益」と「間接利益」の区別を主張し、さらにコンティウス（Contius）は行為の必然的（necessario）そして不可避な（inevitabiliter）結果が賠償されると主張し、損害賠償の範囲が「因果関係」の問題であると認識されるようになった。そしてモリナエウス（Molinaeus. デュムラン（Dumoulin））は、予見可能性が損害賠償の限界であるとした[121]。

三　ドイツ普通法学

モムゼンは、全利益（侵害事態後における現在の財産と侵害事態が介入しなければ存在したであろう財産との差額。差

額説（Differenztheorie））の賠償を認めるべきで、そうしても債権者を利得させることにはならないし、そうしないと債務者が負うべきかれ自身の有責性を債権者に負わすことになるとした（完全賠償原則）[122]。かれによれば損害賠償の要件は、①損害賠償請求を義務づける構成事実（Thatsache）、②損害（Schaden）、③賠償を義務づける構成事実と発生した損害との因果関係（Kausalnexus）で、③については構成事実の「現実の結果」（wirkliche Folge）であり、必然的な（nothwendig）あるいは不可避な（unvermeidlich）結果である必要はなく、さらにモリナエウスの予見可能性説に対しては、刑罰と損害賠償の区別をしていないものであり、予見可能性＝過失＝有責性という要件と損害賠償範囲という結果を区別していないと厳しく批判した。そしてヴィントシャイト[123]もこれに従いこれが普通法時代の通説となった。

四　ドイツ民法典施行後

ドイツ民法典　以上の通説を法文化して、第二四九条に差額説にいう全利益の賠償を、第二五二条に「得べかりし利益」の賠償を認めた。そして、第二五三条は裁判官の裁量の余地を大きくしないために非財産的損害賠償（慰謝料）は法律によってとくに定められたときのみ認められることとした。

因果関係論　民法典の建前は債務不履行や不法行為と因果関係あるすべての損害を賠償させるということであるが、それではあまりに広がり過ぎるという批判が起り、これを制限しようという「相当因果関係説」が登場した。その代表的なものは、トレーガー（Traeger）の相当因果関係説である[124]。かれによれば「一定の結果と条件関係にある（conditio sine qua non）行為またはその他の事件は、それが同種の結果の発生を一般に助ける事情（generell begüngstigender Umstand）であるとき、すなわち、それが同種の結果発生の客観的可能性（objektive Möglichkeit）を一般に少なからず高めるとき、その結果の相当な条件（adäquate Bedingung）である」とし、その「客観的可能

性」はもっとも洞察力のある人間の認識可能性（客観的相当因果関係説）と行為者自身の認識した事実（主観的相当因果関係説）を基礎とするというのである（折衷的相当因果関係説）。しかし、このような理論は実務上成功せず、近時は、契約法においては当該契約によって保護しようとした利益のみが賠償され、不法行為法においては当該行為義務によって保護しようとした利益のみが賠償されるという「保護目的説」（Schutzzwecktheorie）、「保護範囲説」（Schutzbereichstheorie）、「違法性連関説」（Rechtswidrigkeitszusammenhangstheorie）がとなえられている。[125] 現在の通説は、相当因果関係と保護目的をそれぞれの適用領域を確定して活用していこうとしている。[126]

損害論[127] 差額説に対しても種々の疑問が生じている。例えば専業主婦が負傷したとき、治療費は別として、動けない間に何らかの損害（逸失利益）があったといえるであろうかということが問題となり（家政婦を雇って現実に出捐した場合は別）、ドイツ連邦裁判所一九六八年七月九日判決（RGHZ 50, 304）は「規範的損害」（normativer Schaden）という概念を用いて、これを肯定している（労働力の喪失自身を損害とみているのであって損害概念は「規範的」（normativ）に把握されている、という）。他にも事故車を完全に修理しても残る評価損（merkantiler Minderwert）について賠償を認め、[128] 負傷者が医者の指示した薬を買わないでいるうちに傷がなおったときその薬代の請求を認め、[129] 事故前に被害者のなした予防措置によって損害発生が阻止されたり損害がすくなくて済んだとき、予防措置の費用の賠償を認め、[130] 旅行業者の不手際で楽しかるべき休暇が台無しになった（vertauer Urlaub）という場合、休暇も取引通念上「商品化」（Kommerzialisierung）しているということで賠償を認めるなど、[131] 必ずしも差額説と一致しない事件が続出している。さらに、「抽象的損害計算」（abstrakte Schadensberechnung. 具体的事件の状況とは無関係に一般取引価格などによって損害額を計算する）[132] の採用は具体的に債務者や被害者の財産状態の差額を損害としている考えとは一致しないともいえる。慰謝料請求についても、前述のように判例は人格権侵害について認め

て、第二五三条を事実上拡大し、一般論としても学説においては拡大が主張されている。[133] したがって、ドイツ損害賠償法においては効果論においても民法典施行後に大きな変動を来しているといえよう。

第五　ドイツ損害賠償法改正の動向

一　一九六七年の参事官案

すでに第二次世界大戦前からドイツ民法典の損害賠償法の体系について疑問が提起され、とくに債権総則[134]に通則規定を置くことには批判がなされ、ナチス時代には『契約と不法行為』(Vertrag und Unrecht)[135]とする体系書が刊行されるなどしたが、ナチズムの崩壊と共にかえって総則は名誉あるものとされ、このような体系は捨てられた。戦後になって、社会経済体制の急激な発展に伴い、とくにドイツ民法典の損害賠償規定の不備が露呈して、改正作業が必要となり、ドイツ連邦司法省は、一九五八年と一九六一年に予備草案（Vorentwurf）を出し[136]、各界の論議を経た後一九六七年一月に同司法省は「損害賠償法の改正および補充のための法律の参事官草案[137]」を公表した。この草案が改正しようとしている重要論点は、①「危険責任」について十分な立法的措置を採ること、②一般的人格権に成文上の根拠を与えること（第八二三条第一項に「他人の人格」を規定する）、③使用者責任について使用者の免責立証を許さないようにする（第八三一条第一項第二文の削除）、加えて公務員の責任規定を民法典に明記する、④損害賠償範囲について完全賠償原則を制限する（特に過失の軽重を考慮する。第二五四条の規定をより弾力的なものにして双方の過失の比較衡量によって、損害賠償範囲の決定を裁判官の裁量にまかせようとし、加えて第二五五条aを新設して異常に大きな損害の制限の可能性を裁判官に許している）、などである。

二　一九八一年鑑定意見書

さらに一九七九年にドイツ連邦司法省は債務法（とそれに関連した分野）の改正について学者に鑑定依頼し、一九八一年から鑑定書が公表された[138]。これは債務法全体にわたるものであるが、本稿との関係で重要なものを拾うと、フーバー（Uirich Huber）が債務不履行を、ハーグ統一売買法を模範として、履行不能や履行遅滞、そして積極的債権侵害さらに瑕疵担保責任などを一括して「不履行」（Nichterfüllung）という概念で統一することを提案し、損害賠償については有責性責任（Verschuldenshaftung）と保証責任（（Garantiehaftung）。債務者は職業上の知識や能力あるいは期待可能な処置について〝pacta sunt servanda〟（契約は守られるべし）から保証したのである）を基礎とするとし（後者は「事情変更の原則」によって緩和される）、さらに賠償範囲は契約締結時の債務者の予見可能性によって制限されるとする[139]。メディクス（Dieter Medicus）は「契約締結上の過失」について類型化を提案し、①「契約とは無縁の法益に関する義務」と②「契約それ自身による義務」を区別し前者は積極的債権侵害を根拠付ける義務であり、後者はさらにⓐ契約が挫折して有効とならなかった場合（契約が締結されなかった場合と契約は締結されたが有効とならなかった場合）、ⓑ締結した契約が当事者の一方にのみ重い負担となる場合（不正確な情報提供や不意打ち）に分類し、それぞれに妥当な法効果（撤回権や損害賠償）を認めるべきであるとする[140]。バール（Christian von Bar）は不法行為法改正について、現代社会の①危険の増加、②幸福の追求（市民意識の変化により事故を不運と甘受できなくなった）、③民主化（ドイツ民法典制定時は君主政時代であったが現代は民主政時代である）という三点から考えるべきであるとし、人格権の保護の確定（新たな第八二五条を規定して、故意過失による他人の人格侵害について賠償義務を課す）、社会生活上の義務違反について賠償義務を認める（「過失」とは別に新たな第八二四条において「他人の生命、身体、健康、自由、所有権又はその他の権利に対して自ら作出しあるいは自らの支配領域にある危険に対して適切かつ

期待しうる対処をしなかった者も賠償義務を負う（以下略）」と定める）、使用者責任において使用者の免責立証を許さない、営業活動についての保護を確保する（新たな第八二八条を設けて「情報提供の不備や違法な営業侵害などについて賠償義務を課す」）、予防不作為請求を認めて権利保護を確保する（新たな第八四六条を設けて「⑴他人に対して違法な侵害の脅威を与える者に対しては、その他人は行為の差止めを請求することができる。違法に侵害された者は妨害の除去を要求できる。⑵人間の共同生活の通念上受忍しなければならない侵害については前項の適用はない」と定める）といった提案を行っている。[141] ホーロッホ（Gerhard Hohloch）は、現行損害賠償法の基本を維持してすべての損害賠償要件法に妥当する損害賠償効果法を前提とし、財産的侵害と非財産的損害の区別を維持し、差額説を原則として支持し、したがって損害は被害者の主観的状態を基本として例外的に客観的基準を損害把握に用いるとする。[142]

三　一九九一年債務法改正委員会最終報告書

先の鑑定意見書をもとにして、一九八四年に債務法改正委員会（die kommission für die Überarbeitung des Schuldrechts）が連邦司法省に設立され、一九九一年に最終報告書が公刊された。[143] 個々の損害賠償についても重要な提案がいくつかなされているが（第四四一条、第六三九条など）、一般的には債務不履行を「義務違反」（Pflichtverletzung）で統一し、それから賠償義務を発生させるという包括的規定を設ける（第二八〇条）、という提案は、前述の歴史的経済からして画期的なものといえよう。もっとも、今回の案では、損害賠償の範囲などについては改正されず、そのままとされている。

四　結　語

以上のような改正の動向はドイツ法ならびにドイツ法学を継受してきている日本法にも無縁でなく、大いに参考とすべきであるが、その際、ドイツ固有の問題（例えば「パラレル構成」）と日本とも共通の問題（例えば「社会生活

上の義務」）を区別し、法典構成の差（日本民法典はフランス民法典の影響もある。例えば日本民法第四一六条）をも考慮に入れて、真の比較法学の成果を導入すべきであろう。

（一九八五年。未公表）

（1）瀬川信久編著『債権法改正の論点とこれからの検討課題』別冊NBL No,147（二〇一四年、商事法務）に、その問題点が詳しく検討されている。

（2）日本民法典の体系については、中田裕康「民法の体系」（ジュリスト増刊『新・法律学の争点』シリーズ一）（二〇〇七年）四頁に、簡にして要を得た解説がある。

（3）何故、民法典が立法されなかったかについては、前田・展開一三四頁。もっとも、英米においても「家族法」については、早くから成文法が存在した。それは、「家族」は「国家」の基本であり、「家族」の在り方は「国家」の重大な関心事であるからである（前田・展開一三八、一四四頁）。そして、それは、また、教会法からの独立でもあった（世俗的婚姻法、特に離婚法。前田達明『愛と家庭と』（一九八五年、成文堂）一七四頁）。

（4）フランスにおいては、革命（一七八九年）後、ナポレオンによって、市民（ブルジョワ）階級の経済活動の「自由」と「平等」の集大成として、「フランス民法典」が一八〇四年に成立した。ただ、家族法については、ナポレオン帝国の権威と権力をフランス全土に広めるために「家父長制」を採用していた（福井憲彦編『フランス史』（二〇〇一年、山川出版社）二七九頁）。すなわち、強力な父権（父が強力な親権を有した。フランス民法第三七三条～第三八七条）と夫権（妻は夫に服従する義務があり（フランス民法第二一三条）、妻は行為無能力者であった（フランス民法第二一五条～第二二五条）。それらは、やっと一九三八年の改正で廃止された）を規定し、女性の社会的地位は一八世紀よりも後退したといわれている（福井憲彦編・前掲書二七九頁）。さらに、制定時には、血族のいる場合には、妻（配偶者）の相続権が認められなかった（フランス民法第七六七条）。したがって、フランス民法典は、「財産法」においては「フランス革命思想」を肯定し、「家族法」におていは否定したといわれている（稲本洋之助『フランスの家族法』（一九八五年、東京大学出版会）一九、九一、三二九、三四二頁）。なお、この妻の無能力

制度は、日本においても、旧民法典（人事編第六八条～第七二条）さらに現行民法典（第一四条～第一八条）に継受され、一九四七年に廃止されるまで存在した。

ところで、その体系は、ローマの法学者ガーイウス（Gauius.紀元後二世紀）の私法学教科書（Institutiones.イーンスティトゥーティオーネース。「法学提要」と訳されているが、「法学入門」である。instituo＝設置する、教える。）の体系を基礎としている（北居功・法学セミナー七一〇号（二〇一四年）八〇頁以下）。船田享二訳『ガイウス法学提要（新版）』（一九六七年、有斐閣）によれば、それは次のような体系である、といわれている。緒論　一。市民法と万民法　二。法の形式　三。法の分類　第一章　人の法　一。自由人と奴隷　二。生来の自由人と被解放自由人　三。生来の自由人　四。被解放自由人の種類　降服者、ローマ市民とラテン人、ラテン人と降服者との相違　五。アエリア＝センチア法　六。フフィア＝カニニア法　七。自主権者と地主権者　他主権者の種類、家長権に服する者、夫権に服する女子、手権に服する者、権力から解放される方法　八。後見と保佐　後見人、保佐人、後見人・保佐人の責任　第二章　物の法　一。物の分類　財産中にある物と財産外にある物、有体物と無体物、手中物と非手中物　二。各個の物の取得方法　市民法上の取得方法、自分の所有物を移転する能力のない者と他人の所有物を移転する能力をもつ者、市民法上の取得方法と自然法上の取得方法、後見に服する者の取得、権力に服する者による取得　三。物の包括取得　相続と遺産占有、総財産の売却、他人の家長権内に入る売却、相続財産の法廷譲歩　四。債務（obligatio）（obligatio については船田享二『ローマ法　第三巻』（一九七〇年、岩波書店）六頁）。債務の最高の分類、契約から発生する債務、不法行為から発生する債務　第三章　訴訟の法　一。訴訟　訴訟の分類、訴訟の当事者、訴権の消滅　二。抗弁　抗弁の目的・起源および形式、抗弁の効力、永久抗弁と猶予抗弁、反抗弁・再抗弁および反再抗弁、前加文　三。特示命令　特示命令の分類、特示命令の手続と効果　四。乱訴の制裁と反訴　五。敗訴者に破廉恥の汚点をつける訴訟　六。法廷招致と再出頭保証契約。

これは、東ローマ帝国（六世紀～一五世紀）において、法学校の教科書として公布施行されたといわれている（碧海純一ほか編『法学史』（一九七六年、東大出版会）二五頁（柴田光蔵））。それにしても、一五〇〇年も以前のローマ法を、どうして〝手

本〃にしたのであろうか。それは一、二世紀のローマ市は約百万人の人口を有し、地中海貿易は勿論、東は「漢」とも通商を行い（シルクロード）、正に「古代商業資本主義」が花開いていた（カーザー（柴田光蔵訳）『ローマ私法概説』（一九七九年、創文社）六八八頁、柴田光蔵『ローマ法概説』（一九八一年、玄文堂）一一〇頁。なお、この古代資本主義社会においても、既に〃格差社会〃の様相が見られた。「見よ、あなた達の土地の刈り入れをした労働者の、あなた達が搾取（fraud, apostereo（ギリシャ語））した賃金が叫んでいる」（ヤコブ書五・四。田川建三訳著『新約聖書六』（二〇一五年、作品社）一六、二二〇、八一〇頁）。それに比して、当時のドイツは勿論のこと、フランス（パリの人口は一八〇〇年で約五五万、一八五〇年で約一〇三万人と言われている）でも、これから、そのような経済活動を始めようとする状況であった（福井憲彦編・前掲書二一一頁）。

それを受けて、フランス民法典の体系は次の通りである。

第一編「人」＝住所、失綜、婚姻、親子、後見についての規定　第二編「財と所有権の諸制限」＝不動産、動産、所有権、用益権、地役権などについての規定　第三編「所有権所得の諸方法」第一章　相続　第二章　生前贈与及び遺言　第三章　契約または合意的債務関係一般　第四章　合意なくして成立する義務（「準契約」（「事務管理」と「非債弁済」にあたる）と不法行為）第五章　夫婦財産契約および夫婦財産制　第六章　売買　第七章　交換　第八章　賃貸借　第九章　会社契約　第十章　使用貸借　第十一章　寄託および係争物寄託　第十二章　射倖契約　第十三章　委任　第十四章　保証　第十五章　和解　第十六章　民事上の身体強制　第十七章　質　第十八章　先取特権および抵当権　第十九章　強制徴収および債権者間の順位　第二十章　時効

このように、フランス民法典では、物権法、債権法といった区別はなく、我々が、今、債権法として扱っている問題は、所有権の取得方法の一つとして、しかも、相続や遺言より後の章において扱われているのが注目される。これは、なるほど、フランス民法典はフランス革命の成果であるが、法典自体は意外と保守的であることを示す（エールリッヒ（川島武宜＝三藤正訳）『権利能力論』（一九四二年、岩波書店）一〇四頁以下、ツヴァイゲルト＝ケッツ（大木雅夫訳）『比較法概論原論　上』（一九七四年、東京大学出版会）一四七頁以下）。というのは、封建時代においては、物、特に土地や生産財に対する支配関係が重要な

法律問題であり（今でいう物権法）、その所有権などの移転方法として重要なものは、主として、相続であり、遺言であり（大土地所有者たる貴族社会における土地の権利の移転方法を考えよ）、売買などの契約によるものは、二の次であったわけで、法典としては、当時、正に重要となりつつあったブルジュワ社会の法状況を十分に把握していなかったといえる（凡そ、法典には、概して、そのようなところがある）。しかし、その後、フランスにおいては判例や学説の努力によって、フランス民法典は（いくつかの手直しはあったが）現代にも生き続けている（フランス法については、碧海純一ほか編・前掲書一七七頁以下（山口俊夫）、山口俊夫『概説フランス法　上』（一九七八年、東京大学出版会）七頁以下）。さらに、フランス民法典については、岩谷十郎ほか編『法典とは何か』（二〇一四年、慶應義塾大学出版会）一一五頁（武川幸嗣）参照。

（5）日本民法典（一八九八年）は、ドイツ民法典第一草案（一八八七年）を参考にしたので、「物権」が先になっているが、ドイツ民法典第二草案（一八九六年）では〝債権〟が先になり、ドイツ民法典（一九〇〇年）の〝債権〟もそれに倣っている。この変更は取引社会における「債権の優越的地位」を強調するものである（我妻栄『近代法における債権の優越的地位』（一九五三年、有斐閣）、前田達明『口述債権総論第三版』（一九九三年、成文堂）九頁。なお、山口俊夫『フランス債権法』（一九八六年、東京大学出版会）七頁）。

（6）その上、一七世紀は「小氷河期」と称される寒冷期であったために、凶作となり飢餓をもたらした。さらに、ペスト、コレラ、チフスなどの疫病が蔓延し、それらの〝原因〟とされてユダヤ人が多く犠牲になったとされる（木村靖二編『ドイツ史』（二〇〇一年、山川出版社）一一七頁）。

（7）神聖ローマ帝国（「神聖ローマ帝国」（Sacrum Imperium Romanum）の名称は一二四五年以降のことである。）は、四七六年に滅亡した西ローマ帝国を継承したものとして、九六二年に成立した。その版図は、当初、現在のドイツ、オーストリア、イタリアなどを含んでいた（一三世紀以降は事実上イタリアは版図から離れた）。しかし、一一～一二世紀初頭から封建制が始まり、諸国が連邦形成を進め、帝位の継承は聖俗の有力諸侯（選帝侯）の選挙（küren）によった。そして、一四九五年には選帝侯会議は「帝国議会」となり同時に「帝室裁判所」（Reichskammergericht. ローマ法継受の〝先導者〟）が設立された。その後、ナポ

レオンのドイツ侵攻によって、神聖ローマ帝国は一八〇六年八月に消滅した。

（8）　この「啓蒙主義」は、「科学上の大発見」（ロバーツ（大久保桂子訳）『図説・世界の歴史』（一九八二年、小峰書店）一一〇頁）と「地理上の大発見」に起因する。すなわち、一六～一七世紀に「科学上の大発見」が相次いだ。例えば、フェルネル（フランス）が地球の大きさを（一五二八年）、ヴェザリウス（ベルギー）が「人体の構造」を（一五四三年）、コペルニクス（ポーランド）が地動説を（一五四三年）、ケプラー（ドイツ）が「天体三法則」を（一六〇九年）、ガリレオ（イタリア）が天体望遠鏡を発明して（一六〇九年）地動説を確認し（一六一〇年）、ボイル（イギリス）が法則（PV＝一定）を（一六六二年）、ライプニッツ（ドイツ）が微分法を（一六八〇年）、ニュートン（イギリス）が万有引力を（一六八七年）明らかにした。さらに、一五世紀末からの「地理上の大発見」は一六～一七世紀に最盛期を迎えた。そして、これらは「思想」の形成を促し、その啓蒙思想家としては、イギリスではホッブズ（Thomas Hobbes. 1588～1679）、ロック（John Locke. 1632～1704）、ベンサム（Jeremy Bentham. 1748～1832）、フランスではモンテスキュー（Charles-Louis de Secondat Montesquieu. 1689～1755）、ヴォルテール（Francois Marie Arouet Voltaire. 1698～1778）、ルソー（Jean-Jacquese Rousseau. 1712～1778）らであった。そして、この「理性」の働きを最大限に発揮するには自由、特に精神的自由（特にローマカトリック教からの自由。ガリレオの宗教裁判を見よ。一六三三年）が必要であり、それが政治の世界に飛び火し、経済変革と共に、それはピューリタン革命（一六四〇～一六六〇）、名誉革命（一六八八～一六八九）、フランス革命（一七八九～一七九九）を引き起こした。しかし、後進国ドイツにおいては、それは〝上からの啓蒙〟となり「啓蒙専制君主制」が登場した（代表者はフリードリッヒ二世。Friedrich der Große. 1712～1786）。

（9）　グロティウス（ちなみに、オランダ独立戦争は一五六八～一六四八で、彼の一生に重なる。）は、彼自身は無神論者ではなかったが、〝神が存在しないとしても人間の理性に基礎を置く自然法が存在する〟と唱えた（世俗的自然法）（前田・展開一二四頁。シュロッサー（大木雅夫訳）『近世私法史要論』（一九九三年、有信堂高文社）七八頁。ベーレンツ（河上正二訳）『歴史の中の民法』（二〇〇一年、日本評論社）四二頁）。なお、彼は「婚姻」を「団体結成（consociatio）」と考えた（ヴィーアッカー

（鈴木禄弥訳）『近世私法史』（一九六一年、創文社）三四七頁）。

（10）なお、プーフェンドルフはプロテスタント派であり（牧師の子）、神法（jus divinum）の存在を認めたが、それは「自然法」から排除されていた。

（11）〝Haus〟と〝Familie〟が同義語として法に定着したのは啓蒙主義的自然法学による（石部雅亮「サヴィニーの家族法論」（甲斐道太郎編『市民法学の形成と展開上』（磯村哲先生還暦記念論文集）（一九七八年、有斐閣））一七一頁）。

（12）もっとも、この「総論」は、後のパンデクテン体系における「総則」とは内容的に完全に一致するものではないが、ヴォルフの後継者であるネッテルブラット（Daniel Nethelbladt. 1719〜1791）らによって「総則」が形成されたといわれている（赤松秀岳『一九世紀ドイツ私法学の実像』（一九九五年、成文堂）二六四頁）。

（13）それは、グロティウスの説くところに依拠する。三島淑臣『法思想史』（一九八〇年、青林書院新社）二四二頁、ヴィーアッカー（鈴木禄弥訳）・前掲書三六四頁。

（14）この対象たる「ローマ法」はユースティーニアーヌス（Justinianus I. 483〜565）が命じて編纂された『ローマ法大全』（『市民法大全』Corpus Iuris Civilis）であった。これは「勅法集」（Codex（＝木札）、Novellae など）、「学説集」（Digesta または Pandectae）、法学入門（Institutiones）から成る。後世の利用可能性という点で、特に重要なのは学説集（「学説彙纂」）である。「Digesta（ディーゲスタ）」とは、ラテン語の digero（解明する）に由来する。また、「Pandectae（パンデクタエ）」とは、ギリシャ語に由来し、「pan＝全」と「dexomai」（受け入れる、聞き入れる、理解する。）の合成語で、〝生じたことや言われたことが全て含まれている〟という意味である。英語の〝encyclopedia〟にあたる。「学説彙纂」は、ローマ法の最盛期たる前述の「古典期」（前一世紀〜後三世紀）の法学者の学説を採録したものである。「学説」といっても、今日の学説と違って「ディーゲスタ」に採録されている法学者たちは、いわゆる「（勅許）解答権」（ローマ皇帝の認許にもとづいて法律問題について解答する権限が与えられ、その解答は法律として通用した、といわれている。）を与えられていた。したがって、その学説（法）は大変権威があった。「ディーゲスタ」は、法文総数九一四二あり、五〇巻から成り、現代のローマ法研究者は、それを次のように七

部にわけている。

第一部（第一巻〜第四巻）第一巻＝法の概念、法源、人の地位、政務官についての法文　第二、三、四巻＝私法一般についての法文　第二部（第五巻〜第一一巻）＝裁判につていの法文　第三部（第一二巻〜第一九巻）＝物についての法文　第四部（第二〇巻〜第二七巻）＝売買、利息、海上消費貸借、証書、証人、証拠、婚姻、後見、保佐についての法文　第五部（第二八巻〜第三六巻）＝遺言についての法文　第六部（第三七巻〜第四四巻）＝相続財産、贈与、奴隷解放などについての法文　第七部（第四五巻〜第五〇巻）第四五、四六、四七巻＝契約、不法行為などについての法文　第四八、四九巻＝刑事法についての法文　第五〇巻＝主として行政法についての法文。以上は、概略であって、柴田光蔵＝西村重雄「学説彙纂第四八巻邦訳（1）（2）」法学論叢八七巻四号一頁、五号一頁（一九七〇年）に表題の詳しい翻訳がある。

この「ローマ法」は、一三世紀にイタリア（ボローニア）に留学したドイツ人学生（学識法律家）によってドイツに継受され裁判や法実務に定着した（早期継受。シュロッサー（大木雅夫訳）・前掲書五一頁）。そして、それは神聖ローマ帝国の「普通法（ius commune, Gemeines Recht）」として各地方の固有法（Landesrecht）を「補充」するものとして（「固有法」のないときのみ）、適用された（一四九五年）。もっとも、前述のように、既に商業資本主義社会の「進んだローマ法（普通法 Gemeines Recht）」は、「ドイツの固有法（Landesrecht）」よりも優れていたから、実際には前者の方がより多く適用された（碧海純一ほか編・前掲書一二五頁（村上淳一））。しかし、如何にすぐれた「ローマ法」といっても、当時のドイツの法状況に〝ぴったり〟とはいかないので、現実に適用し得るように、これを修正する作業が活発となり、これを「パンデクテンの現代的慣用（usus modernus pandectarum. シュトリーク（Samuel Stryk. 1640〜1710））」と呼んでいる（シュロッサー（大木雅夫訳）・前掲書五九頁）。このように、まずは、古代の外国法（ローマ法）をドイツ社会に定着させるために、柔軟な解釈法を用いた極めて実際的な、法学（Rechtsgelehrsamkeit）、というより〝法技術〟が、「前期普通法学」の課題であった。そして、「自然法学」も（「現代的慣用」を批判したが）、「パンデクテン法学」も、さらに〝神聖ローマ帝国法〟研究である「歴史法学（後期普通法学）」も、「普通法」を研究対象したので、「普通法学」に位置づけられる（山田晟「ドイツ普通理論」（尾高朝雄ほか編『法哲学講座　第

三巻』(一九五六年、有斐閣))一七一頁)。

(15) この方法は、後のドイツのパンデクテン法学、そしてドイツ民法典、そして、ドイツ法圏の法学にも大きな影響を与え、いわゆる「概念法学」を形成した(ヴィーアッカー(鈴木禄弥訳)・前掲書三九二頁)。例えば、「絶対権の本質」から「物権的請求権」を〝証明〟するといったことである(舟橋諄一『物権法』(法律学全集一八)(一九六〇年、有斐閣)二七頁)。

(16) 勿論、ローマ法のパンデクテンの「体系」ではなく、これを基礎としてドイツ普通法学が体系化したものである。

(17) しかし、彼は、後の『現代ローマ法教科書』(Lehrbuch des heutigen Römischen Rechts, 1816) において、次のように、その体系を変更している。「序論(Einleitung)」、「一般概念(Allgemeine Begriffe)」。Ⅰ、人の種類。A. 自然人、B. 法人。Ⅱ. 物の種類。A. 有形物、B. 法的物。Ⅲ. 行為の種類。A. 有形的行為、B. 法的行為」、「各論あるいは私権自体。Ⅰ. 物(Sachen)についての理論。A.「家族関係と遺産」以外の物の理論、一. 所有権、二. 用益権、三. 質(抵当)権。B. 家族関係の物への影響。一. 婚姻、二. 父権、三. 後見。C. 遺産、一. 法的相続の結果、二. 遺言による相続の結果、三. 他の終意の定め。Ⅱ. 債権(Furderungen)についての理論。A. 債務、一. 契約、二. 加害行為、三. 混合された事例(vermischte Fälle)、債務の終了。B. 訴権。C. 裁判手続」。ここでは、より〝総則〟的部分が充実し、〝物〟権(家族法を含む)と債権の対比が明確化した。

(18) 一八一四年の第三版に依拠した。

(19) サヴィニーは、ハイゼに、しばしば手紙を出していたとのことである(Schwarz, a.a.O., S582)。

(20) 「対物訴権」というが、「法」そして「権利」は、人と人の関係であり、結局は人に対する権利である。すなわち、違法に支配する人に対する返還請求権である。すなわち、物に対する訴権=対物訴権=物の直接的支配を妨げる全ての人に対する訴権(例えば、rei vindicatio で物の直接的支配自体が回復できた。)だから、「物権」を〝物に対する権利〟といっても、自分の所有権に服する物が他人に奪われたら、その物を返せ!と請求できる物権的請求権が、その所有権から出てくるというのである(クリンゲンベルク(瀧澤栄治訳)『ローマ物権法講義』(二〇〇七年、大学教育出版)三四五頁)。「対人訴権」は人に対する訴権であ

る。すなわち、actio in personam＝債務者のみに給付を請求し得る訴権である。例えば、買主の購入訴権＝売主に対して買った物を引き渡せ！と訴えることが出来る権利（actio empti）は　古くは十二表法（前四五〇年頃制定）時代から前三世紀中ごろまでの法律訴訟において、債務者の身体への強制執行のみが認められた（殺害あるいは債務奴隷）。その後も原則として〝包括執行〟しか認められず（方式書訴訟）、任意に履行がなされないときは全財産売却（bonorum venditio）を行い、法務官の執行による金銭弁償しかなかった。したがって、売買訴権では買主は当該目的物を入手し得る保障はなかった。なぜなら、物への訴権でないから（ベーレンツ（河上正二訳）・前掲書三二四頁、クリンゲンベルク（瀧澤栄治訳）『ローマ債権法講義』（二〇〇一年、大学教育出版）三、四頁）。しかし、以上のような売主への心理的強制によって当該目的物を買主は入手することができたであろう。

(21)　シュヴァルツは、このハイゼの体系を次のように批判する（Schwarz, a.a.o., 609f.）。すなわち、ハイゼのパンデクテン体系は、「物権法」と「債権法」はローマ法から、「親族法」と「相続法」は自然法から由来するが、しかし、「親族法」は「個人の法」（Individualrecht）（それは、「国家の法」と「国家間の法」と共に体系を形成するものである。）に対応するもので、それは「物権法」と「債権法」とは、まったく異質のものであり、それ並べることは体系を成していない。ハイゼも、そのことは十分に認識していて、初版では、その表題を「親族法」でなく、「支配権（Iura potestais）」としていたが、後にカントの先例に従って「物的諸人権（Dinglich-persönliche Rechts）」とした。ここに、民法は「権利の体系」として統一されたのである。しかし、それは余りに技巧的であり、背後の現実（die dahinter liegende Wirklichkeit）を十分に表しておらず、全体として一体感がないと批判する。

(22)　カントの『Die Metaphysik der Sitten（Suhrkamp版）、一七九七』は頁（S）か、§で引用。邦訳については、野田又夫編『カント』（世界の名著三九）（一九七九年、中央公論社）（野田又夫＝加藤新平＝三島淑臣＝森口美都夫＝佐藤全弘訳「人倫の形而上学」）と樽井正義＝池尾恭一訳「人倫の形而上学」（『カント全集Ⅱ』）（二〇〇二年、岩波書店）に負う。なお、「形而上学（Metaphysik）」とは、元来、アリストテレスの論文を死後にまとめた「論文集」の名称で、それは二部構成であり、第一部

「形而下学」（physical science. 自然科学についての書）の後におかれたので、第二部として、この名称（ta meta ta phisika. 自然学の後に置かれた書）が付けられたが、その内容は哲学関係であった。「形而上」「形而下」とは、元来、『易経』（中国古代の書）の言葉で、前者は「形式を離れたもの、抽象的なもの、無形」を示し、後者は、「形を備えるもの、有形」を示す。これを明治時代の哲学者井上哲次郎（一八五五～一九四四）が先述の訳語とした（明文雑誌一二号）。したがって、カントの、この書は「人の倫（みち）の哲学」という意味である。

(23) カントの国家観は、ルソーの社会契約論に影響を受け、国家は、その根源的契約（der ursprüngliche Vertrag）の精神（§. 52）によって「純粋共和制（reine Republik）」であり、全ての「真の共和制（wahre Republik）」は人民の「代議制」であって、それ以外は有り得ない（人民の名において、全ての国民が統合され、自分達の代表者（代議士）を通じて自分達の権利が守られる）といっている（近代「自由」思想におけるカントの位置づけについては、金子晴勇『近代自由思想の源流』（一九八七年、創文社）四四九頁）。カントの、このような発想は、どこから来たのであろうか。カントはいう。〝ケーニヒスベルク（現在のカリーニングラード。ロシア領）は、旅をせずとも居ながらにして人間知と世界知とを獲得し得るのである〟（野田又夫編・前掲書一一頁）。カントは、このケーニヒスベルクに生まれ育ち生涯を送った。ケーニヒスベルクは、一三世紀中ごろにドイツ騎士団により建設され、一三四〇年にハンザ同盟に加入し商業都市として栄えた。一六世紀にプロイセン公国の首都となり、一七〇一年にプロイセン王国領（首都はベルリン）となった。この都市は、ブレーゲル河口に面し交易の要衝であり、一七八七年には人口は五万五千、他に、七、八千の守備兵がいたといわれている。正に、日本のかつての長崎、神戸、横浜を想像すれば、その自由で開放的な精神は理解し得る。また、次のようなエピソードもある。フリードリッヒ二世が戴冠式の時、ケーニヒスベルクを訪れたが、大学には興味を示さず、市は学問などには力を入れず〝熊でも飼えばよい〟といったとわれる（野田又夫編・前掲書一五頁）。そして、彼は東プロイセンに対して〝何か含むところ〟があったらしいといわれている。他方、カントは、一応、彼に敬意を表していたが、フリードリッヒ二世はドイツの学者、文化人に対しては冷淡で、フランス文化人を尊敬していたということである（野田又夫編・前掲書二三頁）。なお、フリードリッヒ二世については、次のように述べられている。「人民は、自

らの生命と財産の維持のために国家をつくり、もっとも賢明な者を君主として選び、彼に統治権委任した。したがって、君主は人民の幸福と公共の福祉の維持を自らの最大の義務として統治しなければならない。これが彼の国家論の要旨である。これによって君主の絶対権はいささかもゆるぎはしないが、しかし国家はいまや、君主とは区別されて、抽象的で客観的な制度して理解されるようになった。国王はそのような国家に奉仕する『第一の下僕』とされたのである。王権神授説や家産的国家観との決別である。彼は自らを国家に奉仕する存在と理解することにより、すべての国民に対しても国家への奉仕を強制することができた。原理的には、さまざまな中間団体や社団のもつ伝統的で自律的な諸特権の体制から、諸特権をなお維持しながらも、それぞれの立場で国家に奉仕する体制への質的転化である」（木村靖二編・前掲書一四七頁）。

(24)　カントにおいては、ドイツ語の「Sitte（人の倫）」がラテン語の「mores（習俗）」と同様に「習慣（Manieren）」や「生活様式（Lebensart）」を意味するとしても（S.321）、「実践理性」は「如何に行為すべきか」を命ずるのである。このようにSittlichkeit と Moralität を同一とすることは、後述のヘーゲルと異なる。

(25)　人は一人では生きて行けず、人間共同体においてのみ生存し得る。そのためには「法による権利」＝「法的義務」が必要となる。そこで、まず、カントは、次のような〝組み合わせ〟を考える。

一、権利も義務も持たない存在者（Wesen）と人間の法的関係←実在しない。何故ならば、その存在者は理性を欠いているから、我々を拘束することも我々が拘束されることもあり得ないから。

二、権利も義務も持った存在者と人間の法的関係←実在する。何故ならば、それが人間と人間の関係であるから。

三、義務だけを持ち権利を持たない存在者と人間の法的関係←実在しない。何故ならば、その存在者は人格（Persönlichkeit）を欠いた人間（農奴、奴隷）であろうから。

四、権利だけを持ち義務を持たない権利者（神）と人間の法的関係←実在しない。何故ならば、経験可能な対象ではないから、少なくとも哲学においては実在しないのである（S.349）。しかし、カントは、この四は超越的な義務ともいうべきもので、それは内的な道徳格律にとって重要であるとして、宗教が「義務」に大きな意義のあることを認めている（S.350）。

そして、義務を課す者と課される者という「主体」の関係では、権利も義務も持つ存在（Wesen）としての人間同士の関係のみが人間と人間の関係であるから、前述のように、「存在」するとし（二）、義務一般の体系としての「道徳（Moralität）」の区分において「法の義務（Rechtspflichten）（私法と公法）」と「徳の義務（Tugendpflichten）」を区分する（S.350）。

（26）徳の義務の「目的（Zweck）」は〝自己を完全な人間とし（完全性）、他人の幸福を実現すること〟であるという。

（27）Willkür とは、Will＝意思と küren＝選ぶ、から来る。そして、カントによれば、本文のように、この選択意思によって占有（besitzen）し得るの（外的対象）は①有体物（körperliche Sache）、②他人の自由意思（一定の行為（praestatio. 給付）＝給付をしようという他人の意思（Willkür eines anderen））、③私との関係における他人の状態（Zustand）である（S.4）。①が「物権（Sachenrecht）」であり、②が「債権（persönliche Recht）」であり、③が「物に対する仕方での人に対する権利（auf dingliche Art persönliche Recht）」である。

（28）したがって、普遍的法則「不倫をしてはいけない」と行為者の行為基準（「不倫止むなし」）とが一致せず、不倫することを選択したときは、その選択意思は「自由でない」ということになる。

（29）もっとも、自由については、古くから議論されてきたのであり、特にトマス・アクィナスは、それを人間の「責任」の根拠としたのである（「自由なるが故に罪について責任を負うべきである」。前田・展開九七頁）。なお、「自由」については、金子晴勇・前掲書、仲手川良雄『古代ギリシャにおける自由と正義』（一九九八年、創文社）、半沢孝麿「ヨーロッパ思想史のなかの自由」（二〇〇六年、創文社）、中手川良雄『古代ギリシャにおける自由と社会』（二〇一四年、創文社）参照。なお、ヘーゲルもいう。カント哲学によれば、理性は自律的（automatisch）であり、意思は自発的かつ自由に決定をくだし、理性は自らの目的を理性自身から決定すべきで、意思が目的を衝動（Trieben）から決定するならば他律的（heteronomisch）に振る舞ったことになる。すなわち、精神的存在（Geistiges）としての人間にとって自然的衝動（Naturtriebe）は他なる物（Anderes）、したがって他律的なのである、と（Hegel, Vorlesungen über Rechtsphilosophie (Itling), 1824/1825, S.135）。

（30）カントが「論語」を読んだ可能性はある。すなわち、ライプニッツ（Gottfried Wilhelm von Leibnitz. 1646～1716）の

〝Novissima Sinica〟（1699）に見られるように、ドイツにおいても中国への関心が高まり、クリスチャン・ヴォルフも、彼の敵対者に対して、自己の実践哲学は孔子のそれと広汎に一致していると反論したとされる（クラインハイヤー＝シュレーダー『ドイツ法学者事典』（小林孝輔監訳）（一九八四年、学陽書房）三二四頁）。なお、新約聖書「ヤコブ書一・二二～二六、二・一二」にも似た記述がある。

（31）　啓蒙主義的自然法学（プーフェンドルフ、ヴォルフなど）の「義務体系」からカントの「権利の体系」への転換については筏津安恕『私法理論パラダイム転換と契約理論の再編』（二〇〇一年、昭和堂）。なお、ボワソナアドが日本民法典に「物権編と債権編をもたらした」のは、カントの影響を受けたのではないかという推測があるが（筏津安恕「歴史法学の陰性自然法」テーゼの放棄）（三島淑臣教授古稀祝賀『自由と正義の法理論』（二〇〇三年、成文堂）三五四頁）、まず〝債権編〟については「第二部　人権（droit personal）及ヒ義務（obligation）」と定め「人権即チ債権（creance）ハ常ニ義務（obligation）ト対当ス」（財産編第二九三条第一項。財産編第三条第一項「人権即チ債権ハ定マリタル人ニ対シ……作為又ハ不作為ノ義務ヲ尽サシムル……」）として、「義務の体系」であることを明示し、現に、その「第二部」は「義務ノ原因」、「義務ノ効力」、「義務ノ消滅」、「自然義務」という構成になっていることに留意すべきである。さらに「親族法」（「人事編」）は、日本の実情に合った立法が必要であるとして日本の立法者に任せたことも想起すべきである（なお、「相続法」は「売買」などと共に「財産取得編」に定められた。フランス民法典の影響である）。

（32）　カントの大学卒業論文（一七四六年）は、「生きた力の真の測定についての考察」という「力学」の論文であり、一七四九年には「一般自然史」、一七五二年には「地球の自転の仕方に変化があったかどうか」、一七五四年には「火について」という論文を書いている（野田又夫編・前掲書一七頁）。ところで、カントは「相続」とは「死者の所持と財が生き残る人へと、両者の意思の一致によって移転（translatio）することである」といい、「終意処分（dispositio ultimae voluntatis）によらない相続」は自然状態（Naturstande）では考えられないとする（§.34）。それは「自らの意思に基づいて各人の外界を支配する関係」が「法」であるという（もっとも例外は認める。§.33）カントにあっては死亡という「事件」によって財産が移転する「無遺言相続（法

定相続)」は容認できなかったのであろう。しかし、それはドイツ法学者に容れられるところではなかった。

(33) 川島武宜「近代的婚姻のイデオロギー　カントの婚姻法理論」(「イデオロギーとしての家族制度」一九五七年)『川島武宜著作集第一〇巻』(一九八三年、岩波書店) 二七四頁は、所有権概念の歴史性に対応して婚姻制度を把握し、それぞれの時代の所有権制度が、その時代の婚姻観を規制するとして、奴隷制社会においては妻は家内奴隷として、封建制社会においては夫と妻とは主従身分的関係として、近代社会においては婚姻は夫婦の契約として把握され、カントにおいては、それが最も徹底した形で「理想像」として描かれているとする。

(34) ヘーゲルの〝Grundlinien der Philosophie des Rechts (suhrkamp版)。一八二一〟は、§で引用。邦訳については、岩崎武雄編『ヘーゲル』(世界の名著三五)(一九六七年、中央公論社)(藤野渉＝赤澤正敏訳「法の哲学」)に負う。ヘーゲルの〝Vorlesungen über Rechtsphilosophie (Itling), 1824/1825〟は、頁(S)で引用。邦訳については、ヘーゲル(長谷川宏訳)『法哲学講義』(二〇〇〇年、作品社)に負う。

(35) もっとも、このヘーゲル批判が正しいかは疑問である。カント自身、自由意思(Willkür)の〝自由〟は法則(Gestz. 道徳法則)に反しても行為し得るとは定義できないとする。前述のように、何故ならば、感性的存在者(Sinnenwesen)(生身の人間)としての人間は、経験上、そうであろうが、理性的主体(vernunftige Subjekt)としての人間は理性に反した選択をし得るということは絶対にないからである、といってる(S.333)。

(36) 婚姻を契約と考えるのは、カント特有のものでなく、啓蒙主義的自然法学における一般的な考えであった。石部雅亮・前掲論文一七九頁。

(37) ヘーゲルにおける契約(Vertrag)とは、所有物たる個々の外的(einzelne äußerliche Sache＝すなわち内心的なものでない。)を、当事者の任意(Willkür)を出発点する、一致した(identisch)共通の(gemeinsam)意思(Wille)である。しかも、任意に手放すことのできるものは個々の外的物のみであるから、契約の対象は個々の外的物のみである。したがって、「婚姻」や「国家」を「契約」で把握することはできない(§75, S. 251)、とする。そして、イギリス批判(ヘーゲルのコンプレックス)を

した後に、国家のあるべき姿を「絶対専制君主」たるフリードリッヒ二世が実現したと称賛する（ヘーゲルは、プロイセン王国の首都ベルリン大学の総長を務めた（一八二九～一八三〇）人物である）。それは、前述のように、イギリスは勿論、フランスにも後れをとった（市民（ブルジュワ）社会の未発達化）ドイツとしては、上からの改革すなわち「啓蒙君主制」しかないというのが現実であった。「理性的（vernuftig）であるものが現実的（wirklich）であり、現実的なものが理性的である」(Grundlinen. Vorrede. S.24) とは、なんと皮肉な言葉ではないか。

(38) なお、ヘーゲル（長谷川宏訳）『ヘーゲル法哲学講義』（二〇〇〇年、作品社）三一九頁参照。カントとヘーゲルの法学上の位置づけについては、碧海純一ほか編・前掲書一三四頁以下（村上淳一）、三島淑臣『法思想史』（一九八〇年、青林書院新社）三〇六頁参照。さらに、ヘーゲルのカント批判については三島淑臣「婚姻の人倫性と市民社会」（『法理学の諸問題』（加藤新平教授退官記念論文集）（一九七六年、有斐閣））二三一頁。

(39) そして「市民社会」も国家の統制下にあるべきである、というのが、ヘーゲルの考えであった。§.290（藤野渉＝赤澤正敏訳・前掲書三四七頁図一）。

(40) このような批判が必ずしも当を得ていないことについては、三島淑臣・前掲論文二三五頁。

(41) なお、財産法におけるカントの影響の否定については、星野英一「民法の意義—民法典からの出発—」（星野英一編『私法学の新たな展開』（一九七五年、有斐閣））九七五頁。

(42) 例えば、ドルトムント市の人口は一八一六年に四〇〇〇人であったものが、一八六四年には二八〇〇〇人になった。

(43) クラインハイヤー＝シュレーダー・前掲書三〇三頁。

(44) サヴィニーは、これを（民族精神（Volksgeist））ともいっている（v.Savigny, System des heutigen Römischen Rechts, S.19)。なお、ドイツにおいては、サヴィニーは「民族精神」云々よりも国家権力による立法によって法学の発展が停止されることに反対したのである（ナポレオンは、法学者が余りに多くの学説を主張するので、ナポレオン法典の解釈を禁止したというエピソードがある）、という見解がある。それに対してか、歴史法学派のパンデクテン法学者ヴィントシャイトは、立法は、それまでの

法学の産物であり、「立法後は、その解釈学や立法政策学（法改正）として法学は発展する」と主張して法典編纂を支持したとされる（赤松秀岳「歴史法学派から法典編纂へ」（石部雅亮編『ドイツ民法典の編纂と法学』（一九九九年、九州大学出版会））六八頁、七三頁）。

（45）時と場所を問わない自然法の研究ということになると、時と場所の変化を研究手法とする歴史研究は欠落することになる。しかし、自然法学者のなかにも次第に歴史的感覚が芽生え、それはついに歴史法学派を生み、ドイツにおいてはサヴィニーが「第一の首領」と呼ばれた（山田晟『ドイツの歴史法学』・前掲書三九頁）。ヘーゲルもいう。実定法の内容を考察するには、民族の国民性（Nationalcharakter eines Volks）と民族の歴史的発展段階と、さらに必然的なこれらすべての事情（国土の位置、歴史、国民性、宗教、勤勉さ、気候など）との連関を考慮に入れなければならない（Vorlesungen, S.84）、と。

（46）サヴィニーの勝利の原因は、一つには当時の政治的状況があったとされる。統一的民法典の制定のためには、政治的統一が必要であったが、当時のドイツは、ウィーン体制の下で、オーストリア帝国を議長国とする独立性の強い各国の連邦、すなわち「ドイツ連邦」を形成していた（木村靖二編・前掲書一八四頁）。しかも、この体制の基本的な構造は「革命防止」とフランス革命以前の諸王朝の復権をめざす「正統主義」（民族主義と自由主義の否定）であり、それは、フランス革命とナポレオン支配の完全な否定であった。従って、仮に立法されても、その内容は、市民（ブルジュワ）階級の期待に反して、「旧秩序」を反映したものとなったであろう、とされている。実は、サヴィニーも、まったく立法作業に関わらなかったのではなく、ALR改正（一八四二）のためのプロイセンの立法担当大臣として若干の成果を挙げたとされている（碧海純一ほか編・前掲書一四二頁（村上淳一））。したがって、サヴィニーの〝本心〟は、フランス民法典よりも優れた「パンデクテン体系」は、まだ出来たばかりであり、完成させるためには、もうすこし、ローマ法研究が必要であり、法典編纂は〝時期尚早である〟ということであったろう。現に、彼のローマ法研究の集大成である『現代ローマ法大系（Syetem des heutigen Römischen Rechets）』は一八四〇年にはじまり一八四九年に終わっている。ただ、神聖ローマ帝国内の各国においては、民法典を制定した国もあった。例えば、バイエルン王国では一七五六年に、プロイセン王国では一七九四年（ALR）、オーストリア帝国では一八一一年（AGBG）、ザ

クセン王国では一八六三年に民法典を制定している。

(47) v.Savigny, System des heutigen Römischen Rechts, Bd. I~VIII, 1840~1849. 引用は Bd. と頁（S）邦訳については、サヴィニー（小橋一郎訳）『現代ローマ法体系』第一～第八巻（一九九三年～二〇〇九年、成文堂）に負う。

(48) これを継受して、日本でも「占有権」は〝権利〟でないという学説がある（舟橋諄一・前掲書二七八頁）。

(49) サヴィニーは『現代ローマ法体系』で、親族法と相続法の部分を独立させる基礎として、体系全体を「権利の体系」として構成することを放棄したとされている（筏津安恕・前掲論文（三島記念）三五三頁）。

(50) サヴィニーとヘーゲルは、共にベルリン大学の看板教授として権威を持っていたが、〝両雄並び立たずで〟、二人の間には確執があった。しかし、基本的なところでは、共にロマンティークの学者として共通するところがあったされ、この婚姻観についても、それがいえる。

(51) サヴィニーの婚姻観については、石部雅亮・前掲論文一六九頁。サヴィニーは、婚姻関係とは、自然的（natürlich）、倫理的（sittlich）、法的（rechtlich）関係である、という。ここで、サヴィニーがいいたいのは、婚姻とは男と女が性共同体を形成して子を産み続けるという自然的側面とそれを良く機能させるために倫理的側面（例えば、姦淫してはならない。〝モーゼの十戒〟出エジプト記二〇章一四節）、さらにより良く機能させるための法的側面（例えば日本民法第七五二条）があるということである。サヴィニーのこのような考えの基本発想は、こうである。まず、人間（自由な存在者（freie Wesen））は他人との接触の中で共存すべきとき、各人の自由な範囲（freier Raum）の境界を定める必要があり、それを定める規則が法である、とする。したがって、人と人の「法律関係」とは個人の意思の「独立範囲の確定」ということになる。ところで、意思は、第一に本人に、第二に自然に、第三に他人に、作用し得る。法的には、第二が「物に対する権利」であり、第三は「債務（Obligation）」である。この二つの法律関係が「財産法」である。さらに「家族法」も第三の法律関係であるが、「財産法」と異なるのは、「財産法」においては「人」は完全な独立した「個人」であるが、家族法においては「補充を必要とする不完全な」人として登場する。この「補充」は二つの方面から成る。一つは男と女の結合による「補充」であり、婚姻は両性の絶対的宿命であり、婚姻し

ない人は半人前（Hälfte）であるとフィヒテはいう（Bd. I., S. 341（C））。さらに生命の有限性（zeitlich beschränkten Dasein=vergängliches Lebe）についての生殖と教育による「補充」である。そして、そもそも自然法学者の多くは婚姻を債務契約（obligatorische Verträge）と考えているが、これでは、婚姻の本質が、この上なく、ゆがめられ、その品位をまったく貶められることとなのである。カントが婚姻を債務契約と解して、しかも各配偶者の相手方個人に対して一種の所有権（物的仕方での人的権利）を認めるのは、カントが債務契約の対象を所有権の譲渡に限定する（労務は対象に入らない）からであると批判する（Bd.III.,S.,317ff.）。さらに、サヴィニーの「家族」関係についての考えは、サヴィニーは財産法においてはカントの自律的個人主義の影響を受け、家族法においてはカントを離れてヘーゲルに接近し有機的共同体思想に依拠している、とする（石部雅亮・前掲論文一八五頁）。ここで、注目すべきは、サヴィニーの次の見解である（Bd.I.,S.347.Anm（b））。すなわち、法の課題、目的は、人間の本姓の人倫的使命、目標の達成であり（彼にあっては、それはキリスト教に基づく）、それと独立して国家経済原理を目標とする必要はない、と主張する。何故なら、後者は、人倫的目標を達成するための手段の増大と純化に役立つだけのものである（したがって、それには、なに一つの新しい目的が含まれるのではない）という（Bd.I.,S.54）。

（52）　サヴィニーは、自己の〝婚姻を契約と解する見解〟とヘーゲルの婚姻についての「賞賛惜しく能わざる」見解（Grundlinien, §161～164）〝は完全に両立し得る〟、という（Bd.III.,S.320（f））このようなサヴィニーの考えは、当時のドイツ法学者の間で広く受け容れられた。Boehmer, AcP 155（1956）, S. 186f. に詳しい。Boehmer によれば、Sintenis（Das praktische gemene Civilrecht. I, 1868）, Arndts（Lehrbuch des Pandekten, 1868）, Keller（Pandekten, 1861）, Holder（Pandekten. I 1886）などが、サヴィニーに従っているとのことである。

（53）　ヴィントシャイドの体系は本来的には権利の体系ではなく、前述のように、サヴィニーの系統をひく「法律関係」の体系であるといわれている（赤松・前掲書二八一頁）。この本はパンデクテン法学の〝集積センター（zentrale Sammerstelle）〟と呼ばれ、一九〇六年まで改定されながら第九版が刊行された（シュロッサー（大木雅夫訳）・前掲書二一六頁）。

（54）　ドイツ民法典編纂の詳しい手続史については石部雅亮「ドイツ民法典編纂史概説」（石部雅亮編『ドイツ民法典編纂と法学』

（一九九九年、九州大学出版会）三頁）。

(55) ドイツ民法典については、岩谷十郎ほか編・前掲書七九頁（水津太郎）参照。ところで、前述のように、インスティトゥーティオーネース体系における「人の法」は、ドイツ民法典において、「総則編」の「人」と、「親族編」の「人」に分解されることになった。それは、自由主義経済社会に対応する「民法」として、物権と債権が「財産法」である、と意識的に明確化したことに由来する。すなわち、その「財産」の主体は、市民社会における取引発展のために、自由な取引社会の主体として、自由で平等な個人（ドイツ民法第三条）である必要があり、合理的経済人である必要があった。そして、それは、「人」として、「第一編総則」に規定された（法は、逆に、合理的経済能力を欠く者の保護という観点から規定を設けた。第四条から第二一条）。他方、「家」（国家の基本）を守るために、夫として、妻として、親として、子として、の「身分」にある「人」の法として、「第四編親族」が形成された。しかも、それは、自由な合理的経済人ではなく、強力な国家の基盤としての「家父長制家族」の一員としての夫、妻、親、子であった。このように、「人の法」を分解して、一方で、「自由人」（「総則」）、他方で、「家父長制下の人」（「親族」）を規定したのは、後進資本主義国家ドイツ帝国の民法体系、そして、大日本帝国の民法大系として、必然のことであったといえよう。

(56) 〝obligo〟というラテン語は〝結びつける〟〝つなぐ〟〝義務付ける〟〝負担させる〟〝質入れする〟の意味である

(57) クリンゲンベルク（瀧澤栄治訳）『ローマ債権法講義』三頁。なお、立法解説者によれば、〝ローマ法に倣って法律家が「Obligation」と呼び慣らわしている「法律関係（Rechtsverhältnisse）」を「債務関係（Schuldverhältnis）」と表現した。これによって、外来語（Fremdwort）を避け（Obligation はラテン語であり、ドイツ語ではない）、さらにバイエルン民法草案、ドレスデン民法草案の先例に従って、全ての債務関係（obligatorische Verhältniß）、請求権（Forderungsrecht）とそれに対応する義務（Verbindlichkeit）を可能な限りカバーする名称が選択されたのである（Mugdan, Die gesammten Materialien zum BGB für das Deutsche Reich, Bd. II., 1899. S. 1）。バイエン民法草案第二編（一八六一）は「債務関係法」（Recht der Schuldverhältnisse）となっており、ドレスデン草案（一八六六）も「債務関係（Schuldvehältnisse）」についての普通ドイツ法となっている。もっ

とも、ザクセン王国民法典（1863/1865）「第三編」は「債権の法」（Das Recht der Forderungen）となっている。

（58）「法律行為」というのは、ドイツ法律用語の「Rechtsgeschäft」の訳である。しかし、「Rechtsfähigkeit」を「権利能力」と訳したことを思えば、「権利行為」という訳語の方が適切かもしれないという学者もいる（辻正美『民法総則』（一九九九年、成文堂）一八七頁）。確かに、実質的意味からは、この訳の方が適切である。さらに、加えて、「権利義務設定行為」であるという考えもある（北居功・法学セミナー七一〇号（二〇一四年）八二頁）。しかし、民法典は〝権利の体系〟であるというならば、端的に「権利行為」という方が妥当である。もっとも、起草者は、意思表示は表意者にとっての「法律」を設定することである、ということを知っていたから（旧民法財産編第三二七条。フランス民法第一一三四条に由来する。前田・展開一八頁）、形式的には「法律行為」という訳語も不当であるとはいえない。したがって、法律行為あるいは意思表示は、表意者を拘束する「具体的法規範」の設定行為であり、表示意思は法規範設定を目的とする意思であり、効果意思は法規範の法効果の内容設定を目的とする意思である（前田達明『民法随筆』（一九八九年、成文堂）三七頁）。

（59）勿論、二〇世紀に入っても、より精緻な議論がなされた（例えば、Alferd Manigk, Willenserklärung und Willensgeschäft, 1907）。

（60）当時ヨーロッパで輝かしい成果を収めつつあった自然科学の方法論を真似たものであった。ちなみに、カントもラボアジェ（Antone-Laurent Lavoisier. 1743～1794）を引用して賛同している（Kant, Die Metaphysik der Sitten, S. 311）。

（61）大村敦志「家族法　第二版補訂版」（二〇〇四年、有斐閣）は、その一つの方向性を示している。

（62）マックス・カーザー（柴田光蔵訳）『ローマ私法概説』（一九七九年、創文社）二六九頁。

（63）船田享二『ローマ法第三巻』（一九七〇年、有斐閣）七一頁。

（64）船田・前掲（註2）三四頁、カーザー（柴田訳）・前掲（註62）二七一、六四九頁。

（65）北川善太郎『契約責任の研究』（一九六三年、有斐閣）二二頁。もっとも歴史的には注解学派のバルトルス（Bartolus de Saxo ferrato, 1314-57）が履行不能と履行遅滞を並列させて、履行不能の重い責任（とくに種類債務における無過失責任）を履行遅

滞にも導入して加重する（例えば無責の無資力化でも違約罰を課す。それは利息制限による債務者保護の教会法（前田達明『口述債権総論第二版』（一九九〇年、成文堂）五五頁）との対決を意味した）ということを行っていた（E. Heymann, Das Verschulden beim Erfüllungsverzug. Zugleich ein Beitrag zur Geschichte des Obligationrechts, Festgabe für Enneccerus, 1913, S. 96 ff.）

(66) ヴィーアッカー（鈴木禄弥訳）『近世私法史』（一九六一年、創文社）六二三頁。

(67) 北川・前掲（註65）二三頁。

(68) 上山安敏『ドイツ官僚制成立論』（一九六四年、有斐閣）二八二頁。「良き頭脳」は行政官庁に「馬鹿者」は司法に。さらに軍人や行政官僚や検事になれなかったユダヤ人が裁判官になったという事情も背後にあったと考えられる。

(69) このような債務不履行の二分類が、法体系の異なる日本民法第四一五条の「債務ノ本旨ニ従ヒタル履行ヲ為ササル」の解釈として継受された（早川真一郎「不完全履行、積極的債権侵害」（『民法講座四』一九八五年、有斐閣）四九頁）。

(70) 北川・前掲（註65）四四頁。

(71) 高橋弘「後期ドイツ普通法学における積極的債権侵害論」（法雑一六巻一号、一九六九年）四八頁。前田・前掲（註65）一一二頁。

(72) Windscheid, Lehrbuch des Pandektenrechts, Bd. II., 9. Aufl. 1906, §393.

(73) 北川・前掲（註65）四六頁、前田・前掲（註65）一一六頁。

(74) 北川・前掲（註65）五四頁。

(75) Herman Staub, Über die positiven Vertragsverletzungen und ihre Rechtsfolgen, 1900. 一九〇二年に『積極的契約侵害』（Die positiven Vertragsverletzungen）という本にしている。なお、現在は契約以外からの債権の積極的侵害があるということで積極的債権侵害（positive Forderungsverletzung）という用語が一般である（Larenz, Lehrbuch des Schuldrechts, Bd. I., 13. Aufl., 1982, §24 I）。

(76) ヴィーアッカー（鈴木訳）・前掲（註66）六二二頁。

(77) 北川・前掲（註65）五六頁。

(78) 日本においては、一九〇六年に岡松参太郎が「所謂『積極的債権侵害』ヲ論ス」（法新一六巻一号五九頁、同二号一二頁、同三号一五頁、同四号三五頁）において Staub の説を紹介して以来、積極的債権侵害論は日本においても承認され、附随義務説が有力である（前田・前掲（註65）一一九頁）。

(79) 北川・前掲（註65）一九五頁、カーザー（柴田訳）・前掲（註62）二七一頁。

(80) Jhering, Culpa in contrahendo oder Schadensersatz bei nichtigen oder nicht zur Perfektion gelangten Verträgen, JJ. Bd. IV., 1861. このようなイェーリングの考えに対しては、モムゼンが契約なきところに契約責任を承認することになるとして批判している（Mommsen, Ueber die Haftung der Contrahenten bei der Abschließung von Schuldverträgen, 1879）。

(81) 北川・前掲（註65）一九九頁。

(82) F. Leonhard, Die Haftung des Verkäfers für sein Verschulden beim Vertragsschusse. 1896, 北川・前掲（註65）二一〇頁。

(83) 北川・前掲（註65）二三一頁。

(84) Heinich Stoll, Haftung für das Verhalten während der Vertragsverhandlungen, LZ 1923, 532.

(85) Dölle, Außergesetzliche Schuldpflichten, Zeitschrift für die gesamte Staatswissenschaft 103, 67.

(86) メディクス（Dieter Medicus）（西村重雄訳）「契約締結上の過失の成立・展開とその現状」（法研五一巻二号、一九八五年）二一一頁。

(87) 下森定ほか『西ドイツ債務法改正鑑定意見の研究』（一九八八年、日本評論社）一五一頁。

(88) Larenz, a. a. O.（註75）§17 II、奥田昌道「契約法と不法行為法の接点」（『民法学の基礎的課題（於保不二雄先生還暦記念（中）』一九七四年、有斐閣）二〇七頁。

(89) このような「第三者に対する保護効を伴った契約」理論は日本の実務においても存在する（岐阜地大垣支部昭和四八年一二月

二七日判決、判時七二五号一九頁)。

(90) 前田達明『不法行為法理論の展開』(一九八四年、成文堂)五頁。

(91) ミッタイス(世良晃志郎=広中俊雄訳)『ドイツ私法概説』(一九六一年、創文社)二五六頁。

(92) 自然法思想は幾何学の手法を法学に持ち込もうとした。上山安敏『法社会史』(一九六一年、有斐閣)一七五頁、石部雅亮『啓蒙的絶対主義の法構造』(一九六九年、有斐閣)四四頁。

(93) Wieaker, Privatrechtsgeschichte der Neuzeit, 2. Aufl., 1967, S. 323.

(94) Grotius, De iure belli ac pacis libri tres, 1625, Bd. II., Kap. 17.

(95) Hasse-Bethmann = Hollweg, Die Culpa des Römischen Rechts, 2. Aufl., 1838.

(96) Jhering, Das Schuldmoment im Römischen Privatrecht, 1867.

(97) 前田・前掲(註90)五七頁。

(98) 末川博『権利侵害と権利濫用』(一九七〇年、岩波書店)三六六頁。

(99) Mugdan, Die gesamten Materialien zum BGB, Bd. II., 1979, S. 404 ff.

(100) 末川博・前掲(註98)三六八頁。

(101) Wieacker, a. a. O.(註93), S. 521 f.

(102) v. Caemmerer, Wandlungen des Deliktsrechts, 1960, S. 52 ff. 藤岡康宏「差止の訴に関する研究序説」(北大二一巻一号、一九七〇年)一〇八頁。

(103) W. Hofacker, Die Verkehrssicherungspflichten, 1929, Esser, Schuldrecht, 2. Aufl. 1980, §204.

(104) RGZ 54, 55; RGZ 58, 334; RGZ 147, 278; BGHZ 9, 379.

(105) BGHZ 14, 83; BGHZ 34, 206.

(106) v. Bar, Verkehrspflichten–Richterliche Gefahrsteuerungsgebote im deutschen Deliktsrecht, 1979(浦川道太郎訳「社会生活上の

義務―ドイツ不法行為法における裁判官により形成された危険防止命令―」（早稲田五七巻一号、一九八一年）一一九頁（同二号、一九八二年）二一六頁）。

(107) 前田・前掲（註90）九六頁。

(108) Esser, a. a. O.（註103）§202 I, v. Caemmerer, a. a. O.（註102）S. 85 ff.

(109) RGZ 58, 29; RGZ 76, 46; RGZ 126, 96.

(110) BGHZ 3, 279; BGHZ 8, 144; BGHZ 25, 375.

(111) 五十嵐清＝松田昌士「西ドイツにおける私生活の私法的保護」（戒能通孝＝伊藤正己『プライヴァシー研究』一九六二年、日本評論新社）斉藤博『人格権法の研究』（一九七九年）。

(112) ドイツ連邦裁判所一九五四・五・二五判決（BGHZ 13,334）は Schacht をめぐる訴訟の弁護士の手紙が、ゆがめられた表現で、ある新聞の「読者欄」に掲載されたことにより弁護士の人格が侵害されたとした。

(113) ドイツ連邦裁判所一九五八・二・一四判決（BGHZ 26, 349）は素人の騎手の写真が無断で精力剤の宣伝写真に使用された事件で、騎手に Genugtuung として非財産的損害に金銭賠償を認めた。他に BGHZ 39, 124.

(114) v. Caemmerer, a. a. O.（註102）, S. 111 ff.

(115) BGHZ 8, 243; BGHZ 58, 48.

(116) RGHZ 59, 326; RGZ 105, 213.

(117) RGZ 170, 6; BGHZ 55, 20.

(118) 五十嵐清「ドイツにおける不法行為法の発展―危険責任を中心に―」（鈴木禄弥＝五十嵐清＝村上淳一編『概観ドイツ法（山田晟先生還暦記念）』一九七一年、東京大学出版会）一九五頁。

(119) 前田・前掲（註65）、一六九頁。

(120) 北川善太郎「損害賠償論の史的変遷」（法叢七三巻四号、一九六三年）一一頁、Wieling, Interesse und Privatstrafe vom

Mittelalter bis zum BGB,1970.

(121) Molinaeus, Tractatus de eo quod interest, 1546.

(122) Mommsen, Zur Lehre von dem Interesse, 1855.

(123) Windscheid, Lehrbuch des Pandektenrechts, Bd. II., 9. Aufl. 1906, §258.

(124) Traeger, Die Kausalität im Straf-und Zivilrecht, zugleich ein Beitrag zur Auslegung des BGB, 1904.

(125) Rabel, Recht des Warenkaufs, Bd. I., 1936, v. Caemmerer, Das Ploblem des Kausalzusammenhangs im Privatrecht, 1956.

(126) Larenz, Lehrbuch des Schuldrechts, Bd. I., 14. Aufl., 1987, S . 471 ff. 前田・前掲（註90）二一九頁。

(127) 吉村良一「ドイツ法における財産的損害概念」（立命館一五〇乃至一五四合併号、一九八〇年）八一七頁。

(128) BGHZ 27, 181; BGHZ 35, 396.

(129) ドイツ連邦裁判所一九五七年一〇月二九日判決（NJW 1958, 627）。

(130) BGHZ 32, 280.

(131) BGHZ 63, 98.

(132) Lange, Schadensersatz, 1979, S. 221 ff.

(133) Hans Stoll, Schadensersatz und Buße, Festschrift für Rheinstein, Bd. II., 1969, S. 561 ff.

(134) 総則一般への批判については、Wieacker, Privatrechtsgeschichte der Neuzeit, 2. Aufl., 1967, S. 486 ff.

(135) Larenz, Vertrag und Unrecht Bd. I., 1936, Bd. II., 1937, Heinrich Stoll, Vertrag und Unrecht, 4. Aufl., 1944.

(136) 五十嵐清「西ドイツ民法学の現況」（北大一一巻一号、一九六〇年）八四頁。

(137) Referentenentwurf eines Gesetzes zur Änderung und Erganzung schadensersatzrechtlicher Vorschriften, 1967（外国法研究会「損害賠償法の改正および補充のための法律の参事官草案」（法雑一五巻一号、一九六八年）一一八頁以下）。

(138) Gutachten und Vorschläge zur Überarbeitung des Schuldrechts, hrsgg. vom Bundesminister der Justiz, 3 Bde. 一九八一年、一九

八三年（下森定ほか『西ドイツ債務法改正鑑定意見の研究』（註87））。

(139) Huber, Leistungsstörungen, Empfiehlt sich die Einführung eines Leistungsstörungsrechts nach dem Vorbild des Einheitlichen Kaufgesetzes? Welche Änderungen im Gesetzestext und welche praktischen Auswirkungen im Schuldrecht würden sich dabei ergeben?, Gutachten und Vorschläge zur Überarbeitung des Schuldrechts Bd. I., 1981, S . 647 ff.

(140) Medicus, Verschulden bei Vertragsverhandlungen, Empfiehlt sich eine Normierung der Lehre vom Verschulden bei Vertragsverhandlungen und eine Neuregelung vorvertraglicher Rechte und Pflichten im BGB?, Können Widerrufsrechte und ähnliche sondergesetzliche Regelungen zum Schutz vor nachteiligen Vertragsbindungen im BGB geregelt werden?, Gutachten und Vorschläge zur Überarbeitung des Schuldrechts, Bd. I., 1981, S. 479 ff.

(141) v. Bar, Deliktsrecht, Empfiehlt es sich, die Voraussetzungen der Haftung für unerlaubte Handlungen mit Rücksicht auf die gewandelte Rechtswirklichkeit und die Entwicklungen in Rechtsprechung unf Lehre neu zu ordnen? Wäre es insbesondere zweckmäßig, die Grundtatbestände der §§823 Absätze 1 und 2, §826 BGB zu erweitern oder zu ergänzen?, Gutachten und Vorschläge zur Überarbeitung des Schuldrechts, Bd. II., 1981, S. 1681 ff.

(142) Holoch, Allgemeines Schadensrecht, Empfiehlt sich eine Neufassung der gesetzlichen Regelung des Schadensrechts（§§249-255 BGB）?, Gutachten und Vorschläge zur Überarbeitung des Schulderechts, Bd. I., 1981, S. 375 ff.

(143) Abschlußbericht der Kommission zur Überarbeitung des Schuldrechts, 1992（岡孝＝辻伸行「ドイツ債務法改正委員会の最終報告書」ジュリスト九九〇号（一九九二年）九六頁、同九九七号（一九九二年）八二頁、同九九八号（一九九二年）一〇四頁）。

わ　行

ら　行

ま　行

や　行

は　行

な　行

た　行

さ　行

か　行

事項・人名索引

あ　行

著者紹介

前田達明（まえだ　たつあき）

〔**略　歴**〕

1940年　京都市に生まれる。

1964年　京都大学法学部卒業。

1978年　京都大学教授。

現　在　京都大学名誉教授、京都大学法学博士。

〔**主要著書**〕

不法行為帰責論（1978年、創文社）

判例不法行為法（1978年、青林書院新社）

民法Ⅵ$_2$（不法行為法）（1980年、青林書院新社）

不法行為法理論の展開〔民法研究第一巻〕（1984年、成文堂）

愛と家庭と（1985年、成文堂）

口述債権総論（1987年、第３版1993年、成文堂）

民法随筆（1989年、成文堂）

史料民法典（編著、2004年、成文堂）

民法の“なぜ”がわかる（2005年、有斐閣）

風紋の日々（2010年、成文堂）

民法学の展開〔民法研究第二巻〕（2012年、成文堂）

続・民法学の展開

民法研究　第三巻

2017年9月10日　初　版第１刷発行

著　者　前　田　達　明

発行者　阿　部　成　一

〒162-0041　東京都新宿区早稲田鶴巻町514番地

発行所　株式会社　成　文　堂

電話 03(3203)9201　FAX 03(3203)9206

http://www.seibundoh.co.jp

製版・印刷　藤原印刷　　製本　佐抜製本

ISBN978-4-7923-2705-7 C3032　**検印省略**

定価（本体6000円＋税）